教育部高职高专公共事业类专业教学指导委员会推荐教材

公共关系理论与技能

Theory and Skill of Public Relations

主　编　王金岗
副主编　胡　霞　汪燕霞
参　编　史耀雄　李　兵

天津大学出版社
TIANJIN UNIVERSITY PRESS

内容简介

本书根据高职高专教学实际，结合《公共关系人员国家职业标准》对中级公关人员的要求而编写。它集理论知识介绍、实践能力培养、综合素质提高为一体。全书分上、下两篇，上篇讲述公共关系基础知识，下篇着重介绍和训练公共关系技能，包括沟通协调、信息传播、调查、策划、实施、评估、危机管理和公关管理等。全书基础理论适度，突出应用重点，强化实训内容，形式设计多样，是一本易教、易学、能练的教材。

本书是教育部高职高专公共事业类专业教学指导委员会推荐教材，也可作为中级公关员考试用书，还可以作为在职人员自学或培训教材。

图书在版编目(CIP)数据

公共关系理论与技能/王金岗主编.—天津：天津大学出版社，2008.8 (2010.8 重印)
教育部高职高专公共事业类专业教学指导委员会推荐教材
ISBN 978-7-5618-2779-6

Ⅰ.公…　Ⅱ.王…　Ⅲ.公共关系学-高等学校：技术学校-教材　Ⅳ.C912.3

中国版本图书馆 CIP 数据核字(2008)第 137123 号

出版发行 天津大学出版社
出 版 人 杨欢
地　　址 天津市卫津路 92 号天津大学内(邮编：300072)
电　　话 发行部：022-27403647　邮购部：022-27402742
网　　址 www.tjup.com
短信网址 发送"天大"至 916088
印　　刷 天津泰宇印务有限公司
经　　销 全国各地新华书店
开　　本 169mm×239mm
印　　张 19.5
字　　数 416 千
版　　次 2008 年 8 月第 1 版
印　　次 2010 年 8 月第 2 次
印　　数 4 001—7 000
定　　价 38.00 元

教育部高职高专公共事业类专业教学指导委员会推荐教材

编审委员会

总序

高等职业教育是我国高等教育体系的重要组成部分,也是职业教育体系的重要组成部分。近几年,高等职业教育呈现出前所未有的发展势头,高等职业院校数量、在校生和毕业生人数持续增长。1996 年,我国高等教育的毛入学率仅为 6%,2002 年达到高等教育大众化阶段的 15%,到 2007 年上升至 22%,这其中,高职高专教育的快速发展起到了不可或缺的作用。

20 世纪 80 年代以来,世界许多国家和地区都把职业教育确立为教育发展战略重点。伴随着经济一体化的要求,把发展职业教育作为提高国家竞争力的战略措施,成为世界各国教育政策调整的普遍做法。

我国从上世纪 80 年代初期建立职业大学至今,高职教育走过 20 多年的发展历程。随着我国社会经济体制的转型以及高等教育大众化的发展,高等职业教育得到快速发展,其中一个重要原因是国家政策的促进。1996 年,全国人大通过并颁布了《中华人民共和国职业教育法》,从法律上确定了高职教育在我国教育体系中的地位,由此我国的高职教育发展驶入了快车道;1999 年全国教育会议召开,中央提出"大力发展高等职业教育"的工作要求,我国高职教育进入了蓬勃发展的历史新阶段。2005 年,国务院印发《关于大力发展职业教育的决定》,召开全国职业教育工作会议,明确提出,推进我国走新型工业化道路,解决"三农"问题,促进就业再就业,必须大力发展职业教育。2005 年成为我国职业教育史上具有里程碑意义的一年。与此同时,各地纷纷出台新举措,加强对职业教育的统筹领导,加大财政投入,鼓励和支持民间资本举办职业教育,完善职业教育的管理体制和保障机制。

从目前我国高等教育发展的总体情况看,存在着由于各层次高等教育不谐调所造成的人才类型结构失衡现象。面对这一问题,中国人民大学校长纪宝成曾在 2005 年高等教育国际论坛上呼吁:"(高等教育)结构调整的关键是发展高等职业技术教育。”①当前存在的社会需求与学校教育的供求矛盾,对高职高专院校而言无疑是一次发展的机遇。

截至2005年底,高职高专教育取得了规模性增长,基本形成了每个市(地)至少设置一所高职高专院校的格局。全国共设有高职高专院校1091所,占普通高等学校总数的60.9%。从招生情况看,2005年全国高职高专招生人数达到268.1万人,占全国本专科招生总数的53.1%。从在校生规模看,2005年全国高职高专在校生人数为713万,占本专科在校生总数的45.7%。根据国家对职业教育发展的规划,到2010年,高职高专招生规模将占高等教育招生规模的一半以上②。高职高专已经占据了高等教育的半壁江山。

2004年10月26日,教育部首次颁发了《普通高等学校高职高专教育指导性专业目录(试行)》(教高[2004]3号)(简称《目录》)、《普通高等学校高职高专教育专业设置管理办法(试行)》(教高[2004]4号),并印发《普通高等学校高职高专教育专业简介》,从2005年开始实施。这是我国第一次在专科层次颁布全面系统的专业目录,填补了我国缺少高职高专教育专业目录的空白。《目录》按职业门类分设包括公共事业大类在内的19大类,下设二级子类77个,专业556个。公共事业大类下设公共事业类、公共管理类、公共服务类3个二级子类,共设有24个专业。2005年12月,教育部发布《教育部关于成立2006—2010年教育部高等学校有关科类教学指导委员会的通知》(教高函[2005]25号),2006年,全国高职高专各专业类教学指导委员会相继成立。教育部高职高专公共事业类专业教学指导委员会于2006年6月在南开大学召开成立大会暨第一次工作会议,会议讨论并通过了《教育部高职高专公共事业类专业教学指导委员会工作章程》《教育部高职高专公共事业类专业教学指导委员会2006—2010年工作规划》以及2006年的工作计划,明确了该教学指导委员会2006年及其今后四年的总体工作目标与任务。

教材建设是专业建设的重要组成部分。高职高专公共事业类专业教学指导委员会成立以来,就把教材建设作为一项重要的工程来抓。为此,我们制定了针对高职高专公共事业类专业特点的人才培养目标,按教育部确定的必修课和专业课课程设置,动员和组织全国相关院校的专业教

① 沈祖芸,计琳:《一个统率高教发展的重要命题》,载《中国教育报》,2005-11-25(5)。

② 教育部发展规划司:《2005年高等教育事业统计主要结果与分析》,见《教育统计报告》,第一期。

师和研究人员，编写一套高水平的教材的计划。

我们组织编写这套教材的总体构想是：严格按照教育部高职高专公共事业类专业建设的基本要求，根据专业教学内容、教学发展要求、人才培养方案以及学生的基本素质情况，以职业岗位核心技能培养为目标，紧密结合学生未来工作实际，充分体现职业岗位核心技能要求和工学结合特点。同时，积极探索"专业标准"建设，并尝试建设"标准化"教材，力争对全国高职高专院校公共事业类专业的教材建设起到示范、引领和辐射的作用，鼓励高职高专双师型专业教师参与编写并积极推广使用，从而提高公共事业类专业的教学质量，面向行业，培养出更多高质量的应用型高级专业人才，为我国的社会主义建设服务。

我们期望这套教材应具有以下特点。

1.教材以职业岗位核心能力需求为主线，按照职业岗位核心技能的要求制定教材编写大纲，设计教材体例和内容。教材中的知识点与职业岗位核心技能紧密对应，使理论知识学习、实践能力培养和可持续能力发展紧密结合起来，形成教材内容的三位一体，强化教材体系的职业性。

2.教材内容突出对学生职业岗位能力的培养，把专业和职业结合起来，将核心技能的培养贯穿于教材全部内容。

3.教材内容体现"基础理论适度、突出应用重点、强化实训内容，形式立体多元"的思想原则，教材内容设计以岗位技能需求为导向，以素质教育、创新教育为基础，以学生能力培养、技能训练为本位，使其真正成为为高职高专学生"量身定做"的教材。

4.教材融入职业资格标准，体现职业素质培养。将双证书教育融入教材内容，使职业资格认证内容和教材教学内容有机衔接起来，让学生学习相关课程教材后可直接参加职业资格证书考试。

5.将行业或国家的技术标准融入教材内容中，让学生在校期间接受"标准"教育，增强"标准"意识。

6.将人才培养方案、专业标准、实训条件等放入教材内容中，在强化教材职业针对性的同时，体现教材实用性、创新性和前瞻性的特点。

7.扩大教材的使用范围，使教材的功能多元化。既可以作为高职高专院校学生的教材，也可以作为一般本科院校相关专业的教学参考用书及行业的培训参考读物，还可以作为相关人员普及提高相关知识的应用性图书。

8.教材的形式力争立体化，除纸质的主教材外，另辅以电子教案、教学计划、CAI课件、IP课件(流媒体课件)、电子习题库、电子试卷库、影音资料等辅助教学资源,最终为学校专业建设、教师教学备课、学生自主学习提供完整的教学解决方案,最大限度地做好全方位的资源供给服务,从而提高教材选用的竞争力。

在确定教材编写目标和要求的基础上,我们教学指导委员会与天津大学出版社合作,按教育部规定的高职高专公共事业类专业的课程目标,选定一批主干课及专业必修课程,采取在全国范围内公开招标的方式,在编著者自愿申报的前提下,由本教学指导委员会成员组成的教材编审委员会从中遴选最优秀的教师担任既定教材的主编,并鼓励高职高专公共事业类专业有经验的一线教师与研究型大学的相关教师合作,由我们牵线搭桥,优化组合成一部教材的编写团队,共同完成一部教材的编写工作,以求达到理论与教学实践的有机结合。

然而,编写高水平的专业教材谈何容易。虽然参与编写这套课程教材的都是既有丰富教学经验,也有较高研究水平的教育工作者,但毕竟我国公共事业类专业开办的时间尚短,所以,这套教材肯定会有一些不尽如人意之处,敬请大家提出批评、改进的建议,使这套教材臻于完善,为我国公共事业类专业的发展做出应有的贡献。

教育部高等教育司高职高专处、教育部高职高专教学指导委员会协联办、天津大学出版社对出版这套教材给予了大力支持。在研讨设计和组织审定这套教材的过程中,天津大学出版社给予了部分经费支持,并对这套教材的编写方针提出了参考意见,为本教材的出版做出了大量推动和建设性工作。在此表示衷心的感谢。

教育部高职高专公共事业类
专业教学指导委员会主任　王处辉

2008年6月于南开大学

序

本书主编王金岗先生恳请我为之作序，我欣然同意为之作序，因为我们是20多年的老朋友。

20世纪80年代初，当现代公共关系作为舶来品抵达我国内地时，我与王金岗先生因公关而结缘，尔后，沿着公关事业这条道路结伴而行至今。

王金岗先生是河北经贸大学主讲公共关系课程的教授，现任石家庄外经贸职业学院的系主任、中国公关协会常务理事、河北省公关协会副会长。

阅读本书之后，我脑中浮现出四个大字：合二而一。

现行的公关教材，一类是学校用的教学教材，一类是国家公关人员职业资格考试用的培训教材，二者既有相同部分，又有相别部分。本书将二者结合在一起，既可作为高职高专的教学用书，又可作为报考中级公关员的考试用书，使用范围广泛，这是用途上的合二而一。

现行的公关教材，一类偏重理论知识的传授，一类偏重技能的培训，本书将二者结合在一起，既有相当的理论知识，又有技能技巧的操作训练，既传授知识，又培养能力，这是内容上的合二而一。

现行的公关教材，多用文字进行阐述论证，少用图与表直观说明，本书将文字与图表结合在一起，既有文字的介绍论述，又有图、表、小资料、小案例等穿插配合，易教易学，避免呆板，生动活泼，这是形式上的合二而一。

现行的公关教材，一类是作者按照自己的思想意志自由撰写，一类是带着《公共关系人员国家职业标准》这个框架编写，本书将二者结合在一起，既借鉴、借用前者的成果，又借鉴、借用后者的成果，用自己的思路、观点将二者的成果加以重新编排和发扬，这是作者编写思路上的合二而一。

采得百花酿成蜜。本书主编向我表明，假设这本书是蜜，也是群蜂酿成的蜜，本书编写者只是其中的一只。愿这蜜能甜及更多的读者，愿这蜜能甜至读者的心田。

中国公共关系协会顾问
《公关世界》杂志社社长兼总编辑
汪 钦
2008年5月

目　录

上篇　公共关系基础知识

下篇 公共关系专项知识和技能

上　篇

公共关系基础知识

学习公共关系,就要了解公共关系基础知识。公共关系基础知识可以概括为三个字:论、史、德。

论:公共关系基础理论。

史:公共关系历史。

德:公共关系职业道德规范。

上篇就围绕这三方面进行论述。

1

公共关系基础理论

学习目标

1. 了解公共关系的含义；
2. 熟悉公共关系的构成要素；
3. 熟悉公共关系的职能；
4. 熟悉公共关系的工作程序；
5. 熟悉公共关系的活动模式。

案例导入

点燃激情　传递梦想

2008年3月24日上午11时，北京奥运圣火采集仪式在希腊奥林匹亚市古竞技场举行。11时45分，奥运圣火由最高女祭司娜芙普利都点燃，随着希腊著名跆拳道运动员尼克拉泽斯举起手中的火炬，奥林匹克圣火在希腊境内的传递活动也正式拉开了帷幕。

希腊总统帕普利亚斯、总理卡拉曼利斯、国际奥委会主席罗格和北京奥组委主席刘淇等出席了这一神圣而庄严的仪式。

11时许，主持人宣布采集仪式正式开始。在奏奥林匹克会歌、升奥林匹克会旗之后，嘹亮的《义勇军进行曲》首次在古代奥运会的发源地奏响，鲜艳的五星红旗在奥林匹克竞技场高高飘扬。

奥林匹亚市市长安东尼斯、国际奥委会主席罗格、希腊奥委会主席基里亚库和北京奥组委主席刘淇先后致辞。

刘淇在致辞中说："今天，代表着人类崇高精神的奥运圣火将再一次点燃。从奥林匹亚飞向万里长城，它将乘着北京奥运会的火炬走遍我们共有家园的山山水水，点燃激情，传递梦想，把光明与欢乐、和平与友谊，把奥林匹克精神播撒到13亿中国人民和五大洲人民的心中……我们将在奥林匹克圣火的引领下，在中国和世界各国人民的共同努力下，举办一届'有特色、高水平'的北京奥运会，实现13亿中国人民真诚的希望：同一个世界，同一个梦想。"

随后，希腊奥委会主席基里亚库把奥运圣火火种罐交到刘淇手中。

激动人心的点火活动进行时，奥林匹亚上空阳光明媚。11时45分，娜芙普利都身穿白色古希腊传统长裙，在赫拉神庙祭坛前，将火炬置入凹面镜聚焦点上。在阳光直射下，过了约两分钟，火苗从火炬上冒起，从而宣布：北京奥运会圣火取火成功。

12时09分，娜芙普利都右手持火炬点燃了"第一火炬手"、雅典跆拳道选手尼克拉泽斯手中的火炬，接着将左手中的橄榄枝传递给他。然后她用古希腊语对他说："将圣火传递给世界，告诉人们奥运会就要开始了。"

这时，18岁的祭司女孩娜菲利手捧一只白色的和平鸽走到众人面前，面向古竞技场缓步向前站定后放飞白鸽。全体祭司在鼓点声中退出竞技场。

北京奥运火炬传递首先在希腊境内进行，全程1 528公里，为期6天，途中举行29场庆祝活动。30日下午3时，"祥云"火炬抵达1896年雅典第一届现代奥林匹克运动会举办地雅典体育场。届时希腊奥委会将圣火火种转移交给北京奥组委。北京奥组委人员乘专机护送圣火火种飞往北京。3月31日圣火抵达北京。从4月1日起在五大洲开展以"和谐之旅"为主题的奥运火炬接力。8月6日，奥运火炬返抵北京，8月8日晚点燃国家体育场("鸟巢")北京奥运会主火炬。

北京奥运会火炬传递是奥运史上路线最长、范围最广、参与人数最多的一次。

——资料来源：编者根据报纸提供的资料改写

奥运会是全世界的盛大节日，也是顶级的公共关系大型活动。申办奥运会、举办奥运会，是有关国家公共关系理论的大运用，公共关系策划方案的大展示，公共关系技能的大比拼。作为一名公共关系人员，只有首先用公共关系理论和知识武装自己，与时俱进，不断发展创新公关理论和知识，才能驾驭多种公关活动，在今天的大舞台上演出有声有色的新剧。

1.1 公共关系的含义

1.1.1 对公共关系的多层面理解

公共关系一词源于美国，英文是Public Relations，缩写为PR，可译为公共关系，也可译为公众关系，我国一般称之为公共关系，简称公关。

究竟是谁首创英文"Public Relations"一词，尚无定论。据说，1820年美国第3位总统托马斯杰菲逊在国会发表的一项声明中使用了该词,以替代“精神状态”。又说,1882 年美国律师、文官制度倡导者多尔曼·伊顿在耶鲁大学法学院发表了题为“公共关系与法律职业的责任”的演讲,首次使用了这一概念,但其意思为“大众利益”。一般认为,真正具有现代意义的“公共关系”一词,第一次正式出现于 1897 年美国铁路协会编写的《铁路文献年鉴》。

公共关系的含义随着时代的发展在演变,由模糊而逐步变得明确。今天,人们认为“公共关系”,主要包含 5 个层面的意思。

1. 公共关系状态

公共关系状态,是指社会组织与其公众之间客观存在的关系。它包括社会关系状态和社会舆论状态。社会关系状态是指组织与公众之间相互交往、共处的状况,如是否和谐、友善等。社会舆论状态是指公众对组织的认知和评价状况,如是否知晓、肯定等。

2. 公共关系活动与工作

公共关系活动与工作,是指社会组织为了树立良好形象、协调关系而开展的多种活动和相应工作,如赞助活动、传播沟通工作等。

3. 公共关系概念

公共关系概念,是指在公共关系实践中形成的一种现代社会意识。它影响和制约组织的政策和行为,如形象观念、公众观念、传播观念、协调观念、互惠观念、服务观念。

4. 公共关系学科

公共关系学科是一门专门研究公关历史、公关理论和公关应用的学科。它是综合传播学、社会学、心理学、经济学、新闻学、市场学、广告学、人际关系学等现代科学知识,总结了现代经营管理和行政管理科学成果而形成。它是一门综合性的应用性现代管理学科。

5. 公共关系职业

公共关系职业,是指专门提供公共关系方面的劳务而收取费用的职业。在 2008 年公布的《公关员国家职业标准》中,把公共关系职业定义为:“从事组织机构公众信息传播、关系协调与形象管理事务的调查、咨询、策划、实施和评估以及咨询服务的从业人员。”如公关公司人员、企业内公关部的工作人员,即为公关职业从业者。

小案例

这就是公关

北京长城饭店开业之初,人们对公关陌生而神秘。一天,有一位服务员在打扫房间时,发现客人的床头上摊放着一本书,她没有挪动书的位置,也没有信手把书合上,而是细心地在书摊开的地方夹进了一张小纸条,以起书签作用。事后,客人对服务员细致的服务倍加称赞,四下传扬。

这件小事被长城饭店的公关部经理美国人布郎女士知道了,她告诉大家:"这就是公关。"

——资料来源:熊源伟:《公共关系学》,合肥,安徽人民出版社,1990。

布郎女士这里说的"公关",实际上指的是一种公共关系观念。也就是说,这件小事体现了这个服务员已经具有了公共关系观念。这个观念,要从细微处做起,通过自己的一举一动来表现。

1.1.2 公共关系的定义

公共关系作为一门新兴的综合性的应用学科,在理论上涉及多种不同的学科范畴,在实践上则应用于多种不同领域的社会组织,加之人们视角的不同,因此产生了多种公共关系定义。这些定义大致可分为以下几类。

1. 管理职能论

管理职能论,侧重强调公共关系的管理属性。

美国著名公关学者卡特例普和森特所下的定义:"公共关系是这样一种管理功能,它确定、建立和维持一个组织与决定其成败的各类公众之间的互益关系。"

美国著名公关学者詹姆斯·格鲁尼格所下的定义:"公共关系是一个组织与其公众的传播管理,其目的是建立一种与公众相互信任的关系。"

我国学者王乐夫对公共关系所下的定义:"公共关系是一种内求团结完善,外求和谐发展的经营管理艺术。"

2. 传播沟通论

传播沟通论,侧重强调公共关系的传播沟通属性。

英国著名公关学者弗兰克·杰夫金斯所下的定义:"公共关系就是一个组织为了达到与它的公众之间相互了解的确定目标,而有计划地采用一切对内和对外的传播沟通方式的总和。"

3. 协调关系论

协调关系论,侧重强调公共关系的职能特点是协调组织与公众之间的关系。

英国公共关系协会的定义:"公共关系的实施是一种积极的、有计划的、持久的努力,以建立并维护一个组织与其公众之间的相互了解。"

我国学者李道平对公共关系所下的定义:"公共关系是社会组织为了赢得支持与合作,实现自身的生存与发展,通过一定的媒介与方式,同相关公众结成的一种社会关系。"

4. 组织形象论

组织形象论,侧重强调公共关系的宗旨特点是塑造组织形象。

我国学者明安季对公共关系所下的定义:"公共关系是用传播手段塑造组织自身良好形象的艺术。"

我国学者熊源伟对公共关系所下的定义:"公共关系是社会组织为了塑造组织形象,通过传播手段来影响公众的科学与艺术。"

5. 特征综合论

特征综合论,是将公共关系的各种特征综合起来加以表述。

世界公共关系协会 1978 年大会对公共关系下的定义:"公共关系是一门艺术和社会科学。公共关系的实施是分析趋势,预测后果,向机构领导人提供意见,履行一连串有计划的行动,以服务于本组织和公众利益。"

中国劳动与社会保障部编印的《中国职业大典》对公共关系所下的定义:"公共关系是从事组织机构公众信息传播、关系协调与形象管理事务的调查、策划、实施、评估和咨询的一种实践活动。"

仔细推敲《中国职业大典》对公共关系所下的这个定义,可以解读出以下信息。

公共关系的主体是社会组织;公共关系的客体是公众;公共关系的手段是传播;公共关系的职能是信息传播管理、关系协调管理、形象管理;公共关系工作的内容和程序是调查、策划、实施、评估和咨询;公共关系的属性是管理性的应用学科。

公共关系从理论到实践均是一门正在发展中的学科,对公共关系的定义有不同的表述是正常的。这些定义都有助于人们理解公共关系的本质属性。《中国职业大典》的定义,从应用的视角,对公共关系的特点作出了比较全面、准确和具体的概括,这是公关职业人应当掌握的。

1.2 公共关系的构成要素

公共关系有三大构成要素:社会组织,公众,传播。

1.2.1 公共关系的主体——社会组织

公共关系的主体,是指处于公共关系主动、主导地位的一方。公共关系的主体是社会组织。

1.2.1.1 组织的含义和基本特征

组织,是人们根据一定宗旨和结构建立起来的一种社会机构,它有目标、有领导、有成员分工、有整套制度。

一个正式组织通常具有四个基本特征。

(1)目的性。组织都有自己既定的奋斗目标,组织的一切工作都是为实现这个目标服务。

(2)整体性。组织是由许多元素按照一定的连接方式构成的完整实体。元素之间紧密相连、密不可分。

(3)相关性。组织与它所处的外界环境息息相关,同时,它内部的机构和人员的工作、利害也彼此息息相关。

(4)动态性。组织随着内外环境的变化不断地改变着自己的目标和结构。

1.2.1.2 组织的分类

社会组织是复杂的,人们可以从研究和工作的需要出发,以不同的标准进行分类。

(1)根据组织的目标及其活动内容,人们通常把组织划分为经济组织、政治组织、文化组织、群众组织、宗教组织等。

(2)根据组织的公共关系行为方式和公众类型,人们通常把组织划分为竞争性的营利组织、竞争性非营利组织、独占性非营利组织、独占性营利组织。

竞争性营利组织,如工厂,商店,为了自己的经济利益,为了在市场竞争中争取消费者,一般都有比较自觉的公共关系行为,以主动争取公众的支持,树立良好的组织形象。

竞争性的非营利组织,如国办学校,虽然没有营利动机,但由于需要在竞争中赢得舆论的理解和公众的支持,因此也十分重视公共关系。

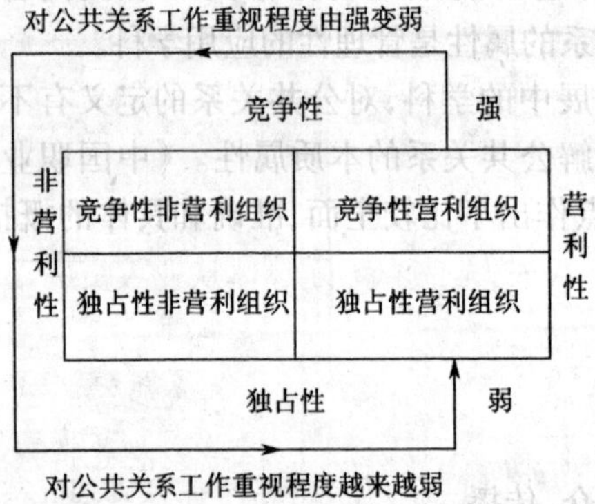

图 1.1 组织对公共关系工作重视程度的图示

独占性的非营利组织,如政府机构的某些部门,由于缺乏自身利益的驱动和竞争的压力,往往忽略甚至脱离自己的公众,其公共关系工作一般比较薄弱。

独占性的营利组织,如铁路、电力部门的某些单位,由于其对产品或服务有独占性(垄断性),即便声誉欠佳也有赢利的可能,同时,由于管理机制等方面的原因,往往不太注意公众的信息反馈,容易产生违背公众利益的行为,以至陷入舆论的压力之中。如图 1.1 所示。

1.2.1.3 公共关系组织机构

公共关系组织机构,是指负责公共关系工作的职能机构。

公共关系组织机构主要分为两类:一是组织内部的公共关系部;二是社会上的公共关系公司。

公共关系部又称缓和事务部、公共信息部、公共广告部、沟通联系部、社区关系部或对外宣传部。它是社会组织为贯彻本组织的总体战略目标和公共关系策略,在组织内设立的由所聘任的专职公共关系人员组成的专门职能机构。对一个组织而言，是否组建公共关系部必须由组织根据自身状况、目标公众的特点以及组织与公众之间的特定联系状态来确定。但从现代社会对组织的要求而言，在组织内部设置公共关系部被公认为十分必要。

公共关系公司即公共关系咨询公司、公共关系顾问公司。它是一种由各具专长的公共关系专家和专业人员所组成，能运用专门知识、技能和经验，接受客户委托，向各种组织提供收费的公共关系代理、咨询和服务的机构。经过近一个世纪的发展，公共关系公司已由早期的偏重于代理逐步发展为咨询与代理并重的经营组织，并在世界上逐步成为一个新兴的、蓬勃发展的行业。

1.2.2 公共关系的客体——公众

公共关系的客体，是指公共关系活动的对象，即社会组织内外部的有关公众。

1.2.2.1 公众的含义和基本特征

公共关系的公众是一个特定的概念，是指与特定的公共关系主体相互联系、相互作用的个体、群体或组织的总和，是公共关系传播沟通对象的总称。

作为公共关系运作的对象，公众一般具有广泛性与整体性、相关性与共同性、多样性与多维性以及确定性与变化性等特征。

1. 广泛性与整体性

公众的构成面广，既有内部公众，又有外部公众，即广泛性。这些公众相互作用、相互关联，形成组织必须面对的完整环境，即整体性。

2. 相关性与共同性

公众与特定的组织之间相互关联、相互作用、相互影响，即相关性。这些公众之间又存在着共同的目的、共同的问题等，即共同性。

3. 多样性与多维性

公众的构成是多种多样的，可以几个人、群体和组织，即多样性。而这些个人、群体和组织的存在形式也不尽相同，仅以媒体公众而言，既有不同媒体从业人员的不同划分，也有不同层次、不同专业的差别，即多维性。

4. 确定性与变化性

一定的公众总是与一定的组织发生联系、打交道，即确定性；这些公众不是一成不变的，在数量、范围、形成、态度等方面都会随着主客观条件的变化而变化，即变化性。

1.2.2.2 公众的分类

1. 公众分类的意义

不同的组织面对着不同的公众，任何一个组织都不会仅仅只面对一方面的公众。组织要开展公共关系工作，就必须认清本组织所面临的各类公众，根据不同类型的公众制定不同的公关策略和方法。对公众进行科学的分类，是制定公共关系计划、实现公共关系目标的必要前提。

2. 公众的类型

公众的类型又称公众的分类，历来有不同的角度和不同的标准。常见的分类有以下几种。

1）按公众与组织的相对空间位置划分

按照这一标准，可以将一个组织的公众划分为内部公众和外部公众：①内部公众，由组织内部成员、部门构成；②外部公众，指组织外部的一切与组织发生相互影响、相互作用的公众。

2）按照公众对组织的重要程度划分

按照这一标准，可将一个组织的公众划分为首要公众和次要公众：①首要公众，是指与组织的关系最密切，对组织的生存和发展有决定性作用，能产生举足轻重影响力的公众；②次要公众，是指对组织的生存和发展有一定的影响，但不起决定性作用的公众。

3）按照公众与组织态度的一致程度划分

按照这一标准，可将一个组织的公众划分为顺意公众、逆意公众和边缘公众：①顺意公众，是指对组织的政策和行为采取支持与赞赏态度，常常与组织协作的公众；②逆意公众，是指对组织的政策和行为持不赞成、不支持甚至反对态度的公众；③边缘公众，又称中立或不确定公众，是指对组织的政策和行为持中间态度，不表态或态度不明确的公众。

4）按照公众对组织的吸引程度划分

按照这一标准，可将一个组织的公众划分为受欢迎公众、不受欢迎公众和被追求公众：①受欢迎公众，是指那些和组织相互吸引，能迎合组织需求并主动对组织表示兴趣和交往意向的公众；②不受欢迎公众，是指违背组织的利益和意愿，对组织构成潜在或现实威胁的公众；③被追求公众，是指很符合组织的利益和意愿，但对组织却不感兴趣，缺乏交往意向的公众。

5）按照公众发展过程不同阶段的特点划分

按照这一标准，可将一个组织的公众划分为非公众、潜在公众、知晓公众和行动公众：①非公众是公共关系学的特殊概念，是指处在某组织的影响范围之中却与该组织无关，其特点、态度和行为不受该组织的影响，也不影响该组织的公众；②潜在公众，是指由于潜在的公共关系问题而形成的潜伏公众或未来公众，由于该潜在问题还未充分显露，这些公众本身还未意识到问题（或需求）的存在，所以与组织的关系还处在潜伏状态；③知晓公众，是潜在公众逻辑发展的结果，即公众已明确意识到自己面临的问题（或需求）与某个组织有关，并迫切要求与该组织发生某种联系；④行动公众，是知晓公众逻辑发展的结果，在这个阶段，由于问题（或需求）的全面显示，公众和组织的关系明朗化，公众采取行动，从而对组织构成现实的影响。

6）按照公众构成的稳定程度划分

按照这一标准，可将一个组织的公众划分为临时公众、周期公众和稳定公众：①

临时公众,是因为某一临时因素、突发事件或专题活动而形成的公众;②周期公众,是按一定的规律和周期出现的公众,如逢节假日出现的游客,招生时节出现的考生和家长等;③稳定公众,是具有稳定结构和稳定关系的公众,如老主顾、常客等。

1.2.2.3　企业公众的构成

在现代社会中,由于内部管理和外部环境的复杂性,亦由于专业职能的分化和经营范围的变动,一些组织所面临的公众往往纷繁复杂。以企业来说,其所面对的公众就多达20多种,其中最重要的内部有员工公众、股东公众,外部有消费者公众、媒介公众、社区公众和政府公众等。

(1)员工公众,即指一个组织内部的全体员工。他们是组织赖以生存和发展的细胞。

(2)股东公众,即实行股份制的经济组织的所有投资者和资产拥有者。他们是组织的重要公众。

(3)消费者公众,既包括物质产品的购买者,也包括精神产品的接受者;既包括有形产品的购买者,也包括无形物品(劳动力)的承受者,泛指一切社会组织的服务对象。消费者公众是组织生存发展的条件。

(4)媒介公众,即新闻媒介公众,是新闻传播机构(包括报社、杂志社、广播电台、电视台)和新闻界人士(包括编辑、记者等)的总称。媒介公众既是组织与其他公众沟通的中介,同时其本身又是各类组织要积极争取的外部公众。这种中介与公众合一的性质,决定了媒介的特殊地位以及组织与媒介之间建立良好关系的重要意义。

(5)社区公众,即组织多种活动的一定区域范围内的居民和各种社会群体。社区公众不一定与组织有直接关系,但由于在同一区域内活动,势必会发生某种间接的关系。这一关系的好坏亦会在一定程度上影响组织的生存发展。社区公众是组织的重要公众。

(6)政府公众,即政府各职能机构及政府官员。政府是国家权力的执行机关,对社会行使统一管理的职能,任何组织都要服从政府的领导和管理。政府公众是组织的一种特殊而重要的公众。

不同的组织,面对不同的公众。图1.2~图1.4中所列出的公众是组织的主要公众,并不是组织的所有公众。

1. 纺织工厂的公众构成图(图1.2)

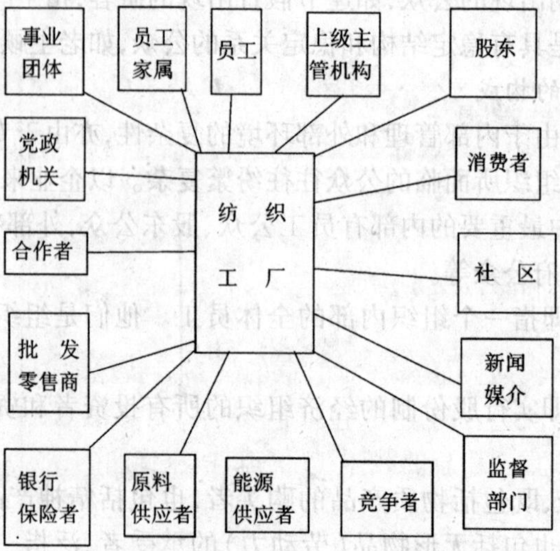

图1.2 纺织工厂公众构成图

2. 普通高等学校的公众构成图(图1.3)

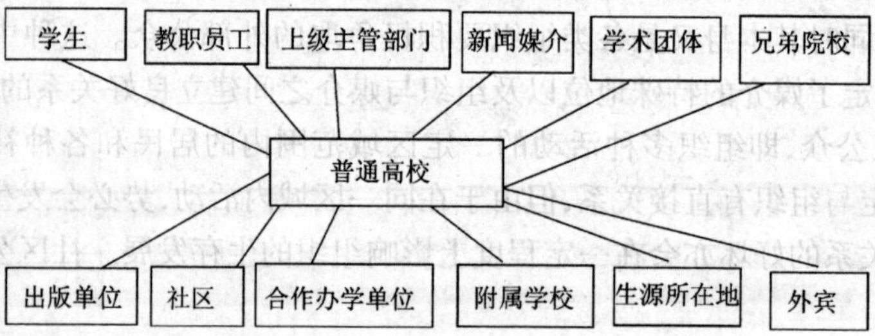

图1.3 普通高等学校公众构成图

3. 市政府的公众构成图(图1.4)

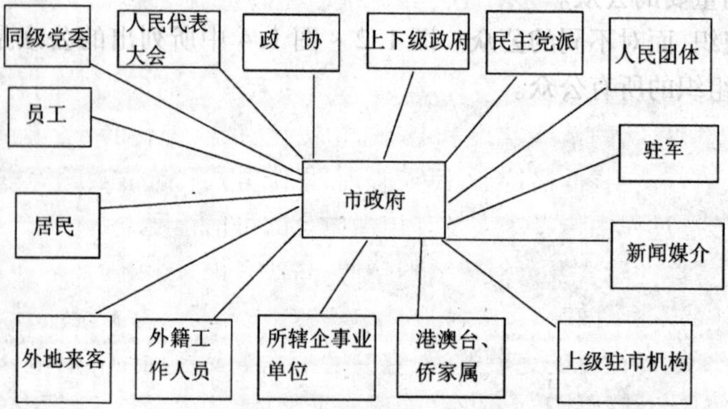

图1.4 市政府公众构成图

1.2.3　公共关系的手段——传播

1.2.3.1　传播的含义和构成要素

1. 传播的含义

传播,英文为 communication,含义为人类信息的传递、交流、分享。在公共关系中,传播是社会组织利用各种媒介手段,将自身的信息有计划地与公众进行分享、交流的活动。

2. 传播的构成要素

传播由基本要素和隐含要素构成。

1)传播的基本要素

传播的基本要素包括:①信源,即信息的发布者;②信宿,即接受并利用信息的人;③信息,即信息中所包含的意义,包括事实、观念、感情等;④媒介,即用以记录和保存信息并随后由其重现信息的载体;⑤信道,信息传递的途径、渠道,传播信道主要有口头渠道、印刷渠道、电子渠道等;⑥效果,即受者接到传者信息的情况和产生的作用;⑦反馈,受者对传者发出信息的反应。

公共关系的传播媒介从其物质形式来看,可以分为四个大类。

(1)符号媒介。符号是信息传递过程中的一种有意义并能引起互动的载体,包括:有声语言媒介,即口头语言;无声语言媒介,即书面语言;有声非语言媒介,即"类语言",如说话时的重读语调、笑声等;无声非语言媒介,如图像等。

(2)实物媒介,即有实物充当信息传递的载体。包括产品、象征物及公共关系礼品等。

(3)人体媒介,即借助人的动作、表情、姿态、行为、服饰,威望等作为信息传递的载体。如不同的手势有不同的含义。再如,某些名人参加了此次会议,传递出的信息是此次会议规格高,很重要。

(4)大众传播媒介。包括两类:印刷类媒介,如图书、报纸、杂志等;电子类媒介,如广播、电视、电影、录像、网络等。印刷类媒介又称平面媒体。

以上这些传播的基本要素构成公共关系传播的完整过程。

2)传播的隐含要素

传播的隐含要素包括:①时空环境,即传播过程中的时间与空间环境;②心理状态,即受者接受信息时的情绪状况和心态;③文化背景,即传者、受者双方在经济环境、风俗习惯、语言文字、性格特征、民族心理、思维方式和价值观念等方面的异同;④信誉意识,即传播过程中传者本人及其传播内容的可信程度。

以上这些传播的隐含要素对传播的畅通、高效有很大影响。

1.2.3.2　传播的基本过程

传播是一个循环往复的完整过程,它的七个基本要素:信源、信宿、信息、媒介、信道、效果和反馈,相互联系,彼此依存,构成一个整体。

传播处于不断发展的变动之中,从人际传播、组织传播到大众传播、多种传播,类型互相交叉又同步发展,但它们都遵循着一个基本的传播过程,如图1.5所示。

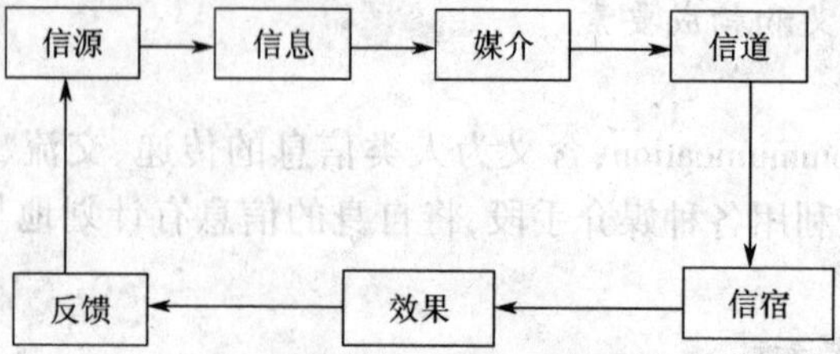

图1.5 传播过程示意图

1.2.3.3 传播的基本类型

按照不同的划分标准,传播可以划分为不同的类型。根据人类传播的发展过程及传播所涉及的主客体关系和规模大小,可将传播分为4种基本类型。

1. 自身传播

自身传播也称人的内向交流,即传播的"双方"集于一身,本身内部进行交流。其表现形式是人的自言自语、自问自答、自唱自乐等。这种传播的特点是"主我"和"宾我"之间的内向沟通。因此,从严格意义上讲,它是个人内心的思维活动。

2. 人际传播

人际传播,指的是个体与个体之间的沟通交流。其表现形式为面对面传播和非面对面传播。前者,一般通过语言、动作、表情等进行交流;后者,则通过电话、电报、书信等进行交流。这种传播的特点是个性化、私人性和信息反馈的及时性。在传播的过程中,双方不断地相互调整,相互适应,传播效果也易于显现。

3. 组织传播

组织传播,指的是组织和内外公众之间的沟通交流。主要表现形式为开会、谈话、函件往来等。其传播特点是:传播的主体是组织,传播的对象十分广泛、复杂,传播具有明确的目的性和可控性。

4. 大众传播

大众传播,指的是职业传播者通过大众传播媒介将大量的复制的信息传播给分散的公众。其表现形式是通过报纸、杂志、广播、电视、网络等进行。其传播特点是:传播主体的高度组织化、专业化,传播手段的现代化、技术化,传播对象众多,覆盖面极广,传播者和受传者之间的"人际关系"不复存在,信息反馈比较缓慢、间接等。

1.2.3.4 公共关系传播的特征

与一般传播相比,公关关系传播有两个特征。

1. 坚持双向沟通

双向沟通即传播组织与公众之间的互动活动。既有组织的信息向公众传递,也有公众的信息反馈到组织。组织与公众是平等的双向交流,不是单向的宣传和灌输。

2. 注重情感传播

公共关系传播是组织与公众之间的情感交流。在传播中,组织不仅要以理服人,更要以情动人。

1.2.3.5　传播效果分析

传播效果可分为四种不同的层次，即信息层次、情感层次、态度层次、行为层次。

1. 信息层次

这是最基本的层次。即传播者与受传者能够共同分享信息，换言之，受传者能够从传播者那里及时、准确、充分地获得信息，这样，传播活动就取得了最基本的效果。

2. 情感层次

即通过传播活动起到联络感情的作用。如某组织举行一次舞会、一次游园活动，在不知不觉中，就使传播者与受传者得以沟通，关系更为融洽。

3. 态度层次

即通过传播活动引起受传者态度的变化。如某组织的广告在电视上播出后，受传者可能相信广告的内容，也可能贬斥广告的内容，受传者这种态度的变化，即为传播效果的态度层次。

4. 行为层次

这是传播效果的最高层次，即通过传播活动影响受传者的行为。如一个生产组织进行传播活动的最好效果是使自己的产品得以畅销，引起受传者的购买行为。当然，这一层次上的效果，是建立在信息层次、情感层次和态度层次的效果基础上的。

1.3　公共关系的职能

公共关系在现代社会中能发展起来，根本原因是它自身的职能对组织的存在、发展有着极为重要的作用。公共关系的职能是多样化的，其中最主要的职能有五个方面：宣传引导，传播推广；收集信息，监测环境；咨询建议，形象管理；沟通交际，协调关系；解决矛盾，处理危机。这五项主要职能要在公共关系理论的指导下，通过科学的、有目的的、有计划的公共关系活动来实现。

1.3.1　宣传引导，传播推广——组织的“喉舌”

公共关系在组织管理中的一个主要职能，就是有效地制造舆论，强化舆论和引导舆论，及时地传播推广与组织有关的信息，赢得社会公众对组织的信任和好感，从而不断地提高组织的知名度和美誉度，为组织创造有利于自身生存、发展的环境和时机。因此，公共关系被人们称之为组织的“喉舌”。公共关系部被人们称之为组织的“宣传部”。

1.3.2　收集信息，监测环境——组织的“耳目”

现代社会，尤其是随着知识经济的崛起，信息已日益成为经济发展不可或缺的重要战略资源。组织的生存和发展离不开特定的环境，而环境又是由组织的公众以及一切有可能影响组织生存发展的社会政治、经济、文化等各方面因素构成的。鉴于环境的动态可变性,组织要适应环境,就必须严密地监测环境,对其变化作出准确的判断和科学的预测。

公共关系的职能之一就是负责检查、搜集、整理和分析组织的公众信息,向组织的领导人提供管理咨询建议,充当组织的“耳目”。组织的公共关系部被人们称之为组织的“信息管理部”。

1.3.3 咨询建议,形象管理——组织决策层的“外脑”

公共关系作为组织的一种管理职能,在组织的管理决策过程中,以提供咨询建议的方式发挥着决策层“外脑”的作用。公共关系职能机构及其人员可以运用专业知识、技能、经验和科学的研究方法,利用信息系统提供的数据、资料、情报等,对组织需要决策的有关问题进行系统研究,提出可供选择的预选方案。因此,公共关系专家往往被一些现代组织冠以“军师”、“顾问”的头衔。组织的公共关系部被人们称之为组织的“参谋部”。

公共关系职能机构在组织管理上所发挥的咨询建议作用,与一般咨询建议不同,它更多侧重于组织的形象管理方面,即制定组织和产品(服务)的形象管理计划,策划和实施各种专题性的公众活动,并对其进行评估。

1.3.4 沟通交际,协调关系——组织的“名片”、“桥梁”

现代社会中,任何组织都是一个开放的系统。它必须广交朋友,与周围环境建立广泛的联系,减少社会摩擦,缓和各种社会冲突,与内外公众发展友好、合作的社会关系,最终实现利益的协调与双赢。公共关系就起着组织对外交往的“名片”与各界人士沟通的“桥梁”作用。组织的公共关系部被人们称之为组织的“外交部”。

1.3.5 解决矛盾,处理危机——组织的“消防队”

各类社会组织都可能因主观和客观因素的变故而发生意料之外的事件,给组织带来严重损害,使组织陷于危机之中。为保证组织的顺利运营,公共关系职能之一是担负起协助组织发现、处理并监控其与公众之间的矛盾、问题和危机事件的重任,充当组织的“消防队”。没有“火情”时注意“防火”,一旦发现“火情”,及时“灭火”。

1.4 公共关系的工作程序

公共关系工作程序,是指社会组织为了达到一定的公共关系目标而进行有组织、有系统活动的一般规范和步骤。通常公共关系的工作程序包括:调查、策划、实施、评估四步。这四个步骤构成完整、连续的过程,被人们称为“四步工作法”。如图1.6所示。

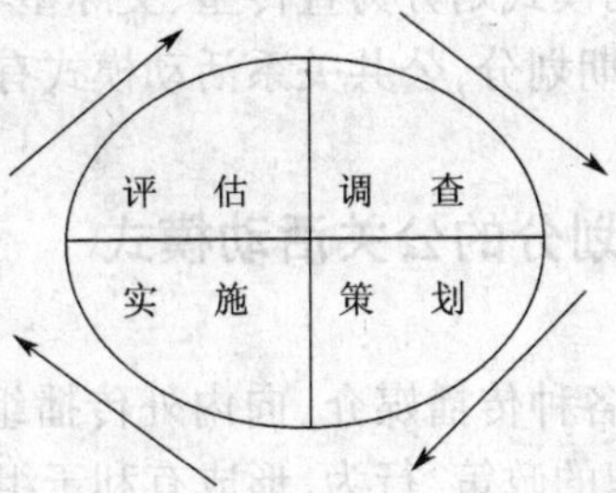

图 1.6　公共关系四步工作法

1.4.1　公共关系调查——前提、基础的一步

公共关系调查是运用科学的方法,有计划有步骤地去考察组织的公共关系状态,收集必要的资料,综合分析相关因素及其相互关系,以达到掌握组织的情况,解决组织面临的公共关系问题的一种实践活动。它是公共关系“四步工作法”中先导、前提、基础的一步。一切公共关系活动始于调查,没有调查,后面的工作就没有前提,没有依据。

1.4.2　公共关系策划——关键、核心的一步

公共关系策划,是在进行广泛深入调查之后,根据组织自身的公关状态和目标要求,分析现有条件,制定出最佳活动方案的过程。它是公共关系“四步工作法”中关键、核心的一步。一切公共关系活动都围绕策划展开,策划的优劣,决定公共关系活动的成败。

1.4.3　公共关系实施——重点的一步

公共关系实施,是在公共关系方案被审定通过后,将方案付诸实践的具体操作过程。它是公共关系“四步工作法”中最复杂、最多变、最难以把握的一步,也是重点的一步。如果没有实施,再好的方案也是一纸空文。

1.4.4　公共关系评估——承前启后的一步

公共关系评估,是根据特定的标准,对公共关系调查、策划、实施以及最终结果进行检查、评价、估量的工作过程。它贯穿于公共关系活动的每个阶段,每个环节。在“四步工作法”中是承前启后的一步。只有在不断评估前面工作的基础上,才能及时调整、修正后面的工作,使之越做越好。

1.5　公共关系活动模式

公共关系活动模式即公共关系工作的方法系统,它是由一定的公共关系目标和任务以及这种目标和任务决定的数种方法和技巧构成的有机体系。公共关系活动模式具有明显的适应性,仅适用于特定的公共关系目标和任务。根据公共关系工作方

法的不同特点，公共关系活动模式划分为宣传型、交际型、服务型、社会型、征询型等。

根据组织发展的不同时期划分，公共关系活动模式有建设型、维系型、进攻型、防御型、矫正型等。

1.5.1 按工作方法特点划分的公关活动模式

1. 宣传型公共关系

宣传型公共关系是运用各种传播媒介，向内外传播组织信息的公共关系活动模式，其作用是让公众了解组织的政策、行为，形成有利于组织的舆论。

这种模式表现的形式很多，可以归类为两大类：一类是借助大众媒介传播信息，如在报刊、电台、电视台刊播新闻稿、专题通讯、经验介绍、记者专访、广告及举行新闻发布会等形式传播信息；另一类是由组织自己举办各种宣传活动，如展览会、展销会、经验技术交流会、演讲会、有奖竞赛、接待参观、印发宣传品、出板报、制作视听资料等形式进行宣传。

2. 交际型公共关系

交际型公共关系是通过人际关系，联络公众与组织感情的公共关系活动模式。它使人际沟通进入情感层次，为组织广结良缘，建立起广泛的社会关系网络，形成有利于组织生存、发展的人际环境。这一模式形式可分为社团交际和个人交际两大类。社团交际包括组织举办招待会、联谊会、联欢会、茶话会、座谈会、工作午餐、宴会、舞会、团拜、慰问等；个人交际包括攀谈、祝贺、拜访、个人信件往来等。

3. 服务型公共关系

服务型公共关系是组织向公众提供以各种实惠服务为主的公共关系模式。它通过特殊的媒介——服务——这一实实在在的行动，树立良好的形象，密切组织与公众的关系。它的基础是向公众提供优质的服务，它需要组织全体部门、所有员工共同参与，它最能显示“全员 PR”，即“人人都是公关大使”的思想。

这一模式的“服务”是指广义的“服务”，即不但是指工业企业的消费指导、教育，提供优质产品和售后服务，也指第三产业商品买卖中的服务、公用事业单位的服务，还包括政治组织、文化组织提供的种种服务。

4. 社会型公共关系

社会型公共关系是组织举办社会性、公益性、赞助性的活动，扩大影响，塑造组织形象的公共关系活动模式。

这一模式表现方式有以下几种。

(1)以组织的重要活动为中心开展活动，如开业剪彩、周年庆典、庆功会等等。组织可以借此机会邀请各界人士参加，渲染喜庆气氛。

(2)以赞助社会文体、福利事业为中心举办活动。

(3)组织与新闻单位合办活动，如举办大奖赛、文艺演出等。

社会型的公共关系从近期来看，往往不会给组织带来直接的经济效益，但从长远看，它树立了组织的良好形象，为组织的发展创造了一个良好的社会环境。

5. 征询型公共关系

征询型公共关系是以采集信息、调查舆论、民意测验为主的公共关系模式，它通过了解社情民意，为组织决策提供依据。

这类公共关系的表现形式很多，如建立信访接待机构，设置专线电话、监督电话，处理公众投诉，广泛征求公众意见，开展咨询业务，进行问卷调查和直接面访公众等。

1.5.2　按组织发展的不同时期划分的公关活动模式

1. 建设型公共关系

建设型公共关系是组织为了打开局面，采用宣传与交际相结合的方法，向公众介绍自己，给公众留下良好的第一印象，初步形成组织的社会关系网络。它多用于组织的开创阶段。

这类公共关系的表现形式很多，如开业广告、庆典、新产品展销、新服务适用等等。由于社会新成立的组织很多，一个新诞生的组织要想给公众留下深刻的印象，在开展这类公共关系时要力求新意，避免千篇一律、千人一面、流于一般。

2. 维系型公共关系

维系型公共关系是通过各种传播媒介，持续不断地向公众传递组织各方面的信息，让公众逐步形成或保持对组织的良好形象，从而巩固与公众的良好关系。它一般用于组织的稳定发展时期。

这类公共关系采取“细水长流”、“潜移默化”的方式。它一般不使用大张旗鼓宣传的方法，而是以较低的姿态，通过不断地向公众“吹风”，提供方便服务和联络感情，使公众记住组织、熟悉组织、亲近组织，维系双方的关系。具体操作上，它可分为软维系和硬维系两种形式。

软维系是指组织传播信息的对象不具体确定为某些人，其目的只是让公众别淡忘了组织，它往往使用定期广告、报道、照片，提醒公众记住组织。

硬维系是指组织的行为目的明确，对象明确，是为了巩固与组织已有业务关系的公众，公众也了解组织这些行为的意图。

3. 进攻型公共关系

进攻型公共关系是组织与公众发生冲突、与环境产生严重失调，其生存、发展面临阻力、危机时，组织以积极的姿态，以攻为守，改造环境，调整与公众的关系，创造新局面的一种公共关系模式。

这一模式的特征是主动性、进攻性，以“创”为主，即充分发挥组织对环境的能动作用，使组织摆脱面临的困境。

对经济组织来说，这一模式的操作方式可分为以下几类。

(1)研制新产品、推出新服务项目，使产品和服务更新换代，或开拓新市场，改变旧环境的依赖关系，创造出利于组织生产、发展的新环境。

(2)形成支持组织的社会舆论，降低公众对组织的对抗情绪，减少组织与组织的摩擦冲突。

(3)通过公共关系活动,争取政府公众制定有利于组织摆脱困境的新政策,促成上级部门给予更多的扶持,以造成利于组织生存下去的新气候。

4. 防御型公共关系

防御型公共关系是当组织的政策或行为出现了不适应公众的现象,或双方显露摩擦苗头时,组织通过及时调整自己的政策和行为去适应公众,防止双方关系失调的公共关系模式。

这类公共关系的特征是以防为主,防患于未然,避免矛盾尖锐化。它要求公关人员采用调查、预测手段,及时发现矛盾的预兆,向领导部门提出咨询意见,采取防范措施,堵塞有损组织利益和形象的漏洞。

运用这类模式,公关人员可以根据公众分类法,排除非公众,集中精力处理公众问题,最好在潜在公众阶段采取措施。

5. 矫正型公共关系

矫正型公共关系是当组织形象受到损害后,组织立即采取措施,做好善后补救工作,挽回影响,重建形象的公共关系模式。

这类公共关系的主要功能是纠正或消除损害组织形象的因素,恢复公众对组织的信任。它要求及时查明原因,及时纠正、及时改善不良形象,如果让不利于组织的舆论较长时间内存在、蔓延,将使组织陷入困境。

组织形象受到损害有两类原因:一为公众误解,尤其是新闻媒介报道中的失误、或人为的谣言和破坏;二为组织本身的失误。对前者,矫正型公共关系的重点是澄清误解,揭示真相;对后者,则可纠正过失,承认错误,争取公众的谅解。

案例分析

案例

"白兰地"挺进美国

20世纪50年代,法国白兰地酒已在本国享有盛誉。为了开辟国外市场,法国酿酒业的公关专家研究了大量信息,首先把目标对准美国。为了打开美国市场,他们的公关策略是"寓情于物",公关宣传的基点是借助法美人们之间的友谊做文章,选择的时机是美国前总统艾森豪威尔67岁寿辰。他们大力宣传法国人民为了表示对美国总统的友好盛情,将赠送两桶极为名贵的窖藏达67年之久的白兰地酒作为贺礼,并由专机送抵美国。白兰地酒公司为此付出了巨额的保险费。美国公众在总统寿辰一个月前就从不同的传播媒介获得了这一消息,一时间,法国白兰地成为新闻报道、街谈巷议的话题。

总统寿辰这一天,美国首都华盛顿的主要干道上竖立着巨型彩色标牌:"欢迎您,尊贵的法国客人!""美法友谊令人心醉!"整洁的售报亭悬挂着美法两国的小国旗,它们精致玲珑,在微风中轻柔地摆动,传递着温馨的情意。报亭的主人特意设计绘制的"今日各报"的广告牌上,张贴着最鲜艳夺目的美国鹰和法国鸡干杯的画面以及"总统华诞贵宾驾临"和"美国人醉了"等大型标语。

当天在白宫的花园里,举行隆重的赠送仪式。4名英俊的法国青年身穿法兰西传统的宫廷侍卫服装,抬着这两桶酒,迈着正步前进,进入白宫。装着白兰地的酒桶也是法国著名的艺术大师的精心之作。当这两桶不凡的美酒亮相时,群情鼎沸,欢声雷动。有些人甚至大声唱起法国国歌《马赛曲》。当天,为了观看这个送酒仪式,华盛顿竟出现了万人空巷的罕见景象,机场通往白宫的沿途街道,挤满了数以万计的观众,盛况空前。关于名酒"驾到"的新闻报道、专题特写、新闻照片挤满了全美当天的各报头版版面。

从此,法国名酒白兰地在轰轰烈烈的氛围中,昂首阔步地迈进了美国市场,走进了美国的国宴和普通市民的餐桌。

——资料来源:编者综合多种资料改写。

分析

法国白兰地在美国的精彩"亮相"不同凡响,一鸣惊人。这是一次经典的宣传型公关活动。它的主体是白兰地酒公司,它的客体是美国公众。它的手段是通过一个寓情于物的活动,调动各种媒体积极传播,以达到树立产品形象、组织形象、开辟市场的目的。为了搞好这次活动,活动主体进行了认真的调查研究和周密的策划,结果大获成功。

实训

1. 请对图1.7中的第三层次的各项内容进行具体说明。

2. 中文"公共关系"是个多义词,请指出下列语句中"公共关系"的含义。

(1)北京饭店的公共关系不错。

(2)赵先生是干公关的。

(3)钱同学是学公关的。

(4)孙女士有公关头脑。

(5)李小姐最擅长庆典类的公关。

(6)有人说,张骞通西域、郑和下西洋是中国的公关。

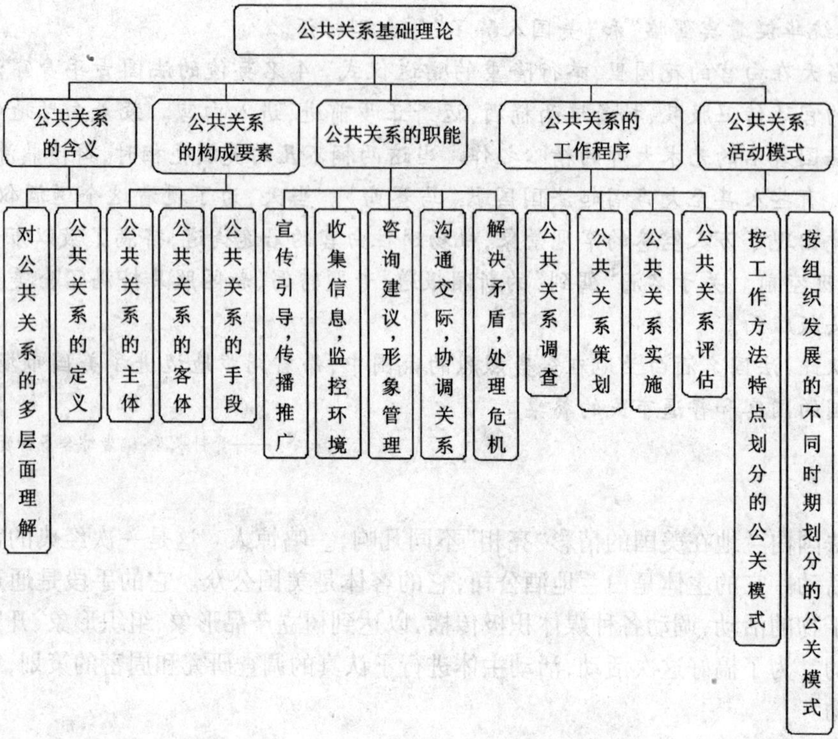

图 1.7　本章知识结构图

参考答案

(1)指公关状态。
(2)指职业。
(3)指学科。
(4)指观念意识。
(5)指活动。
(6)指古代的公关萌芽。

2

公共关系的产生和发展

学习目标

1. 了解世界公共关系发展概况;
2. 了解中国现代公共关系发展概况。

案例导入

杜邦“变脸”

19世纪末,美国有一家从事炸药生产的化学公司叫杜邦。其时化学公司刚刚起步不久,工艺技术尚不先进,公司里有时发生一些爆炸事故。起初公司采取保密政策,一律不准记者采访。结果大道不传小道传,社会公众对此猜测纷纷,久而久之,杜邦公司在社会公众心目中留下一个“杜邦——流血——杀人”的可怕形象,对杜邦公司的市场扩展与企业发展造成极为不利的影响,杜邦公司为之深感苦恼。后来,有人建议其实行“门户开放”政策,杜邦公司采纳了他的建议,并聘任此人出任公司新闻局局长。此后,公司在宣传方面改弦更张,坚持向公众公开公司事故真相与公司内幕,同时精心设计出一个口号并进行广泛宣传:“化学工业能使你生活得更美好!”且重金聘请专家学者在公众场所演讲。此外,还积极赞助社会公益事业、组织员工在街头义务服务,改变了杜邦公司的形象。

——资料来源:徐刚:《现代公共关系实务教程》,北京,科学出版社,2006。

19世纪末20世纪初,美国一些大公司经历了由象牙之塔走向玻璃之屋的过程。也就是由封闭式经营到开放式经营的过程。这些大公司原来以为自己内部的情况越保密,其公众知道得越少,对经营越有利,然而适得其反,公司越保密,其形象越糟糕。后来,他们不得不改变经营策略,门户开放,让公众了解真相,改善公司与公众的关系,结果公司的形象好了起来。也就在这个过程中,真正的现代意义上的公共关系产生了。

2.1 公共关系简史

2.1.1 古代时期——公共关系思想和活动的萌芽

古希腊时代的政治家认为,一个人的修辞能力是参与政治活动的基本条件之一。著名的亚里士多德在他的经典著作《修辞学》中,就详细阐述了修辞的艺术——如何运用语言影响听众思想和行为的艺术。西方公共关系学界认为,亚里士多德的《修辞学》是最早问世的公共关系学的理论书籍。

古罗马独裁者——儒略·恺撒也是一位精通沟通艺术的大师,他面对即将来临的战争,印发大量传单进行宣传鼓动,以争取民众支持。他那本记载着自己功绩的纪实作品《高卢战记》,帮助他登上了独裁者的宝座。这本书被后人称为"第一流的公共关系著作。"

我国古代的政治活动、外交活动和军事活动也有很多类似于公共关系活动的成功范例。例如:春秋时期,孔子周游列国,宣讲自己的治国理论;战国时期,苏秦游说六国,合纵抗秦;张仪也游说六国,以拆散合纵关系,与秦联衡,使秦始皇一统天下。又如,《战国策》里冯谖"焚券市义"的故事。说的是孟尝君叫他的门客冯谖到薛邑为他讨债。冯谖临行前问孟尝君,回来时买点什么东西?孟尝君回答说:"视吾家所寡有者。"冯谖到薛邑后召集全部债户到一起宣布说:"孟尝君不要你们还债了。"于是,烧毁了全部债券,百姓们欢呼雀跃。冯谖回来后,孟尝君问他:"以何市而反?"冯谖回曰:"臣窃计,君宫中积珍宝,狗马实外厩,美人充下陈,君家所寡有者,以义耳。窃以为君市义。"意思是说,我见你家什么都有了,唯缺少"义"这样一件东西,所以就买了你家没有的"义"。孟尝君听后怏怏不乐。一年以后孟尝君遭贬回邑,"未至百里,民扶老幼,迎君道中"。见到这情景,孟尝君才明白当初冯谖"市义"的远见卓识,感激之情,难以言表,对冯谖说,当年你焚券市义,今日所见公德无量。

可见,无论在外国史上还是在中国古代,都可以找到公共关系思想和活动的萌芽。

2.1.2 近现代时期——现代公共关系的兴起和发展

2.1.2.1 现代公共关系兴起的原因

现代公共关系首先在西方国家兴起,有其特定的社会历史原因。它是西方国家经济、政治、物质技术发展的必然产物。

1. 经济条件——商品经济的发展

第二次世界大战后,随着资本主义社会化大生产的高度发展,社会分工日趋专业化,由此带来的一个最直接的社会现象就是协作的频繁和扩大。在现代西方各国,没有“万事不求人”的企业,这种客观上的需要就迫使企业之间建立广泛的横向联系,尽量减少协作中的摩擦,保证协作在平等互利的条件下进行。伴随着商品经济的发展,市场竞争也空前激烈。从本世纪30年代到第二次世界大战结束,西方各国都先后完成了从“卖方市场”向“买方市场”的转变。于是,“顾客至上”、“顾客就是皇帝”等口号已成为企业家的“座右铭”。企业要赢利、要发展,就必须争取顾客、争取消费者。因此,企业形象、信誉就成为决定企业生存、发展的第一要素。

企业是这样,其他社会组织如机关、学校等也如此。因为在商品经济条件下,每个组织都要与各种公众打交道,都需要得到内外公众的理解与合作,都需要在公众中树立良好的形象,于是,公共关系应运而生。而且,商品经济越发达,市场竞争越激烈,公共关系就越显得重要。

2. 政治条件——民主政治的发展

西方各国普遍实行的资产阶级民主政治虽然有很大的虚伪性和欺骗性,但与封建专制统治相比,仍是巨大的历史进步。

(1)资产阶级在政治上强调“法律面前,人人平等”。一般来说,上至总统下至平民都要受到法律的保护和约束,而平等互利正是公共关系的本质特征。

(2)资产阶级标榜“三权分立”,强调不同权利间的制约和平衡,这样一来,任何一级组织要把自己的主张变为实际,都要争得其他组织的支持与合作,而公共关系的主要职能之一就是组织之间的协调与沟通。

(3)在西方民主政治的条件下,高级公务官员一般由选举产生,一个人要想成为议员或当首相、总统,就必须参加选举,争取选票。已当选的官员要想保住官位也要争得选民支持。这就要求每一位政界人士都必须重视公共关系。

以上三点为公共关系在西方兴起提供了社会政治条件。

3. 物质技术条件——交通、信息、大众传媒的发展

在交通运输业,20世纪四五十年代以后,科学技术突飞猛进地发展。汽车、火车、飞机不断增速与普遍使用,使人们生活的地球在缩小,变成了“地球村”,人们的来往越来越便捷,“天涯若比邻”。在通信业,电报、固定电话、手机、通讯卫星等的利用,使人们的舌头耳朵伸长,沟通无处不在,天涯之声,海角能闻。大众传媒报纸、杂志、广播、电视、网络等的使用,让多种信息一瞬间可以传播到世界每个角落。公共关系就是借助这些物质技术条件兴起并发展起来。

2.1.2.2 现代公共关系兴起和发展的几个阶段

现代公共关系起源于美国。下面以美国为例进行叙述。

1. 巴纳姆:“凡是宣传皆是好事”——现代公共关系的前奏时期

19世纪30年代,美国《纽约时报》率先发起了“便士报运动”,即一便士就可以买到一份报纸。该报纸以低廉的价格和关切大众的内容获得全社会的认可和接受,成了具有重要影响力的社会舆论工具。

一些大公司和商业巨头们为了节省昂贵的广告费，纷纷花钱雇一些新闻代理人编造关于自身与组织的新闻甚至“神话”来吸引读者的注意力，达到宣传本组织形象的目的，于是兴起了一场声势浩大的“报刊宣传活动”。

这一时期最有代表性的新闻代理人是费尼斯·泰勒·巴纳姆。他是一个马戏团的老板。他恪守的信条是“公众要被愚弄”和“凡是宣传皆是好事”。他不择手段地为自己或为自己所代表的组织进行吹嘘、欺骗、制造“神话”，全然不顾公众利益、不顾职业道德的行为，是完全违背现代公共关系宗旨的，是公共关系史上不光彩的一页。这一时期被称为“公众被愚弄的时期”和“公共关系的黑暗时期”。

小资料

美国第一任总统的抚养人在马戏团里

巴纳姆杜撰了一个美国第一任总统的抚养人还活着的神话：100 年前曾经抚养过美国第一任总统乔治·华盛顿的黑人女奴海斯就在巴纳姆的马戏团里。这一消息发表后引起轰动。巴纳姆乘机以不同笔名的“读者来信”表明不同看法，于是引发争论。很多好奇的人纷纷来到马戏团看个究竟，使马戏团票价猛涨而且座无虚席。海斯死后，尸体解剖表明，她才活了 80 多岁，根本不像巴纳姆宣传的那样活了 161 岁。她也根本不可能抚养过华盛顿总统。面对斥责，巴纳姆大呼自己也被海斯骗了。

——资料来源：编者综合多种资料整理而成。

2. 艾维·李：“说真话”——现代公共关系职业化的开创时期

虽然公共关系活动可以追溯到遥远的过去，但严格意义上的公共关系却是从 20 世纪初期开始的。

19 世纪末期，美国已经进入垄断资本主义时代，少数企业寡头几乎掌握着全美大半的经济命脉，他们不择手段地榨取剩余价值，他们的残酷压榨引起了工人的强烈不满，劳资关系日趋紧张，阶级矛盾日趋激化，各个阶层与集团之间的利益冲突尖锐，整个社会都充满了对企业寡头的敌意。在此情况下，终于爆发了以揭露工商企业丑闻为主题的新闻“揭丑运动”，史称“扒粪运动”。

从 1902 年开始，一批年轻正直的记者，勇敢地把锋芒指向那些不法商业巨头及政府的腐败行为，将其丑行暴露在光天化日之下。在近 10 年的时间里，各种报刊上发表的此类文章达 2 000 多篇，甚至有人创办专门揭丑的杂志，从而使许多大企业和资本家声名狼藉。

在“扒粪运动”的冲击下，许多工商业界人士意识到舆论的重要性，于是开始聘请懂行的人来改善与新闻界以及公众的关系。于是既为企业作新闻代理又为企业咨询服务的新兴职业诞生了。

1903 年,记者出身的艾维·李开办了第一家宣传顾问事务所,成为向客户提供劳务而收取费用的第一个职业公共关系人,现代公共关系职业化由此发端。艾维·李被誉为现代公共关系之父。

1906 年,艾维·李向新闻界发表了著名的具有里程碑意义的《原则宣言》,全面阐明他的事务所的宗旨。宣言表达出他的信条:"说真话"、"公众必须被告知"。

3. 爱得华·伯内斯:"投公众之所好"——现代公共关系学科创立时期

公共关系职业化的发展,促进了公共关系由简单零碎的活动上升为较系统完整的专业活动,并逐渐形成了公共关系理论。

爱得华·伯内斯是奥地利裔美国人,1923 年,他以教授的身份首次在纽约大学讲授公共关系课程,是世界上第一个公共关系教师。同年,他出版了被称为公共关系理论发展史的"第一个里程碑"专著《公共舆论的形成》(又称《公众舆论之凝结》)。1928 年他又出版了《舆论》一书。伯内斯奠定了公共关系的理论基础,使公共关系成为一门独立的新兴学科。伯内斯公共关系思想里的一个重要主张是"投公众之所好",以此加强对公众的影响,扩大公共关系宣传效果。

4. 斯科特·卡特利普和艾伦·森特:"双向对称"——现代公共关系发展的新时期

第二次世界大战后,尤其是 20 世纪 50 年代以后,公共关系在世界不同国家和地区得到突飞猛进的发展,公共关系理论研究和实践进入了一个全新的现代发展时期。

1)公共关系理论的新突破

这一时期,以斯科特·卡特利普、艾伦·森特、詹姆斯·格鲁尼格、萨姆·布莱克和弗兰克·杰夫金斯为代表的一大批人把公共关系这门学科推向了一个新的历史发展阶段。

美国著名公共关系专家卡特利普和森特合著的《有效公共关系》,是这一时期公共关系理论研究成果的代表作。其后,经过不断充实新的研究成果、完善已有的理论体系和修订有关的事实及数据,使这本书保持了永久的生命力,具有"公共圣经"之称。卡特利普和森特在该书中首次完整地概括和描述了公共关系"四部工作法",还提出了"双向对称"的公共关系模式。"双向对称"模式,即在公共关系的目标上,将组织和公众的利益置于同等级的位置;在方法上,坚持组织与公众之间的双向传播与沟通。

格鲁尼格是另一位美国公关界的大师级人物。他是美国马里兰大学新闻学院教授。作为公共关系学和传播学的著名学者,1984 年出版的《公共关系管理》是他的代表作。在该书中,作者提出了公共关系实践的四种模式:新闻代理模式、公共信息模式、双向非对称模式和双向对称型模式。

布莱克是美国公共关系协会和国际公共关系协会的创始人之一。1982 年出任国际公共关系协会主席,主持编写了该协会第四本"金皮书",即《职业公共关系教育的模式》,对世界多国公共关系职业教育的规范化发展具有指导意义。

弗兰克·杰夫金斯是美国公共关系协会顾问,他是一位出色的公共关系教育家,并有多部著作。

表2.1 不同时期公共关系一览表

时间	时期	代表人物	主导思想
古代	公共关系萌芽	亚里士多德、孔子	朴素的公关思想;简单的公关活动
19世纪30年代至90年代末	公共关系职业的前奏	费尼斯·巴纳姆	公众被愚弄;凡是宣传皆是好事
20世纪初	现代公共关系职业的开创	艾维·李	说真话;公众要被告知
20世纪20年代	现代公共关系学科的创立	爱得华·伯内斯	投公众之所好
20世纪50年代	现代公共关系发展的新阶段	斯科特·卡特利普、艾伦·森特	双向对称

2)公共关系实践的新发展

这一时期,在公共关系理论研究取得重大突破的同时,公共关系的实践也蓬蓬勃勃地开展起来,并且呈现出以下一些特点。

(1)公共关系协会普遍化。第二次世界大战后欧美许多国家先后成立了公共关系协会。在此基础上,1955年国际公共关系协会(简称IPRA)在英国伦敦成立。现在它的总部在瑞士日内瓦,会员遍布5大洲60多个国家和地区。国际公关协会诞生,标志着公共关系作为一门世界性的行业而独立存在。

(2)公共关系公司国际化。在世界经济一体化的驱动下,为了克服世界上国家、民族多样化造成的交往障碍,作为交际的"名片"、沟通的"桥梁"的公共关系公司,势必跨出国门到异国他乡去发展,走上国际化道路。现在世界公关行业排名前几位的都是国际型的大公关公司,如美国的宣伟公关集团公司、美国的博雅公关公司、美国的世界传播集团公司等。

(3)公共关系市场扩大化。随着公共关系这一新型的管理功能为世界上越来越多的人所理解和运用,一个又一个新兴的公关市场正在形成。20世纪90年代初全球公关市场业务量每年增长率约为20%,而且有逐年增加的趋势。

(4)公共关系教育普及化。随着公共关系向广度和深度发展,社会对公共关系人员的需求急剧增加,而且对其专业水平和素质的要求也越来越高。目前,仅在美国就已有200多所大学开设公共关系课程,有几十所大学培养具有博士、硕士、学士学位的公共关系专业人才。其他国家和地区的公共关系教育也在蓬勃发展。

(5)公共关系职业地位优化。2000年,据美国劳工部统计,全美注册的公共关系从业人员已达20万人,另外还有很多未经注册的从业人员。公共关系人员成为人数颇多的一个社会阶层。美国科罗拉多州立大学对全美公共关系从业者作过一次职业意识调查,发现公共关系从业人员认为自己的社会地位不低于律师、工程师和大学教授,高于飞机驾驶员、新闻记者、广告设计师和推销员。这表明,公共关系是一个颇为时兴的职业,公共关系人员的社会地位是比较高的。美国情况是这样,其他国家和地区情况也大同小异。

(6)公共关系手段现代化。时代在发展,公共关系也与时俱进,逐渐引进和运用了最新的科学技术手段,如大型电子计算机、通讯卫星等,使公共关系工作具有了现代化的有效手段和方法。

2.2 现代公共关系在中国的发展

2.2.1 现代公共关系在中国的发展历程

现代科学意义上的中国公共关系事业乃是20世纪80年代初中国推行改革开放政策的直接产物,其发展历程大致可以分为三个阶段。

2.2.1.1 引进和开创时期

20世纪80年代初,深圳、珠海、汕头等经济特区相继宣告成立,一批中外合资的酒店、宾馆先后在沿海和内地的一些重要城市落成。这些合资企业采用了国际规范的管理模式,导入了公共关系管理职能,设置了相应的机构,使用了一批直接来自海外的公关专业人员。同时,国外一些公关机构纷纷抢滩中国市场。1985年,美国最大的国际性公关公司之一——伟达公关公司在北京设立办事处。公关被引进中国内地不久,一批国内管理人员陆续奔赴海外,接受了期限不等的专业公关业务的培训与进修。之后,这批学业有成的专业人员陆续返回,并逐步接替了海外专业人员的位置,形成了真正意义上的国内职业公关队伍。与此同时,公共关系作为一种管理职能和职业,在国内的一些行业和领域开始陆续出现。1984年11月,广州白云山制药厂率先在国营企业中成立了公关部,并每年拨出其产值的1%的资金作为“信誉投入”,开创了大陆企业公关的先河。1986年,历史悠久的美国博雅公关公司与中国新华通讯社合作,成立了中国第一家专业公共关系公司——中国环球公共关系公司。随后,赢利性的公关职业机构和职业人员在各地涌现。同时,学术研究机构、教育出版界也积极以文章、书籍、培训、讲座等形式涉足公关领域。中国本土的公关产生了。

2.2.1.2 适应和发展时期

1986—1993年,中国的公共关系事业获得了大发展。这一时期一些阶段性的热点促成了公关事业整体持续发展的良好势头和特殊氛围。

热点之一,以中国公共关系协会成立为标志的行业性网络开始出现。

1987年5月,中国公共关系协会在北京正式宣告成立。在此之前,广州、上海等地已成立了一些公关组织和协会,中国公共关系协会的成立,则进一步促进并引发了全国各省市公关协会成立的热潮。上述公关组织的成立,使原先分散在全国各地而且分门别类的公关职业群体有了一个集中交流和开始协作的中介机构。这些公关群体包括:以办报刊为主的职业公关新闻人员,以办学授课为主业的职业公关教学人员,以公关业务为主业的专业公关人员,包括公共关系机构从业人员和事业单位公关部人员。

热点之二,以电视剧《公关小姐》的播放为契机而引发的公关职业热潮。

1990 年,电视连续剧《公关小姐》在中央电视台播出,从而引发了社会上的公关职业潮。不少事业单位和社会团体乃至某些政府机构,纷纷设立了公关部或相应的职能部门。一时间,公关职业成为改革开放以来社会接受度最高、接受面最广的新兴职业之一。

热点之三,以中国国际公关协会成立为纽带的国际性公关职业市场的开辟。

1991 年,中国国际公共关系协会成立。它促使中国公关界与国际公关界之间的交往和联系迅速广泛地发展起来,并为国际公关市场的开辟作出了贡献。

2.2.1.3 竞争和专业分工时期

从 1993 年至 20 世纪末的几年里,中国公共关系的发展状况出现了明显的变化,呈现有退有进的局面,进入了竞争和专业分工时期。

1.“退”的基本内涵

1986 年以来持续升温的社会性公关热潮,到 1993 年前后开始降温,主要表现如下。

(1)一些企事业单位和社会机构曾设立的公关部、公关处等纷纷改名换牌,有的干脆予以撤销。

(2)1986 年以来陆续开办的规模不等、性质不一的公关公司、公关中心、公关事务所等有近一半以上改行或改名,个别的甚至宣告倒闭。

(3)一度被视为新潮和时髦的公关职业不再受青睐,一些“公关先生”、“公关小姐”纷纷改行跳槽。

公关热潮的降温,实质是“标签公关”的淘汰,体现出市场经济优胜劣汰的竞争法则。一个机构,一个部门,一个人,如果仅仅因为赶时髦而投身于公关行业,而对公关工作的真谛缺乏了解,其在行业的市场竞争中惨遭淘汰就是必然的结局。公关职业有着极强的专业性,它绝不可能成为社会的时尚型职业。中国公关事业的发展经过这一“大浪淘沙”的过程,实是有利无弊。

2.“进”的基本内涵

(1)名副其实的职业公关机构呈发展态势。在这同一时期内,那些立足于专业基础和专业分工的职业公关机构却日趋活跃,呈现出极好的发展态势。以北京、上海为例,星级宾馆设立公关部的几乎达百分之百,而且由于从业人员普遍职业素质较高,工作成绩亦十分显著。同时,全国公关公司的总量虽然有较大幅度下降,但海外公关公司抢占中国公关市场的势头却丝毫不减,业务量与日俱增。尤其引人注目的是,作为中国最大专业机构的中国环球公关公司,自 1992 年结束了与美国博雅公关公司 6 年的合作期后,以发展民族公关业为己任,独立承担起海内外公关市场开拓的重任,并得以迅速发展和壮大。

(2)智业公关活动开始活跃。这一时期,以公关原理为运作基础的策划、咨询、CI 设计等智业活动开始活跃,各种公关策划专家团或专家组在全国达近百个之多,所服务的企事业单位近千家。这在一定程度上展示了公关职业在专业分工上的进一步细化。

(3)公关教研人员不断壮大。在这一时期,一支庞大的职业公关队伍仍在不断壮大,几乎没有受到社会公关热潮降温的影响。这就是以教学和研究为主业的公关教研人员群体。

(4)公关理论探索仍在继续。在这一时期,甚至从更早些时间开始,中国公关协会学术委员会,团结国内数十位公关学者,每年召开全国公共关系理论研讨会,理论联系实际,探索中国公关之路,先后编辑出版了有关公关的 10 余部书籍,对中国公共关系理论的研究、普及和提高起到了推动作用。

表 2.2　现代公共关系在中国发展一览表

时间	时期	代表事件
20 世纪 80 年代初	引进和开创时期	①经济特区合资企业中引进公共关系机构;海外公关专业人员在中国就业 ②广州白云山制药厂成立公关部;本土公关人员从海外留学归国上岗;中国环球公共关系公司诞生
1986—1993 年	适应和发展时期	①以中国公共关系协会成立为标志的创业网络开始出现 ②《公关小姐》电视剧引发公关职业热潮 ③以中国国际公共关系协会为纽带的国际性职业市场的开辟
1993—20 世纪末	竞争和专业分工时期	①“标签公关”被淘汰 ②名副其实的职业公关机构呈发展态势;智业公关活动开始活跃;公关教研人员群体不断壮大;公关理论探索仍在继续

2.2.2　中国公共关系的现状和前景

2.2.2.1　中国公共关系的职业范畴

中国公共关系的职业范畴表面上包罗万象,但以专业分类,概括起来不外乎三个方面。

(1)关系资源的挖掘和利用,主要包括游说、协调和目标性沟通。

(2)智力、学识和经验的综合运作,包括创意、策划、咨询以及相关事务的随机处理。从广义的职业范畴而言,理论研究和教学也可以归入此类。

(3)技能和专业劳务的提供,包括采编、设计、传播、主持、布展、礼仪以及面向公众的具体服务。

需要说明的是,由于公共关系本身就是一种系统运作,所以一个公关目标的实现往往离不开上述三个方面的互相配合和共同作用。

2.2.2.2 中国公共关系的职业教育

中国公共关系的职业教育目前已初步形成了一个全方位、立体化的体系,在学历教育和非学历教育两个方面都有突出的进展。

公关学历教育目前已涉及从职业中专到大学专科、本科和研究生的各个阶段。这些公关学校或公关专业每年的毕业生总数均在千人以上。

非学历教育的覆盖面更广,既包括了正规院校和各类职业学校开设的必修或选修课程,也包括各类社团组织和公关公司所组织的理论与实务的专业培训。

作为职业教育的一种形式,上岗资格证书的培训工作已在全国展开。此项工作由各省、市、自治区劳动人事局(厅)与当地的公关组织合作进行,所获证书一般在就业或晋升考核时有效。

2.2.2.3 中国公共关系的职业地位

目前中国公共关系从业人员的职业地位尚未形成统一的认识。一方面,随着公关教育的普及、政府部门和企事业单位公关意识的不断增强,公关咨询专家和专业公共关系人员已越来越受到人们的尊重,被视为现代社会和市场经济所需要的高智商紧缺人才;另一方面,这一职业尚没有被人们都了解,加上社会上一些并不从事公共关系职业的人员也在打着“公关”的旗号行事,在一定程度上败坏了“公关”的名声,致使某些人至今仍把“公关”和“走门路”、“拉关系”等不良社会风气联系在一起,乃至这一职业被视作是“吃青春饭”的职业。因此,一些公共关系人员在一定的社交圈中颇有地位,颇被看好,但在某些场合又颇遭轻视。但可以相信,随着公关职业作用的发挥以及人们误解的消除,公共关系的职业地位将不断提高,成为最受人们尊重的职业之一。

2.2.2.4 中国公共关系的职业前景

公关职业是一个创造潮流、创造青春的职业,是 21 世纪最富前景的朝阳行业,也是 21 世纪平均收入最高的行业之一。

(1)公关公司在发展。世界经济一体化发展,已经显示出以东方为中心的格局。中国被认为是这一中心的中心,受到世界各国企业人士的青睐。这就确定了中国公共关系在未来市场大竞争中的战略地位。根据国际经济的运作规律,市场经济和市场竞争催化着公共关系的大发展。经济体制的成熟,市场竞争的加剧,必然引发大量的专业公关业务,公关职业人员的需求也会比以往任何时候都更为迫切。

小资料

公关市场井喷式发展

一项旨在反映中国公共关系服务市场发展现状的年度调查报告——《中国公共关系业2007年度行业调查报告》,日前由中国国际公共关系协会(CIPRA)发布,2007年度行业排行榜也同时发布。报告显示,2007年度中国公共关系服务市场(不包括港澳台地区)继续保持快速的增长势头,整个行业年营业额估测为108亿元人民币,比上年度的80亿元人民币增长了35%,耐用消费品(汽车、家电等)、IT(计算机软硬件及其外设)、日用消费品(快速消费品等)、医疗保健以及金融等企业传播和市场传播服务占据2007年度公共关系服务市场的前5位,市场份额分别为37%、27%、17%、10%和5%,北京、上海、广州和成都等4城市仍是公关公司的主要集中地。

体育、政府及非赢利组织、房地产等领域的服务在过去一年取得新的进展,新闻传播、活动执行、企业传播、营销传播和咨询顾问为公共关系公司最主要的服务产品,而奥运公关、网络公关、事件营销、CSR项目和体育传播则成为新的服务手段。

报告显示,目前中国公共关系服务市场继续保持井喷式的发展势头,专业人才的紧缺已严重影响到公司的正常运营和行业的健康发展,人员流动仍保持较高的比率,绝大多数员工的平均留任时间为2~3年。

业内人士普遍认为,2008年中国公共关系市场在北京奥运会巨大商机的带动下将出现井喷式的增长,奥运公关商机、兼并收购整合、新媒体传播技术、人力资源开发和新型服务手段成为当前业内最为关注的五个议题。这五大议题也将直接影响到未来市场发展的格局。

——资料来源:选自《中国商报》2008.4.29。

(2)企业内部公关人员缺口极大。经济改革的深化,使我国的企业成为独立的经济主体,并且承担公共关系主体的职责。在未来的社会中,中国的任何企业都不会也不可能忽略公共关系的存在。据统计,我国各类工商企业已达几千万家。若以每十家企业设置一名专职公关人员计,就能形成几百万人规模的公关职业大军。至今,全国公关公司、企业、政府、媒体等组织从事于公关相关工作的人员总共才有约50万人,公关人员短缺显而易见。

(3)政府内急需公关人员。政府机构新闻发言人制度的建立,政法系统(法院、检察院)新闻发言人制度的建立,对公共关系专业人才的需求呈快速增长趋势。

(4)公关职业正式被确认。1999年国家劳动和社会保障部已把“公共关系”确定为一项社会职业,并从2000年起列入《国家职业大典》,开展全国性的公共关系岗位资格的统一培训和考核。这就在制度上保证了中国公共关系职业的规范化,从而使这一新兴的社会职业能够健康、良好地持续发展。

案例分析

案例

里根总统包下长城饭店

闻名海内外的长城饭店，是中国第一家中外合资的大型五星级饭店。高度为82.64米，有24层楼，外表全部用玻璃装饰，它犹如一座水晶宫，高大而壮观。

“里根总统把长城饭店包了。”北京人曾这么传说。

1984年初，传来了里根访华的消息。长城饭店的经理和公关人员立即意识到，这是一个难得的机会。美国总统如能光临长城饭店，将给“长城”带来极大的声誉，对饭店产生极大的影响。于是，他们制定了周密的公关计划，并全力付诸实施。

当时，饭店还未全部竣工，服务设施尚不尽完善，公关部人员克服种种困难，夜以继日地做了大量准备。它们不厌其烦地带领美国驻华使馆的工作人员参观饭店，介绍设施、服务，接待上百名外国记者，为他们提供材料和通信设施，协助其采访，做到有求必应。一名公关人员会后说：那时，他们常常工作到深夜，累得坐车都过了站。

经过努力，他们终于争取到了里根总统在“长城”举行答谢宴会的机会。1984年4月28日，来自世界各地的500多名记者，聚集在长城饭店，向世界各地发出了里根举行告别宴会的消息。这些消息，无一不提到长城饭店。于是，长城饭店在全世界声名大振，许多外国人产生了好奇心：“长城”是怎样一家饭店，为什么美国总统选择在这里举行宴会？后来，许多外国来宾一下飞机，就想到“长城”住宿。此后，长城饭店的生意格外兴隆。据统计，开业的头两年，70%以上的客人来自美国。这不能不归功于那次极为成功的公关活动。

——资料来源：编者根据熊源伟主编《公共关系学》(1999年版)改写。

分析

北京长城饭店的一位副总经理曾这样说：“在当今中国各大饭店云集、竞争激烈的局面下，要想立于不败之地，除了有完善的设施和优质的服务外，公关活动是至关重要的，凡是有眼光的企业家都非常重视。我们在饭店成立之际就设立了公关部，这在北京饭店中是第一家。我们招收和培训了一批高质量的公关人员，制定了一套公关活动计划和准则，把公关贯穿于饭店的各个环节，大至国家元首来访，小至一举一动，都与树立良好的形象有关。”

20世纪80年代初，随着改革开放的大潮，现代公共关系这个舶来品登陆中国内地。首先在东南沿海经济特区的宾馆、酒店等行业中的外资和合资企业中发展起来，而后，迅速由南向北，由东向西遍及中国大部分地区。北京长城饭店公共关系部的建立以及开拓性的公共关系工作，正是那个时期公共关系在中国的一个缩影。中国本土的公共关系正是通过学习外来企业的公关理念、公关组织的架构、公关人才的培养、公关工作的运作等才逐渐发展起来。有人称之为“借鸡生蛋”,有人说这是“它山之石,可以攻玉”。

实训

1. 请对图 2.1 中第三层次的各项内容进行具体说明。

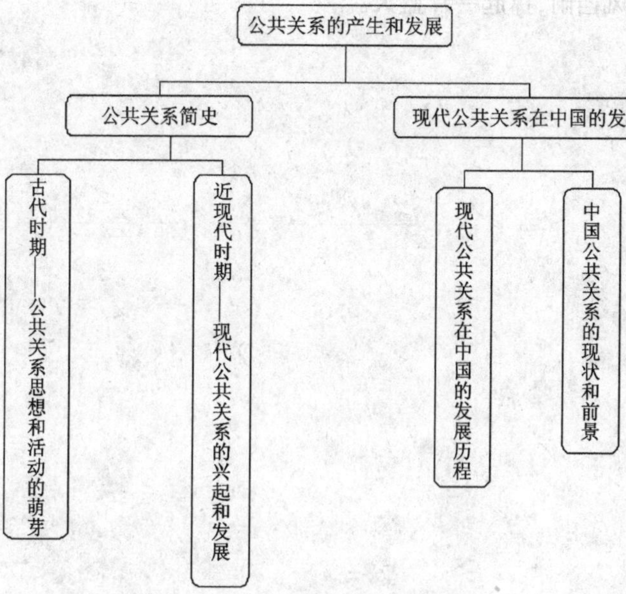

图 2.1 本章知识结构图

2. 阅读下面一段文字,谈谈你的感想。

2001 年 7 月 13 日,国际奥委会在莫斯科举行全会,北京从 5 个申办城市中脱颖而出,赢得了 2008 年奥运会的主办权。

北京申奥成功后,北京市市长亲自到中国国际公关协会感谢公关界对申奥工作的支持。中国国际公关协会一位负责同志介绍:“在北京申办 2008 年奥运会中,协会精心策划、组织了许多配合申奥的公关活动,特别是当国际奥委会评估报告发表后,协会发挥行业指导机构的优势,召集一些著名公关公司负责人献计献策,就申奥冲刺阶段的对外宣传口径和节奏、陈述报告润色、陈述人培训以及媒体宣传报告等方面问题进行了充分探讨。由于有了在国际上具有广泛工作渠道和丰富策划经验的专业公关公司的介入,申奥过程更加科学化、国际化,中国在世界的形象更具亲和力,更能为世人所接受。

北京奥组委的一位负责同志说:“我们把公关工作作为申办工作的重中之重。

北京奥申委成立之初，就把公关工作作为一件大事。每次奥申委执委会会议，都要讨论外联和外宣方面的工作。北京市政府和国家体育总局的领导部门负责人出访，都要带着公关任务。”

参考答案

跨进21世纪，中国公共关系经过引进、开创、发展之后的大浪淘沙，更健康地发展起来。北京申办29届奥运会的成功，正是中国政府公关的胜利。它是正确运用公关理论指导的结果，也是对公关理论和实务发展的新贡献。这说明，中国的公关已不再稚嫩，它可以遮风挡雨，撑起一片蓝天。

3

公共关系职业道德规范

学习目标

1. 了解公共关系职业道德规范的特点和重要性；
2. 熟悉职业道德规范和公共关系职业道德规范的主要内容；
3. 能够践行公共关系职业道德规范。

案例导入

他趴在方向盘上停止呼吸

大连市公汽联营公司702路422号双层巴士司机黄志全，在行车途中突然心脏病发作。在生命的最后一分钟里，他做了三件事：把车缓停在路边，并用生命的最后力气拉下了手动刹车闸；把车门打开，让乘客安全地下了车；将发动机熄灭，确保了车和乘客的安全。他做完三件事趴在方向盘上停止了呼吸。

黄志全只是一名平凡的公汽司机。他在生命最后一分钟所做的一切也不惊天动地，然而许多人却牢牢地记住了他的名字。平凡的岗位平凡的人，没有想过要成为什么名人、英雄，但只要践行职业道德，有敬业精神及负责任的态度，就是一个合格的社会人。

——资料来源：许启贤：《职业道德》，北京，蓝天出版社，2001。

公共关系从业者，一定要按照公共关系职业道德规范的要求，做一名有道德的公关人。

3.1 公共关系职业道德规范的特点和必要性

3.1.1 职业道德的含义和特点

3.1.1.1 道德和法律的关系

道德,是一定社会一定阶级向人们提出的处理人和人之间、个人和集体之间、个人和社会之间、个人与自然之间关系的行为规范总和。

法律,是由立法机关制定,国家政权保证执行的行为规则。

道德和法律有区别,也有联系。道德和法律的区别如下。

(1)二者产生的时间不同。道德比法律产生的时间要早很多,而且最终将替代法律,成为唯一的行为规范。

(2)二者依靠的力量不同。道德是依靠社会舆论褒贬、教育感化、典型示范等唤起人们的知耻心,培养人们的道德责任感和善恶判断能力。法律是由国家制定的,并由国家强制执行的。

(3)二者作用范围不同。道德对人们行为所干涉的范围广泛而且深入,法律只干涉人们的违法行为。

道德与法律的联系如下。

(1)道德和法律的作用是相辅相成、互相促进的。

(2)道德和法律的内容有相互重叠的部分。

(3)道德和法律有相互转换、相互作用的关系。

3.1.1.2 职业道德的含义及与道德的关系

职业道德是所有从业人员在长期职业活动中逐渐形成并应该遵循的行为准则,涵盖了从业人员与服务对象、职业与职工、职业与职业之间的关系。

职业道德是社会道德的重要组成部分,是社会道德在职业活动中的具体表现,是一种更为具体化、职业化、个性化的社会道德。

3.1.1.3 公共关系职业道德规范的含义和特点

公共关系职业道德是职业道德的一种,是所有从事公共关系职业的人员在交际工作中应当遵循的职业道德规范和行为准则。

公共关系职业道德规范有以下几个特点。

(1)职业性。公共关系职业道德的适用范围不是普遍的,而只限于走上公共关系岗位的成年人。

(2)稳定性和连续性。由于社会职业分工有相对的稳定性,与其相适应的职业道德也就有较强的稳定性和连续性。公共关系职业道德亦然。

(3)适用性。因为行业不同,有多少种不同的行业,就有多少种不同的职业道德。公共关系职业道德作为行业的职业道德,只能适用于从事公共关系职业的人。

3.1.2 公共关系职业道德规范的必要性

公共关系职业道德规范的必要性是由公共关系的行业性质和社会的需要两方面决定的。具体有以下几点。

1. 它是公共关系行业性质的要求

公共关系行业的职能之一是塑造和传播组织的良好形象,其中就包括组织的道义形象。具体承担这一职责的公关人员,理所当然地应该率先垂范,时时处处用职业道德准则来规范自己的行为。

2. 它是公共关系组织宗旨的要求

在现代社会中,任何组织都生活在社会大环境中,都必须承担一定的社会责任,即通过提供产品或服务来满足社会的需求,在有限维护社会和公众利益的基础上实现自己的发展目标。公共关系从业人员唯有遵循职业道德规范,才有可能真正实现组织的这一宗旨。

3. 它是公共关系活动成功的要求

公共关系活动从策划到操作都必须符合法律、道德、习俗等方面的准则和要求。这也要求公共关系从业人员始终以职业道德规范来控制自己的行为。任何不道德、不规范的行为,都有可能导致公共关系活动的失败。

4. 它是社会和事业发展需要的要求

社会要进步,事业要发展,就必须强调和倡导崇高的职业道德,反对贪污、贿赂、欺骗以及庸俗关系学等一切不正之风,形成良好的社会风尚,推动精神文明建设。社会组织作为社会的一员,有义务以此为己任,而组织内的公共关系从业人员更是责无旁贷。

3.2 公共关系职业道德规范的形成和内容

3.2.1 公共关系职业道德规范形成的过程

公共关系成为一门社会职业,是20世纪以来的事情。其职业道德规范亦有一个逐步形成过程。1946年,美国公共关系协会成立,经过5次讨论修改,通过了一项职业道德法规,名为《执行公共关系的专业水准法规》。在此基础上,又于1954年拟定了世界上第一部公共关系职业道德准则。随后,相继成立的一些国家、地区公共关系协会和国际公共关系协会也制定了各自的道德标准和行为准则。

小资料

国际公共关系协会职业行为准则

(一)国际公共关系协会成员必须竭诚做到以下各条

第一条　为建设应有的道德、文化条件,保证人类得以享受《联合国人权宣言》所规定的诸种不可剥夺的权利做贡献。

第二条　建立各种传播网络与渠道以促进基本信息自由流通,使社会的每一个成员都有被告知感,从而产生归属感、责任感、与社会合一感。

第三条　牢记由于职业与公众的密切联系,个人的行为——即使是私人方面的——也会对事业的声誉产生影响。

第四条　在自己的职业活动中尊重《联合国人权宣言》的道德原则与规定。

第五条　尊重并维护人类的尊严,确认个人均有自己作判断的权利。

第六条　促成为真正进行思想交流所必须的道德、心理、智能条件,确认参与的各方都有申述情况与表达意见的权利。

(二)所有成员都应保证

第七条　在任何时候任何场合,自己的行为都应赢得有关方面的信赖。

第八条　在任何场合,自己均应在行动中表现出对自己所服务的机构和公众双方的正当权益的尊重。

第九条　忠于职守,避免使用含糊或可能引起误解的语言,对目前及以往的客户或雇主都始终忠诚如一。

(三)所有成员都应力戒

第十条　因某种需要而违背真理。

第十一条　传播没有确凿依据的信息。

第十二条　参与任何冒险行动或承揽不道德、不忠实、有损于人类尊严与诚实的业务。

第十三条　使用任何操纵性方法与技术来引发对方无法以其意志控制因而无法对之负责的潜意识动机。

——资料来源:居延安,冯志坚:《公共关系实用大全》,上海,上海文艺出版社,1990。

现代意义上的公共关系事业在我国起步较晚,真正发展起来只有20多年时间。这一发展是健康的,在理论研究、实务活动和公关人员的队伍建设方面,都取得了有目共睹的成绩。然而,快速发展中也会出现一些不容忽视的问题。中国公关界不少有识之士早就敏锐地意识到:为了促进中国公关事业的健康发展,加快公关队伍的职业道德建设乃是一件刻不容缓的重要工作。

1989年9月,在西安召开的第二次全国省市公关组织联席会议上,有关代表酝酿起草了向全国公关界推荐的《中国公共关系职业道德准则》(草案)。这一草案经广泛征求意见和反复推敲修改后,1991 年在武汉召开的第四次全国省市公关组织联席会议上获得通过。

小资料

中国公共关系职业道德准则

(一九九一年五月二十三日第四届全国省市公关组织联席会议通过)

总 则

中国公共关系事业的发展,是中国改革开放的必然趋势,它以新型的管理科学,协调社会各方面关系,密切党和广大人民群众的联系,调动各种积极因素,维护安定团结,促进社会主义建设。因此公共关系工作者肩负着时代的使命,公共关系工作者必须具有高尚的职业道德作为完善自身形象的行为准则。

条款

1. 公共关系工作者应当坚持社会主义方向,自觉地遵守我国的宪法、法律和社会道德规范。

2. 公共关系工作者开展公关活动首先要注重社会效益,努力维护公关职业的整体形象。

3. 公共关系工作者在公共关系活动中,应当力求真实、准确、公正和对公众负责。

4. 公共关系工作者应当努力提高自己的政治水平、文化修养和公关的专业技能。

5. 公共关系工作者应当将公关理论联系中国的实际,以严肃认真、诚实的态度从事公共关系学教育。

6. 公共关系工作者应当注意传播信息的真实性和准确性,防止和避免使人误解的信息。

7. 公共关系工作者不能有意损害其他公关工作者的信誉和公关实务。对不道德、不守法的公关组织及个人予以制止并通过有关组织采取相应的措施。

8. 公共关系工作者不得借用公关名义从事任何有损公关信誉的活动。

9. 公共关系工作者应当对公关事业具有高度的责任感。不得利用贿赂或其他不正当手段影响传播媒介人员真实、客观的报道。

10. 公共关系工作者在国内外公共工作实务中应该严守国家和各自组织的有关机密。

附 则

本准则将根据实际情况予以调整和修改。其解释、修改、终止权属全国省市公关组织联席会议。

3.2.2 公共关系职业道德规范的内容

3.2.2.1 我国通行的职业道德规范内容

对于职业道德规范,我国不同部门制定的职业道德规范内容大同小异。

由国家劳动和社会保障部、中国就业培训技术指导中心组织编写的国家职业资格培训教程《职业道德》,2001 年 5 月正式出版发行。各种上岗职业资格证考核里的职业道德部分试题答案多源于此书。在该书中,职业道德规范的内容为:文明礼貌,爱岗敬业,诚实守信,办事公道,勤劳节俭,遵纪守法,团结互助,开拓创新。

2001 年 10 月,国家颁布的《公民道德建设实施纲要》中,关于社会公德规范的内容是:文明礼貌,助人为乐,爱护公物,保护环境,遵纪守法。关于职业道德规范的内容是:爱岗敬业,诚实守信,办事公道,服务群众,奉献社会。

3.2.2.2 我国公共关系职业道德规范的内容

公共关系职业道德规范和其他社会道德规范相互补充,用以指导和要求公关人员的行为。

参照《国际公共关系协会职业行为准则》和《中国公共关系职业道德准则》,并联系 20 多年来我国公共关系发展的实际情况,可将公共关系职业道德规范的基本内容概括为以下几个方面:奉公守法,遵守公德;敬业爱岗,忠于职责;坚持原则,处事公正;求真务实,高效勤奋;顾全大局,严守机密;维护信誉,诚实守信;服务公众,贡献社会;精研业务,锐意创新。

以上这些方面,已被列入国家劳动和社会保障部颁布执行的《公共关系人员国家职业标准》中。

3.2.2.3 公共关系职业道德规范的执行

公共关系职业道德规范的执行,包括开展公共关系道德教育和公共关系从业人员自我约束两个方面。这就要求建立社会性道德评价和自我道德评价相结合的评价机制。社会性道德评价可以由行业团体、公众和舆论,按照动机和效果相统一的原则来评价公共关系人员的职业道德状况。自我道德评价包括:对照自省、培养信念、付诸行动和自我评价。公共关系从业人员良好的道德修养并不是一朝一夕就能养成的,需要长期不断地修炼。只要大家自觉遵守职业道德准则,自我监督、自我克制、自我调适,从一点一滴、一时一事做起,一个具有良好职业道德风气的行业新风尚就会逐渐形成。

案例分析

案例

失信让老字号倒下

2001年中秋节前,南京冠生园用陈馅炒后再制成月饼出售的事件被媒体披露曝光。一时民众哗然,各界齐声痛斥这种无信之举。

南京冠生园月饼顿时无人问津,很快被各地商家们撤下柜台。面对危机,南京冠生园还是没有表现出应有的诚信。先是辩解称这种做法在行业内“非常普遍”,“绝不是我冠生园一家”;“在卫生管理法规上,对月饼有保质期的要求,但对馅料并没有时间要求”,意即用陈馅做新月饼并不违规。随后又匆忙发出了一份公开信继续狡辩,其中有这样几句原话:“某媒体9月3日播出的‘南京冠生园大量使用霉变及退回馅料生产月饼’的报道,不但歪曲而且完全失实,毁损我公司声誉的部门和个人,我公司将依法保留诉讼的权利。”在信中始终没有向消费者作任何道歉,其所作所为不仅令消费者更加寒心,也进一步将自身信誉丧失殆尽。

信誉的缺失使多年来一直以月饼为主要产品的南京冠生园被逐出了月饼市场,公司的其他产品如元宵、糕点等也很快受到“株连”,没人敢要。

后来,南京冠生园以“经营不善,管理混乱,资不低债”为由向南京市中级法院申请破产。

——资料来源:编者根据多种资料改写。

分析

因失信而破产,南京冠生园破产案例成了近年来国内知名企业中的第一例,因此也备受各界关注。

近年来,欺骗消费者的各种事件层出不穷,失信行为蔓延,少数企业和个人甚至以背信手段实现了暴富,却少有受到严厉惩处者。这种负面的示范效应,致使社会上信誉观念日渐淡薄。怀着对失信行为的痛恨之情,许多人倾向于把南京冠生园的失信和破产两者作为因果联系起来,以表达“谁不诚信就让谁倾家荡产”的愿望。

南京冠生园因为信誉而破产,这个事实再次告诫世人:信誉是现代市场经济运行中的一种重要的新的资本形态,是一个企业精神财富和生命所在。企业失去信誉,纵然一时得利,日后也必吞苦果。为了生存和发展,企业必当用心地守护信誉。

一位法律专家深刻指出:南京冠生园破产案绝非单纯的一个案例,也不会是此类问题的终结。如果缺少长期诚实守信的道德教育,没有覆盖全社会的严格的信用监督、奖惩制度,类似的事件还会重演。

一家具有70年历史的知名老字号企业倒下了,给人们留下了深长回味。

实训

1. 请对图3.1知识结构图中第三层的各项内容进行具体说明。

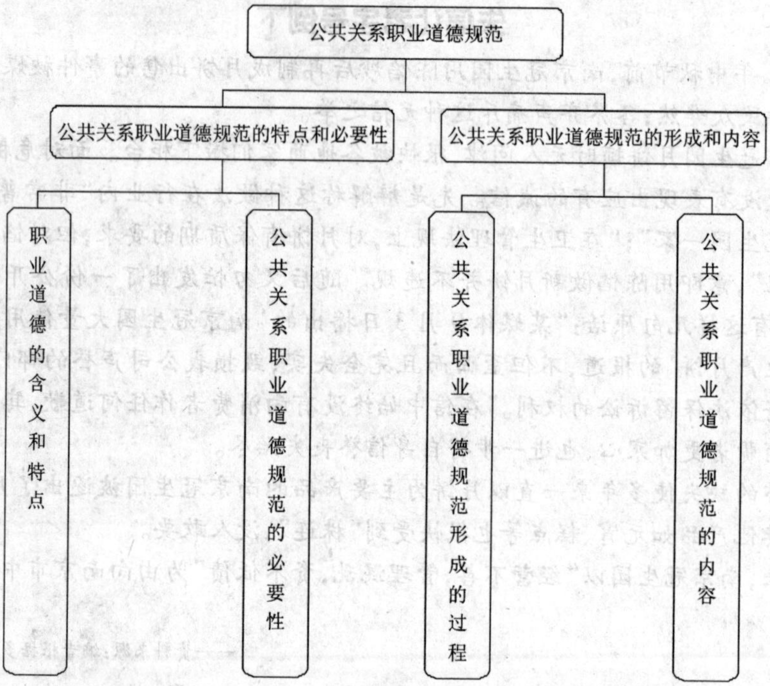

图3.1　本章知识结构图

2. 下面是一份职业道德测试题,请回答。

一、职业道德基础理论与知识部分(1—16题)

答题指导

☆ 该部分均为选择题,每题均有四个选项,其中单项选择题只有一个选项是正确的,多项选择题有两个或两个以上选项是正确的。

☆ 错选、少选、多选,则该题均不得分。

(一)单项选择题(第1—8题)

1. 以下关于道德的说法中,你认为正确的是(B)。

(A)就业成功取决于知识和技术,道德不十分重要

(B)道德是做人的根本,对才能起到统领作用

(C)强调道德会束缚人们的创新精神

(D)道德主要是说教,不具有很大的社会影响力

2. 从内在属性上看,职业道德具有(C)。

(A)社会功能上的无限性　　(B)历史发展上的跳跃性

(C)职业内容上的稳定性　(D)表现形式上的单一性

3. 企业文化具有(D)。

(A)娱乐功能　(B)调教功能

(C)异化功能　(D)导向功能

4. 对于饮食行业的从业人员来说,不符合仪表端庄具体要求的做法是(D)。

(A)着装简单、朴素　(B)饰品较少,未充分突出个性

(C)男性不蓄胡须,女性不涂指甲　(D)浓妆

5. 从业人员的下列几种做法中,不适当的是(D)。

(A)对于不能干的工作,向上司如实讲清楚

(B)对上司有意见,背后找上司交流看法

(C)维护上司的威信,一般不越级汇报工作

(D)对上司的错误批评不予理睬

6. 对于上司安排的工作,你认为下列员工(C)的认识是合适的。

(A)小张:上司的工作安排不合理,可拒绝

(B)小王:工作安排得不合理也要干,员工不能有自己的不同想法

(C)小李:员工应该服从企业上司的工作安排,不能挑肥拣瘦

(D)小赵:在法制社会,工作安排不合理可以直接以法律手段解决

7. "炮制虽繁必不敢省人工,品味虽贵必不敢减物力",这句话是制药企业(A)的价值观。

(A)同仁堂　(B)九芝堂　(C)达仁堂　(D)三奇堂

8. 关于职业纪律,正确的认识是(B)。

(A)职业纪律是用来约束和管制员工的条条框框

(B)是否遵守职业纪律,关系到职工的利益

(C)只要认为职业纪律规定得不合理,职工可以不遵守

(D)职业纪律由企业制定,员工无权质疑

(二)多项选择题(第9—16题)

9. 从业人员之间做到和谐相处,具体要求是(BC)。

(A)努力完成分配给自己的任务,他人的事情不多过问

(B)对感情不融洽的同事,在工作上要积极配合

(C)不在大庭广众之下,对同事评头论足

(D)对同事故意的诽谤或伤害,要以眼还眼

10. 关于职业道德的作用,下列说法中正确的是,职业道德能够(CD)。

(A)增强人们的服务意识,但不利于提高产品质量

(B)提高产品质量,但不利于降低生产成本

(C)提高人们的创新意识,促进企业的技术进步

(D)帮助企业克服困难,实现阶段性的发展目标

11. 下列做法中,符合诚实守信职业道德要求的是(BD)。

(A)会计总是按照上司的要求上报统计数字
(B)客户反映电器质量问题,该电器公司为其进行维修或更换
(C)只要认为职业纪律规定得不合理,职工可以不遵守
(D)某汽车公司实施召回制度

12. 下列做法中,不违背从业人员办事公道原则的是(BCD)。
(A)某汽车公司一款车型存在质量隐患,该公司只对部分地区实行召回制度
(B)某小学教师发现班内一学生有数学特长,给他“开小灶”辅导
(C)某百货公司对年长者实行优先购物,但对其他顾客没有这一优惠规定
(D)某美容院只给女士提供服务,不对男士开放

13. 以下关于勤劳和节俭的说法中,你认为正确的是(AD)。
(A)勤劳和节俭应该相伴而行
(B)市场经济条件下,鼓励勤劳,反对节俭
(C)勤劳节俭在知识经济时代不具有存在的合理性
(D)节省了一元钱,就等于赚了一元钱

(根据以下案例和所学职业道德知识,回答第14—16题)

爱迪生曾多次表示,无论是睡眠还是饮食,都应该尽量节约,他希望人们少睡觉多工作。1871年圣诞节,是爱迪生和玛丽小姐结婚的日子。婚礼的一切都准备就绪,但这时爱迪生对他思考很久的一个问题产生了灵感,于是他跑到实验室工作去了。有人计算过,爱迪生在实验室里度过的50年,相当于普通人工作了125年。

14. 关于爱迪生撇开新娘跑到实验室工作一事,你不赞同的说法是(ABC)。
(A)这个故事不真实,难以置信
(B)爱迪生是个只懂工作、不懂爱情的人
(C)可能爱迪生对玛丽小姐根本没有感情
(D)爱迪生对工作非常执著

15. 读了上述短文,你能赞同的说法是(BCD)。
(A)爱迪生希望他人少睡觉多工作,不合情理
(B)把精力投入到工作之中,会找到很多乐趣
(C)少睡一点觉是勤俭节约的一种具体体现
(D)促使事业成功,必然不能太多地顾及家庭

16. 通过上述短文,你认为下列说法中正确的是(AB)。
(A)具有天赋的人,同样需要勤劳才能取得事业上的成功
(B)人有了追求,就会产生源源不断的精神动力
(C)现在倡导以人为本,所以不应该总是强调克制自己、努力奋斗
(D)“爱迪生工作50年相当于普通人工作了125年”的说法过于夸张

二、职业道德个人表现部分(第17—25题)

答题指导

☆ 该部分均为选择题,每题均有四个备选项。

☆ 请按照题意要求，根据自己的实际情况只选择其中一个选项。

17. 通常情况下，每天起床时，我感到自己的心情(　　)。

(A)沉闷　(B)轻松　(C)有点别扭　(D)起伏不大

18. 在日常工作中，同事们找我帮忙的事情(　　)。

(A)非常多　(B)比较多　(C)比较少　(D)极少

19. 我之所以在目前这个单位工作，是因为这个单位(　　)。

(A)工资待遇还可以　(B)离家比较近

(C)同事们比较有爱心　(D)领导待人好

20. 你在业余时间与同事们电话交流的话题更多的是(　　)。

(A)工作　(B)户外活动

(C)家庭琐事　(D)最近读过的新书

21. 每天下班时，我通常会(　　)。

(A)准时离开　(B)避开下班人流高峰再走

(C)把明天的工作想想再离开　(D)整理一下今天的工作再离开

22. 在日常生活中，我对那种“马拉松”式的聊天聚会的感受是(　　)。

(A)紧张工作的有效放松方式

(B)纯粹是浪费时间

(C)虽然没有意思，但只能应付

(D)聊天聚会有必要，但不应成为“马拉松”式的

23. 一般情况下，在路上遇到熟人时，我会(　　)。

(A)等对方发现我时，我再打招呼　(B)一般会低头走过去

(C)点点头，各走各的路　(D)主动与对方寒暄上几句

24. 小李与张奶奶是邻居，张奶奶已 80 多岁了。小李因工作忙每天下班回家晚，她需要休息。但是最近张奶奶家总是传来“咔咔”的声音。原来，张奶奶患有失眠症，有人告诉张奶奶一个偏方：每晚吃 3 颗核桃可解决问题。假如你是小李，你会(　　)。

(A)表达自己的不满，告诉张奶奶不能影响别人的休息

(B)反正就 3 颗核桃，忍耐一下吧

(C)向张奶奶提议，要她白天砸核桃，晚上吃

(D)给她买个核桃夹子

25. 最近一个时期，我感到每一天时间过得(　　)。

(A)很快　(B)比较快　(C)很慢　(D)与往常一样

(注：此份测试题为国家公关员职业资格证书考试的一份样题，试题的答案来自国家职业资格培训教程《职业道德》一书。有的题标出参考答案，有的题自己考虑答案。)

下 篇

公共关系专项知识和技能

学习的目的在于应用。学习公共关系,就要能够从事公共关系工作。要从事公共关系工作,不仅要掌握公共关系基础知识,还要掌握公共关系专项知识和技能。

下篇就围绕沟通协调、信息传播、调查、策划、实施、评估、危机管理和公关管理等有关专项知识和技能,进行介绍和实际操作训练。

4

沟通协调

学习目标

1. 能按礼仪规范进行中外接待活动；
2. 能撰写公关文书；
3. 能介绍组织的历史和现状，充当演讲活动的主持人；
4. 熟悉协调内外公众关系的原则、方法、技巧，并能进行内外部公众沟通。

案例导入

水门事件与尼克松下台　性丑闻与克林顿连任

1971 年 6 月，尼克松批准建立了一个监视组，它的任务是堵住机密情报失密的漏洞。翌年 6 月 17 日，这个小组的 5 名成员在华盛顿水门公寓民主党主席典丰赖恩办公室安装窃听器，被警察当场逮捕。水门事件开始被《华盛顿报》的青年记者伍德沃德和伯恩斯坦披露于报端。美国国内舆论哗然，社会上关于尼克松政府采取了不道德做法的传闻广为传播。尼克松对此保持沉默，奉行"鸵鸟政策"。他对高级助手说："我们对此少说为妙，传闻自会过去，不必为此顾虑。"尼克松还试图以控制政府方面新闻发布会的办法来控制新闻界的消息来源。尼克松为采访调查设置的障碍以及"闭口不言，充耳不闻"的做法，未能熄灭水门之火，反而使人们对水门事件的关注更加强烈了，最终导致尼克松在社会舆论的压力下被迫辞职。

1998 年春，美国媒体爆出时任总统克林顿与白宫实习生莱温斯基的性丑闻。在事发之后，克林顿矢口否认与莱温斯基有性关系。这种瞒天过海的做法，激起了公众的愤怒，媒体对此案刨根问底，国会提出了弹劾总统的议案，此时，聪明的克林顿在事实真相逐步大白于天下的情况下，迅速改变了应对措施，承认了与莱温斯基的不正当关系，并向公众作了真诚的忏悔。他的做法很快赢得了美国公众的同情，许多公众转而对国会、参议院、众议院对此案穷追不舍的做法表示了反感，在克林顿连任的竞选中，继续得到了美国绝大多数公众的支持，成功连任。

——资料来源：林祖华：《公共关系学》，北京，中国时代经济出版社，2005。

同为总统，都遇到了“麻烦”，一个奉行“鸵鸟政策”，“闭口不言，充耳不闻”，对公众不予理睬，结果被迫下台；另一个见风使舵，不再隐瞒事实真相，真诚地与公众沟通，结果化险为夷。由此可知沟通交际、协调关系的重要性，而这也是公共关系的一个重要职能。

4.1 接待联络

4.1.1 礼仪的含义及其重要性

礼仪泛指人们在社会交往中应共同遵守的行为规范和准则。表现为礼貌、礼节、仪式、仪表等具体形式。

礼貌是社会全体居民为了维持正常的生活秩序而共同遵循的最起码的道德，是人们在交往时相互表示尊重或友好的行为规范。

礼节是人们在社会交际过程中迎来送往，表示问候、歉意、祝颂等惯用形式。

仪式泛指在一定场合举行的具有专门程序、规范化的活动。

仪表指人的外表，包括容貌、服饰、姿态、风度、举止等方面。

礼仪可以说是社会生活中一种不成法规的规则，它是一种待人处世的方式，每时每刻体现在一个人的态度和行为中。它是以一种约定的历史传统习惯和社会道德的制约力量要求社会公民应该遵守的行为规范，也是公关人员在公共场所交往时不可缺少的行为规范。

世界各国各个民族都十分重视礼仪，将其看作是一个国家和民族文明程度的重要标志，也看作是衡量一个人道德水准高低和有无教养的尺度。

4.1.2 接待活动中的礼仪

4.1.2.1 接待来访的程序和要求

1. 来访接待

来访接待是最常见的组织接待形式。一般情况下，组织的公关部应设专人、专室接待。接待室应宽敞、舒适，让来访者心情舒畅。即使是投诉者，在良好环境的接待室里，紧张的情绪也可以缓解很多。此时应有专人送水、交谈，了解来访者的来意。要注意引导来访者，使其能从容不迫地向公关人员提问或投诉。另外，公关人员应以听为主，尽量不打断来访者的谈话，同时还要笔录口述。接待室应有必要的设备（如必要的资料、通信等设施),为来访者提供方便。公关人员应热情主动,以积极的态度对待来访者,尽力帮助其解决困难,在分手时应约定再联系的时间和方式,有礼貌地将客人送走。

2. 商务接待

商务接待主要出现在商业企业。主要有两种情况:一是商务谈判的接待;二是零售商业的店堂接待。商务接待是促成商业买卖的铺路石,真诚、热情的接待会使谈判更加顺利,热情和蔼的引导会使消费者乐于解囊购物。另外,从事商品服务的人员,应人人具有公关意识,应热情地说"您好,欢迎光临"、"您要点什么?""需要我帮忙吗?"等,应做到百拿不厌,微笑服务,给消费者留下良好印象。

4.1.2.2 接待者待人应持的态度

(1)公关员待人要真诚、亲切、自然,切勿造作。对方身份地位高于己方时,己方可以谦逊地表示尊重的态度,但是不能为达到某种目的而自贬身份,把谦逊变成了谦卑,反而使己方处于劣势地位;对方身份地位比己方低时,照样要以礼相待,真诚相处。

(2)要讲信誉,坚持承诺。公关员应该清楚自己的权限和职责,坚守做人做事的底线。不要随意许诺而又不能兑现,以致失信于人。

(3)要重视建立长久的良好关系,而不能持"人走茶凉"的错误态度。要注意长期的情感投资,即使合作不成功也要注意建立良好关系,所谓"买卖不成情义在",就是讲的这个道理。

4.1.2.3 接待者的言谈举止

1. 谈话的礼仪

(1)说话的内容要准确、简洁、明了,让人能清楚地了解所要传达的信息。要避免过多的重复,以提高效率和节省时间。谈话内容不应涉及个人隐私问题,即对方的收入、年龄、婚姻、宗教信仰等。

(2)要注意聆听,不随意打断别人的谈话。这不仅表现了对谈话人的尊重,而且对聆听的人也有莫大的好处:其一,可以从对方那里学到许多有用的东西;其二,有利于对话,如果听的时候不注意,听不出"言外之意"、"话外之音",接下来的对话很可能丧失针对性;其三,有利于搞好人际关系,给别人留下良好的印象。

(3)要注意一些基本礼貌用语的使用。当有求于别人时,应用"请"字,得到别人的帮助时,应及时说"谢谢"。此外,"对不起"、"不好意思"、"麻烦您了"等礼貌用语都应常挂在嘴边。看似简单的几个词,体现的是谦虚及诚恳。

(4)说话的态度要诚恳。不要只从自己的立场出发考虑问题,换位思考法(即从他人的立场思考同一问题的方法)有助于沟通和解决问题。当然,诚恳不是放弃原则,如果对方有错,仍要敢于指出。较妥当的处理办法是顾及对方的颜面,在单独相处时再婉转指出,仍要保持态度诚恳。当面奉承、背后捣鬼、散布流言,这是虚伪的做法。

(5)说话时要注意力集中,目光要直视对方。不要东张西望或兼做其他事情,也不要有一些不必要的小动作。

2. 举止得当

(1)正确的站姿。头要端正,腰部要直,挺胸并收紧腹部、臀部,目光平视前方,双肩放松,手臂自然下垂。注意双肩不要紧张端起。女性站立时双腿要并拢,男性站立时可以双腿分开与肩齐。站累了可以自然调整身体重心,双腿轮流承受重量。避免一腿弯一腿直的方法调整重心,这种站姿外观上懒散,形象不佳。另外,不要靠墙、靠门站立,否则容易让人觉得散漫、懒惰甚至不正派。

(2)正确的行姿。上身基本像站立一样挺拔,重心略前倾,双臂自然摆动,双眼平视前方,头要端正。男性肩膀不要左右摇晃,女性最好双脚走在一条直线上。

(3)正确的坐姿。落座要轻、稳,坐下后腰要挺直(特别是坐沙发时,要保持较挺直的姿态),双肩平正放松,两手自然放于腿上,也可以一臂弯曲放于沙发的扶手上,掌心向下。男性双腿可以分开约一拳的距离。女性应双膝并拢,不要叉开腿,尤其是在穿短裙的时候更要注意;可以把双腿并拢,双脚交叉,斜向一侧,这个姿势坐较矮沙发时比较文雅。在一般场合,男女可以跷腿,但要注意不能抖腿,更不能用脚尖挑着鞋或鞋底朝向他人。为了表示对谈话对象的特别尊重,可用较庄重正式的坐姿,即不靠椅背、上身略前倾。

(4)正确地递交文件。工作中有文件需要上级过目或签字时,应该双手递上文件并且使文件的正面对着接物一方。

(5)正确接受其他物品。一般讲,对方双手恭恭敬敬递过来的物品,你应当同样用双手去接。同时应点头示意或道声谢谢。

4.1.2.4 个人服饰

追求和创造服饰美,是人类生存的需要,也是人们交往的渴求。在现代交际中,人们无不希望通过服饰弥补自身形体的缺陷,或强化自己的动人之处。服饰反映了一个人文化素质之高低,审美情趣之雅俗。公关人员在服饰礼仪上要注意以下几点。

(1)自然之中求协调。如着装注意身份,不要喧宾夺主,正式场合着正装,注意服饰的色泽调和与搭配得当等。

(2)得体之下出神韵。应选择适合自己体形、气质和风度的服饰。

(3)着装要合规范。

4.1.2.5 介绍

见面是交际的开始,了解是沟通的前身,介绍是日常交际中相互了解的基本方式。主要包括介绍他人、自我介绍和他人介绍。

(1)自我介绍。在交际场合,如果想结识某人,一个简单而又有效的方法是自我介绍。介绍时要面带微笑,先说一声“您好”,得到回应后再向对方介绍自己的姓名、身份和单位,同时递上自己的名片。介绍时,态度要谦虚,语言要得体。

(2)介绍他人。介绍他人时,有一个基本原则,是把别人介绍给你所熟悉或尊重的人。在介绍时,首先把年轻者、男子、未婚女子、资历较浅的一方,介绍给年长者、女子、已婚女子以及资历较深者,之后,再向另一方介绍。介绍姓名时口齿要清楚,介绍的内容要实事求是,掌握分寸。

(3)他人介绍。在交际场合,如想结识某人,除了自我介绍外,还可通过他人介绍,做介绍的人一般是主人或朋友。当别人为你介绍时,要微笑点头示意。待介绍完毕后,通常应先握对方的手并说声"您好!""幸会!"之类的客套话,然后还可轻声重复一下对方的姓名或别的称呼。

在涉外场合,介绍时应把中方人员介绍给外方人员,介绍人由接待人员或中方人员身份最高者担任。若双方需要介绍的人都比较多,那么在介绍各自的人员时,应以职位高低顺序,首先介绍职位高者。自我介绍时应自然大方、热情、简单明了,不要故意做作。

4.1.2.6 称呼

社交场合,人们对别人如何称呼自己是十分敏感的,称呼得当,能使双方产生心理上的相容,交际就会变得顺利。人们之间的关系不同,说话的场合经常变化,对话双方的身份、年龄也不一样,因此,在使用称呼时必须注意。正式场合常用的称呼形式有:姓+职称、职务或职业名称,如王教授、张厂长、齐老师;姓名,如王×、张×;泛称、尊称或职业名称+(部分)泛称或尊称,如同志、先生、小姐或大使先生等。非正式场合常用的称呼形式有:老/小+姓,如老赵、小王;姓+辈分称呼,如张阿姨、赵伯伯;名或名+同志,如奋强或奋强同志。

为了表示对外宾的尊重,使用称呼必须合乎礼节礼仪,遵循国际通行的规矩和习惯,即使非常烦琐的称呼,也不可随便简化。如果称呼不合身份,会引起对方的反感或闹出笑话,甚至发生误会。按照国际惯例,一般称男子为"先生",称已婚女子为"夫人",未婚女子为"小姐",如无法断定女方婚否,可一律称为"小姐"。在隆重场合、外交场合,对女性均可称"女士",以示尊重。

4.1.2.7 握手

握手是目前世界上大多数国家通行的礼节,是所有现代礼节形式中使用最多的一种。初次见面,握手作为认识的开始;久别重逢,握手则是问候的开始;告别、慰问、祝贺、感谢时都可握手致意。握手,对于公关人员来说,也是社交场合最常用的一种礼节。握手礼看似简单,实则有许多讲究,必须掌握好,以免失礼。

1. 握手的顺序

握手礼十分讲究顺序,它体现出对被握手者尊严和感情的尊重。一般来说,男士、晚辈、下级、客人见到女士、长辈、上级、主人时,应先行问候,待对方伸出手后,再上前握手。如果一个人需要同许多人握手,那么符合礼节的顺序是:先女士后男士,先长辈后晚辈,先上级后下级。在政务接待场合,握手的顺序应当是:按照行政职务由高到低的排列顺序,依次一一握手。

如果女士不打算与向自己首先问候的人握手,可以欠身微笑致意,但不能视而不见或转身就走。平白无故地拒绝与他人友好而善意的握手,不仅是失礼的,而且是缺乏教养的。

2. 握手的具体方式

握手的双手距离约一步远,右臂应自然向体前伸出,身体略微前倾,右手手掌伸直,掌侧与地面垂直,拇指与手掌分开,其余四指并拢,在与腰际同高的位置,与对方伸过来的手稍许一握。礼节性的握手,持续时间以3~5秒钟为宜。

3. 握手的姿势

双方握手时需眼睛注视对方,面带微笑,自然大方,腰板挺直,头要微低一些。握手时,用力要自然,不要用力过重或过轻。与女士握手时,既要让她感到有力和温暖,又不能过分用力,要把握好分寸。

4. 握手时应注意的问题

(1)握手时应用右手,不能用左手握手,也不能戴手套握手,但如在社交场合女士可戴薄纱手套或网眼手套握手。

(2)当别人与你握手时,都是友好问候的表示,不能拒绝或随便应付,否则会挫伤对方的自尊心。

(3)握手时手要干净,不能伸出脏手,使对方难堪。另外,手上有汗的人,在握手前应先将手擦干,否则也会使对方感到很不舒服。

(4)握手时,注意不要交叉握手,可待别人握完再握。因为交叉握手,手臂恰好形成十字架形,在西方,传说交叉握手会招来不幸。

(5)与上级或长辈握手时,下级或晚辈为表示崇敬之情,可采用双手捧握的握手姿态。

4.1.2.8 致意

致意是用语言或行为向别人表示敬意或表达自己问候之意的礼节。它是人们在社交应酬中最简单、最常用的礼节。致意有多种方式,如见面时问好、点头、举手、抬身、脱帽等都是致意。

(1)见面时问好。一天中首次见面,或一次活动中初遇应主动问好,如对方主动问好时,一定要相应回答。

(2)点头致意。双方距离稍近,无需停步寒暄,应行一个点头礼,称为点头致意。点头致意时,应目视对方,微微点一点头即可。在同一场合,双方多次相遇,也可以用点头致意打个招呼。在舞会上或其他社交场合与不认识的人近距离相遇,都可以用点头致意的方式打招呼,表示礼貌。

(3)举手致意。双方距离较远或不便寒暄、点头的,可以行举手礼,称为举手致意(或挥手致意)。举手致意时,应举起右臂,右手心朝向对方,轻摇几下,同时注目微笑。迎接客人,见到熟人,在握手前,为了表示热情也可先招一招手。告别、送行也常用举手致意的方式,不过这时举手应当多举几下,直到客人远去,甚至还可以挥动帽子、手套等表示深情致意。

(4)微笑致意。双方在会议室等场所不宜大声打招呼时,可以相互微笑一下,称为微笑致意。微笑致意时,应注视对方,面带微笑,不必交谈。

(5)脱帽致意。有相识的人从身边走过,可脱去帽子打招呼,称为脱帽致意。脱帽致意时,应为右手举帽,使它稍离头部,然后头稍向前倾致意。如果戴礼帽,可用右手拿着帽檐,将帽前缘向下倾致意。在过去,较正式场合的脱帽致意,应右手脱去帽子,放在与肩同高的位置,上半身稍向前倾,头略低,问候之后再戴上帽子。

(6)欠身致意。在正式社交场合,如舞会,有人为坐着的人做介绍时,坐着的人应当站起身来或欠身致意,并握手问好。当有人在正式的会议上做介绍时,被介绍者也应当欠身致意。欠身作为致意的一种方法,是向别人表示自谦的礼貌举止,相当于在向对方致敬。具体做法是:身体自然挺直,稍向前倾,但不一定低头,两眼仍可直视前方。欠身时,表情应当自然、和蔼、面带微笑。

致意的基本规则是:男士应首先向女士致意,年轻者应首先向年长者致意,下级应首先向上级致意。

4.1.2.9 名片的使用

名片在社交活动中具有重要作用。名片的使用同样也有讲究。通常在以下情况下使用:①带有商业性质的横向联系和交际;②社交场合中的拜访、交流等;③在某些表达感情或表示祝贺的场合。

(1)递送名片。在日常交际中,新朋友相识、他人介绍或自我介绍时若随身携带名片,应立即取出,双手交给对方。

递送名片时,态度要恭敬,应注视对方,面带笑容,并可欠一下身。切忌乱发名片。递交名片时,要用双手的食指和拇指分别夹住名片左右端递过去,名片中字的正面应朝向对方,便于对方立即阅读。

(2)接受名片。接受名片时,也要注意礼节。在对方掏名片时就要有很感兴趣的表示。接名片要用双手。接过后要认真仔细地看一看,并小声重复一遍名片上的名字及职务。一定要把后边的职务读出来,不要只读名字。还要向对方表示谢意。然后,很郑重地把名片放入名片夹内,或放进上衣上部口袋里。千万不要看也不看即装入口袋,也不要顺手往桌上一扔,更不要往名片上压东西,这样对方会感觉受到了轻视。收到名片后,要说一句“很高兴认识你”或“一定拜访”等,需要交换名片时,可以掏出自己的名片与对方交换。

(3)不要生硬地向别人索要名片。应以请求的口气说:“假如您方便的话,是否可留下名片,以便今后加以联系。”也可以含蓄地向对方询问单位、通讯处、电话等,如果对方带有名片,就会较自然地送上。

(4)名片上的字数不宜太多,头衔也不宜太多。名字在名片中应是最大几个字,这样便于对方看到,并迅速呼出。头衔太多给人一种炫耀的感觉。

4.1.2.10 会见与会谈

会见与会谈是涉外交往中一种常见的重要活动。熟悉并遵循会见与会谈的一些礼仪要求,对于保证这项活动的成功有着重要的作用。

1. 会见

国际上一般称接见或拜会。凡身份较高的人士接见身份较低者,或是主人接见客人,一般都称为会见或接见。凡身份较低的人士会见身份较高者,或是客人会见主人,一般称为拜会或拜见。接见和拜见后的回访称为回拜。

就会见的内容而言,有礼节性的、政治性的、事务性的会见之分。礼节性的会见时间较短,通常是半小时左右,话题较为广泛,形式也比较随便。政治性的会见一般要谈论双边关系、国际局势等重大问题,话题较为严肃,形式较为正规。事务性会见则涉及一般外交交涉、业务商谈和经贸、科技、文化交流等内容,有较强的专业性,时间较长,也较严肃。

会谈是指双方或多方就某些重大的政治、经济、文化、军事问题以及其他共同关心的问题交换意见,会谈也可以是指洽谈业务,即就具体业务进行谈判、会商。会谈的内容较为正式,政治性、专业性较强。

会见与会谈往往相辅相成。领导人初次会见客人,往往为正式会谈定下基调,或创造条件。会见中双方达成的原则性共识,往往要通过具体而细致的会谈加以系统化、条文化,有时会谈也是为领导人之间的高峰会见作准备。会见与会谈也是有区别的。会见,总是一方处于主动地位,另一方处于被动地位。而会谈,双方则处于同等地位,共同商谈问题或进行谈判。

2. 座位安排

会见时,座位安排通常为半圆形。按国际惯例,主宾坐于主人的右侧,其他外宾依级别、身份均坐于右侧,主方陪同人员依次坐于左侧。译员和记录员一般坐于主人和主宾的后排左右两侧(如图 4.1 所示)。会谈时一般用长方桌子,宾主相对而坐,以进门为准,右为客,左为主,或对门为客,背门为主(如图 4.2 所示)。

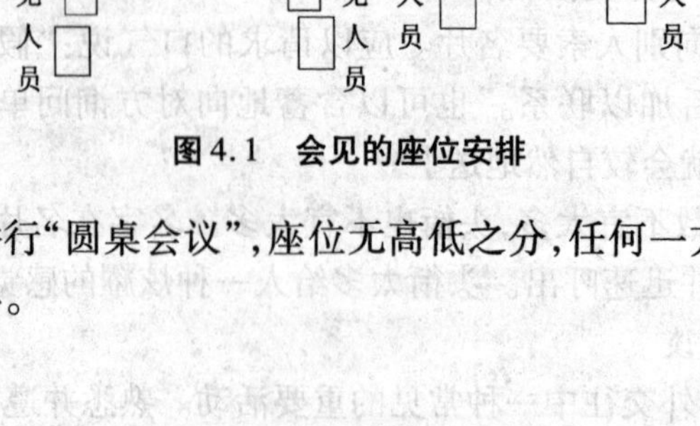

图 4.1 会见的座位安排

多边会谈时多举行"圆桌会议",座位无高低之分,任何一方都是同等的。座位可摆成圆形或正方形。

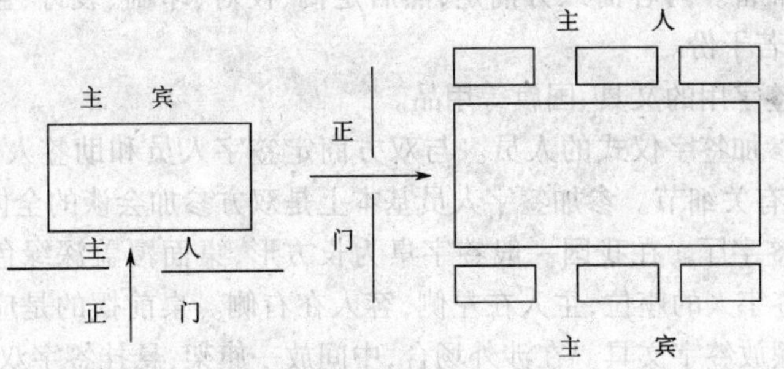

图 4.2 会谈的座位安排

3. 联系、组织安排

公关人员在会见与会谈中有许多事务性工作要做,主要是负责联系和组织安排,主要包括以下几点。

(1)向对方提出会见要求,并告知要求会见人的姓名、职务以及要见什么人、会见目的。接见一方应尽早给予回复,约妥时间。如因故不能接见,应婉言解释。

(2)主动将会见(会谈)时间、地址、主方出席人、具体安排及有关注意事项通知对方。如果作为客方的公关员,应主动向对方了解上述情况,并通知有关出席人员。

(3)准确掌握会见与会谈的时间、地点和双方参加人员的名单,并做好各种准备工作。如文字资料、技术数据、谈话提纲等。作为主人一方,还要事先检查会见场所的卫生、电源、空调等,以避免在会见过程中出现问题。

(4)主人应提前到达,在大门口或客厅迎候。如果主人不到大楼门口迎接,应由工作人员引入会客厅。

(5)事先准备好座位图,现场放上参加人员位次卡。如果需要合影,应安排在宾主握手之后。合影之后再分别入座。

(6)合影时,要事先安排好合影位置及有关工具。合影一般由主人居中,按礼宾次序,以主人右手为上,第一主宾站在主人右侧,第二位客人站在左侧,双方间隔排列。

(7)会见或会谈时,除参加人员外,其他工作人员在安排就绪后均应退出。谈话过程中旁人不要随意进出。记者采访最好安排在谈话前几分钟。如谈话中允许采访,应有隔离带。

4.1.2.11 签字仪式

签字仪式是双方或多方就某一问题或某组问题达成的协议、协定、缔结条约时常用的一种方式。签字仪式是一种比较隆重、正式的仪式,礼仪规范比较严格。它包括两个阶段:一是准备阶段,二是举行仪式。

1. 准备阶段

主要有如下各项工作。

(1)文本准备。内容需双方商定,然后定稿、校对、印刷、装订、盖火漆印等。正式文本要一式若干份。

(2)准备签字用的文具、国旗等用品。

(3)决定参加签字仪式的人员。与双方商定签字人员和助签人员,并安排双方助签人员洽谈有关细节。参加签字人员基本上是双方参加会谈的全体人员。

(4)布置签字厅。在我国一般签字桌为长方形,桌面覆盖深绿色台尼。桌后放两把椅子,为签字人的座位,主人在左侧,客人在右侧。桌前摆的是应各自保存的文本,上端分别摆放签字文具。在涉外场合,中间放一旗架,悬挂签字双方的国旗,仍然是主人的国旗在左边,客人的国旗在右边。

2. 举行签字仪式

可按照以下程序进行。

(1)双方参加人员进入签字厅,按事先安排好的位置就座。

(2)双方代表在签字桌前坐下,其他人员在各自代表身后按身份排列好后站立,或在前就座。

(3)主人一方的助签人员站在左侧,客人一方的助签人员站在右侧,翻开文本,指明签字的地方。

(4)各方先在各自保存的文件上签字,然后与对方交换文本签字。助签人员在旁用吸水纸,按压签字处。

(5)各方签字人互换文本,并互相握手。

(6)大家举杯庆祝。

(7)合影留念。

4.1.2.12 宴请

1. 宴请的形式

(1)宴会。宴会是较为隆重的宴请宾客的聚会。包括国宴、正式宴会、便宴、家宴等。国宴是国家元首或政府首脑举行的庆典,是规格最高的宴会。宴会厅内要悬挂国旗,安排乐队演奏国歌即席间乐。餐前有致辞仪式和祝酒活动。正式宴会上不挂国旗,不奏国歌,规格与国宴大体相同。宾主均按身份就座。有的请柬还注明服饰要求。家宴,顾名思义就是在家中设宴招待客人的一种宴请形式。在西方,人们喜欢采用这种形式,以示亲切友好。家宴往往由主妇亲自下厨烹调,全家共同招待。便宴是形式简便的宴请,属于非正式宴会,常见的有早宴、午宴、晚宴。

(2)工作餐。包括工作早餐、工作午餐、工作晚餐。这是在进餐时边吃边谈问题的一种非正式宴请形式,只请与工作有关的人员参加,规格较低。工作餐往往要安排席位,以便于谈话。

(3)招待会。招待会是较为灵活的宴请形式。备有食品、饮料,通常不排席位,可自由活动。有酒会和冷餐会两种形式。酒会亦称为鸡尾酒会。招待品以酒为主,略备小吃,不设座椅,仅置小桌或茶几,便于走动和广泛接触交谈。冷餐会一般不排席位,以冷食为主,也可有热菜。由于冷餐会的菜品连同餐具陈设在菜桌上,供客人自取,因此,又称为自助餐。

2. 宴请席位安排

较为正式的宴会都要按宾主顺序入座。在中国,座次高低一般以门的方向为准,面门方为上位,背门方为下位。如果客人是成对的夫妻,应成对地安排座次或按男女相互交错安排座次,主人坐下位。目前常用的座次排法是,主人坐面对门的主位,主宾坐在主人右侧,第二主宾坐在主人的左侧,其他人按主客间隔而坐,背对门的座位通常由主人一方来坐。如果主宾身份比主人高,则主人应让出主位,自己坐在主宾的左侧。

西方的习惯是,排席位不考虑进门方向,而以主人的位置为准,靠近主人的座位是最好的;桌次以主桌位置为准,基本原则是:右高左低,近高远低,即桌次高低以离主桌位置远近和左右而定。

3. 席间礼节和应注意的问题

(1)主宾落座后,主人开始给客人一一斟酒,然后端起酒杯向客人致意,正式宴请一般应有祝酒词。当主人致祝酒词时,其他人不要进食。"主不动,客不食"是东西方共同的礼节。此时,手要放在大腿上,不要放在桌上乱动,也不能整理衣服、头发。

(2)我国很多地方有向客人劝酒、给客人布菜的习惯。从礼节上考虑,最好不要这样做,尤其是在涉外活动中。让外宾斟酒决定喝多少酒、吃什么菜,而主人要做的是介绍酒、菜的特色、典故,活跃气氛。

(3)鱼刺、骨头不要吐在桌子上,只能放在自己面前的小盘里或碗里。要用筷子夹住鱼刺或骨头,然后放在盘子中,不要从嘴里直接吐到盘子上。

(4)吃饭时要闭嘴嚼,不要发出声响。汤太烫时,不要用嘴吹或用勺搅,稍放一放再喝即可。喝汤时亦不可发出声响。

(5)菜较远夹不到时,不要站起来去夹,等转到面前再夹。如果桌子中间没有转盘,则由主人或请服务员把菜用公勺分给大家。在分菜前,主人可建议:"尝一尝这个菜好吗?"并介绍一下此菜的名称、原料或烹调方法。如果忌吃某种菜,则可以说:"对不起,我不能吃这种菜。"

(6)请客是一种社交活动,不仅为了吃,更为了交流感情、结识朋友。每个人都应该和左右的邻座聊一聊,但要选择轻松的话题。特别要注意的是,要把嘴里的饭咽下去再说,边嚼边说是不文雅的。

(7)进食后最好不要剔牙,或用手遮挡着再剔。在餐桌上,不要咳嗽、打喷嚏、打饱嗝。要是实在忍不住,只能赶快用手帕或餐巾纸捂住自己的鼻子和嘴巴,把头低下扭向一边,尽量压低声音,然后对邻座说声"对不起"。擦鼻涕要用自己的餐巾纸或手帕,绝不能擦在餐巾上。

(8)主人要随时注意客人的需求。当客人不小心碰翻了酒杯或汤碗时,主人应示意服务员或旁边的人帮忙料理，但不要大呼小叫。旁人最好假装没看见，以免当事人尴尬。

4.1.2.13 各国主要禁忌

每个国家、每个民族的礼仪风俗各异，全部掌握有一定难度。但作为一名公关人员，需要了解和掌握一些规律性的，特别是与我国习惯有明显差别的社交礼仪规范以及一些社交禁忌。

1. 交谈的禁忌

与外国人交谈，必须注意以下方面。

(1)与西方人交谈应做到“七不问”，即年龄、婚否、收入、住址、经历、工作和信仰等不问。因为上述问题均被西方人看做是个人隐私，而询问个人隐私是非常不礼貌的。

(2)外国女子与其丈夫或其他人交谈时，不要上前旁听。有急事和她说话时，应先打招呼。

(3)男子一般不参与妇女圈的谈话，也不要无休止地与妇女攀谈而引起旁人的反感。

(4)与英国人交往，不可以把王室的家事作为谈笑的话题。

2. 举动的禁忌

与外国人打交道，一些在国人看起来很正常的举动，也会被认为是无礼甚至是犯忌的行为。

(1)在欧美，如果上年纪的人上楼梯或爬山，千万不能扶他们。因为他们觉得这样有失体面，反而招来不快。

(2)在与西方国家的人相互握手时，千万不要越过两个人拉着的手去与第三个人握手；抽烟时不要一次连着给三个人点烟。

(3)跟英国人坐着谈话，两膝不可张的太宽，切忌跷二郎腿。如站着谈话，忌拍对方的肩背。

(4)要注意不同的手势在不同的国家或地区有着不同的含义，以免犯忌失礼。例如，翘起大拇指在我国是一种表示赞赏的手语信号，在英、美、澳大利亚、新西兰等国，表示要求搭车。但如果这个动作比较猛烈，它又变成一种侮辱人的信号。

3. 数字的禁忌

(1)“4”的忌讳。在一些东方国家，不少人把“4”视为预兆厄运的数字。在韩国，不少旅馆没有4层楼，门牌没有4号，几乎什么东西都不用“4”字。

(2)“13”的忌讳。这个数字在欧美国家最令人讨厌，在许多场合尽量回避它。大楼没有第13楼；航班没有第13号班机。

4. 颜色的禁忌

在一些国家，颜色也有很多禁忌。如黑色是欧美一些国家所忌讳的，因为黑色是丧礼色；绿色在日本象征不祥；黄色被巴西、埃及、埃塞俄比亚等国人认为是凶、丧之色，花束、服装都忌用黄色；蓝色在比利时人的眼里是不吉利的标志，认为碰到蓝色会带来不幸。

5. 其他的禁忌

作为礼花，日本人忌用根花，印度人忌用荷花，德国人忌用郁金香，英国人忌用黄玫瑰，欧洲许多国家忌用菊花。

4.1.2.14 参观游览

安排参观游览是外事交往一种常见的接待形式。外宾到一个国家，无论是访问还是旅游，无论是政治交往还是商务谈判，都会有参观或游览这些项目的安排。外事参观或游览也是增进双方了解与交流的桥梁，它能够在轻松的气氛中缩短两者的距离，增进友谊及合作的机会。

组织外宾参观游览是一项较复杂的组织接待工作，尤其是到外埠参加游览就更是如此。出门在外常有一些意外情况发生，所以组织者一定要在出发前计划周全，准备好备用方案。既要考虑到己方的兴趣、要求，也要考虑对方的兴趣、要求，还要考虑主方的主、客观条件，接待能力。在交通、安全、衣、食、住、行多方面为外宾的参观游览提供方便，尽量创造最佳环境。

1. 项目的选定

选择参观、游览项目是组织参观、游览的起点，也是能否达到圆满成功的首要因素。如考虑不周，往往会乘兴而去，扫兴而归。参观游览项目的选定主要应考虑以下几个方面。

(1)了解来宾访问的目的与性质，以便使参观、游览项目的安排有针对性。

(2)弄清来宾的意愿、兴趣、专业及特点。通常，一般政府官员愿意观看与本国生产发展、文化科技交流有关的设施与项目；学术人士愿意了解与本专业对口的项目；外国妇女愿意了解妇、幼、社会福利事业的发展。年老、体弱者不宜安排长时间步行游览的项目。有心脏病者不宜安排登高、爬山等。

(3)考察当地条件的可行性。有些参观游览项目是来宾感兴趣的，但当地并不具备接待外宾的条件，或虽然有一定的接待条件，但存在一些问题。一定要事前解决好，否则会很被动。还有一些地区需办旅行证等手续，需获得有关部门批准。

(4)季节与时间的可行性。一些游览项目有较强的季节性，如北方的海滨浴场与冰灯展、冰雪节等，应考虑时令是否合适；有些项目应考虑参观时间长短、交通状况、路途远近等。

2. 日程安排

活动日程的确定应先与全程陪同外宾的主方人员交换意见，然后再同外宾协商。商定好先看什么，后看什么；参观中间是否休息、用餐，参观后是否需要座谈；前往参观地点的交通安排；各参观点之间的距离；是徒步前往还是乘车等。要列出时间表，将各参观点的出发、集合时间、地点、车号通知被参观单位有关部门，并告知全体接待人员，要求他们主动配合工作。

3. 陪同安排

按国际交往礼节,外宾前往参观访问时一般都由身份相当的人员陪同。接待单位也有一定数量的人员出面陪同,并根据情况安排解说员,游览则安排导游人员。如果有身份高的主人出面陪同,则宜提前通知对方。为保证参观现场有良好的秩序,陪同、导游人员不可太多。到生产建设部门参观时,如果需要,可组织在场生产人员表示欢迎,在欢迎后生产人员应回到生产岗位,切勿围观。遇到客人问话,应有礼貌地回答,但应避免涉及保密的内容。

4. 接待参观

接待参观既要友好、大方,又要有理、有利、有节,不卑不亢。外宾到达前,被参观单位的公关员应尽可能把参观项目的基本情况介绍准备好,以书面形式事先发给外宾,这样既可以节约参观介绍时间,让客人有较充裕的时间实地观看,也可以让客人在参观前对参观项目有所了解,以便参观更有针对性、印象更深、效果更好。介绍时要力求简明扼要、生动活泼,体现出本单位的特点。介绍情况要实事求是,数字、材料要准确。如参观的人较多,宜分组介绍,或用扩音设备,使前后人员都能听清。外事参观应注意保密,内外有别。不安排到不开放的地方参观。对正在研制、试验的项目没有必要对外介绍。

5. 翻译

公关人员要联系好接受陪同参观、游览任务的翻译人员。向翻译介绍参观的日程、参观的项目,做到使其对整体心中有数,特别是对可能涉及的一些与专业技术名词术语有关的技术问题做好准备。

在陪同客人进行翻译的过程中,要热情诚恳,精神饱满,态度认真,表现出对外宾友好的情谊。翻译要正确无误,忠实原义,不擅自掺杂自己的意见和随意增减谈话的内容。如没有听清楚,或没有搞懂,翻译有困难时,应立即提出,向谈话人说明,搞清楚再译,千万不要不懂装懂,主观臆断。

4.1.2.15 电话联络的礼仪与要求

电话是现代交往的一种基本方式,公关人员平时在使用电话联络时要注意电话礼仪。

1. 打电话的礼节

(1)长话短说。这就需要先做好准备,把谈话要点、顺序、有关资料准备好,打电话时就能条理清楚,既不会遗留问题,又节省了时间。一般,在公务活动中,打一个电话不要超过3分钟。

(2)正确拨号。要力求不打错电话。在拨号前应先记好号码,避免一边看着号码一边拨号,减少失误。如果打错了,应该道歉。

(3)恰当地结束通话。双方互道“再见”后,一般是打进电话的一方先挂上电话。如果接电话的对方是上级,或为了表示对对方的尊重,也可等对方挂上电话后再挂断。如果打电话中遇到断线,则由打进电话的一方重拨,拨通后先解释、道歉,再继续对话。

(4)电话留言。遇到对方使用留言电话时,要像与其本人通话一样,不要省略问候语、告别语,保持应有的客气。

2. 接电话的礼节

(1)正确接听。电话铃响三声之内拿起电话,并自报家门致以问候:"××公司,您好!"这是国际通行的电话礼节。既可以节省时间,又让打进电话者立刻知道电话是否打对,而且还有欢迎对方联络的意思。如果铃响超过三声才接电话,应该说"对不起,让您久等了。"

(2)语气礼貌。接电话的语调要轻松亲切,声音要清朗,速度适中,不要把自己急躁、气恼等情绪传到电话中。如果没听清对方的话,应礼貌地请对方重复。

(3)转达电话要负责。如果有电话找同事而其恰好离开,接听的人需要说一句"请等一下",然后再去找人。如对方要找的人确实不在,应问需要不需要转达。记录内容应包括:何人、何事、何地、何时、何故、是否要回电话、对方的电话号码等,并且不要忘记在最后写上记录者的名字。事后要及时转达,负责到底。

(4)不影响他人接听电话。当同事接电话时,办公室里的其他人不要高声说笑。否则一方面会影响他人接听电话,另一方面说笑声通过话筒传至对方,会给对方留下工作不认真的不良印象,从而影响组织形象。

3. 使用手机的礼节

随着无线通信业的发展,越来越多的人拥有了手机,它的确给人们带来了方便。但是使用不当的话,也会有负面效应。现代化的通讯方式,需要配合更高的道德修养,需要注意懂得礼貌。

(1)要遵守公共秩序。尽量不在楼梯、电梯、公共汽车、地铁等人多拥挤处使用手机。如在这些地方接到来电,要长话短说或告诉对方现在不方便多谈,一会儿再回电话。在需要保持安静的场所,应该关机或拨到振动档,传呼机也一样。

(2)注意安全。在飞机上、汽车加油站、油库里,一定要关机。在医院里,手机的电磁波会影响一些医疗仪器,也不应该使用。

4.2 公共关系文书的写作

4.2.1 通知

通知是批转下级公文、转发上级和不相隶属机关的公文、发布规章、传达要求下级办理和有关单位周知或者共同执行的事项时所使用的文书,也可用于召开会议,任免和聘用干部。通知的主要类型有会议通知、指示性通知、批示性通知、任免性通知、事务性通知和发布性通知。

指示性通知:用于上级对下级,其内容不适宜用"命令"发布,要清楚地写明通知的事项。

批示性通知:即上级机关对某一事项作批示。

任免通知:要写明任免人员的具体任务。

会议通知:各单位召开会议,会前都要告知与会者会议名称、主题、内容、时间、地点、会期、报到地点、参加人员范围、携带材料和其他相关事宜。

通知的结构:由标题、主送机关、正文和落款组成。标题可只写“通知”二字,但一般是在“通知”前加上发文机关名称和事由。

例文1

××公司关于召开职工代表大会的通知

兹定于××××年××月××日下午2:00在公司的二楼会议室召开公司本年度职工代表大会,总结本年度的工作。

请接到通知的部门和职工代表在回执上签字。

营销部代表:

市场部代表:

生产部代表:

采购部代表:

技术部代表:

工程部代表:

应用部代表:

公关部代表:

总经理办公室

××××年××月××日

4.2.2 信函

信函是机关团体、企事业单位之间公务活动中处理各种公务的专用信件的统称,它既可以用于上下级之间,也可以用于平级单位和不相隶属的部门之间,是作为相互商洽工作、询问或答复问题、请求或批准答复问题时使用的文书。信函的内容均属一般事务工作,使用广泛,方便灵活,被称为公务中的轻武器。信函从行文方向上可分为去函和复函,从形式上可为公函和便函。公函,是指具有完整的公文格式,内容为正式的公务事项,形式正规郑重的函。公函又可分为商洽函、问复函(问答函)和请准函(请示函)。商洽函,用于单位之间联系工作业务、人事部门商量借调人员等。问复函,用于平行单位和不相隶属的单位之间以及上下级单位之间询问和答复问题。请准函,用于上下级之间请示或答复一般事务性的问题。便函,是一种没有完整公文格式的函。与私人的信件相似,是公关人员处理一般事务的简便用函。它不属于正式公文,可无标题和发文字号。

例文 2

××分公司关于向总公司报送人力资源管理工作座谈会材料的函

总公司人力部：

按照总公司《关于准备召开人力资源管理工作座谈会的通知》要求，我公司草拟了题为《运用经济杠杆，完善激励机制》的会议材料，现报上。如有联系事宜，请与我公司××先生联系。（电话：××××××××）

××分公司

××××年××月××日

例文 3

便函

王经理：

刘经理请我转告您，本周五下午的办公例会他不能按时赶回来，特此请假。

特政助理：×××

××××年××月××日

4.2.3 介绍信

介绍信，是介绍单位派出人员前往有关部门商洽业务、联系工作、参观学习、出席会议等所用的一种证明身份或凭据式的书信。有书信式和印刷式两种。书信式，一般用本单位的公用笺书写，格式与一般书信相似。印刷式，又叫填表式介绍信。此外，还有一种专用介绍信。

介绍信的内容包括：①对方部门或个人的称谓；②被介绍者的姓名、年龄、职务、政治面貌，如是多人前往，应注明人数；③需要联系的事宜；④需要商洽联系的单位、发信日期；⑤介绍信的有效期限。

例文 4

介绍信

兹介绍我公司××等×位同志前往您处联系元旦联欢事宜，请接洽。

此致

敬礼

××公司（盖章）

××××年××月××日

4.2.4 请柬、聘书

请柬，也称请帖，或叫邀请函，是指邀请某人或某单位参加一项活动、会议或宴会的信函。其内容包括：受邀人（单位）、参加活动（会议）的名称、地点、时间、邀请人（单位）、邀请发出的时间等。聘书是聘请有关人员参加某种活动或担任某项工作的凭证。请柬和聘书的结构形式基本是一致的，是由标题、称谓、正文、敬语和落款构成。

(1)标题。请柬的标题写“请柬”或“邀请书”。聘书的标题写“聘书”或“聘请书”。请柬、聘书的标题一般写在正面或封面的正中，用大号字书写，有的可事先印好。

(2)称谓。在背面或内芯一页的第一行，顶格写邀请人(或单位)。被聘请人写全称，在被邀请对象较多的情况下，请柬可不写被邀请者的姓名，以便有更大的灵活性。

(3)正文。请柬要写明何时、何地、举办何种活动；聘书则要写明被聘任担任何种职务或何种工作，任期时间，有时还要注明酬金数额等。

(4)敬语。请柬写“敬请光临”、“敬请莅临指导”、“敬请届时出席”等；聘书则写“此致敬礼”，或写“此聘”等。

(5)落款。最后写明发请柬或聘书的单位。为郑重起见，请柬结尾最好在落款处加盖公章；聘书必须加盖公章，有时还要加盖法人代表私人章。最后写上年、月、日。范例如下。

例文5

请　　柬

谨定于××××年××月××日～××月××日在××省××市××展览中心举行××××贸易洽谈会。

敬请光临！

会址：××市××路××号

××××贸易洽谈会组织委员会(章)

××××年××月××日

例文6

庆祝广西壮族自治区成立××周年

请　　柬

××同志：

谨定于××××年××月××日上午9时整，在自治区体育馆举行庆祝广西壮族自治区成立××周年大会。敬请光临。

中共广西壮族自治区委员会

广西壮族自治区人民政府

××××年××月××日

例文7

聘　　书

聘请×××律师为××公司法律顾问。此聘。

××公司(章)

××××年××月××日

4.2.5 海报

海报是向公众报道文化娱乐和体育消息的一种招贴。海报的结构一般可分为标题、正文、署名和日期四部分。

(1)标题。标题的字要比正文的大,要醒目,可直接写"海报"二字,也可以具体写明内容,如晚会、音乐会、舞会、学术报告会、球讯、书法展览会等。

(2)正文。要简明扼要地介绍举办某项活动的意义、内容、时间、地点。影视、戏剧类海报还要表明票价。为增加吸引力,引起人们兴趣,在介绍内容时语言可以有一定的形象性和鼓动性,并可配以有特色的图案或象征性的图画。正文是海报的主体部分,内容要具体、清楚、简要、实事求是,防止夸大其辞、故弄玄虚。

(3)署名和日期。在该表的右下方写明举办此活动的单位和日期。如海报正文已写明具体时间的,落款也可不写时间。

例文 8

海 报

我院首届足球赛决赛公共管理系——电子系比赛精彩,望广大球迷前去助兴。

时间: ××年×月×日下午2:00

地点: 学院足球场

××学院学生会体育部

××年×月×日

4.2.6 欢迎词、欢送词、答谢词

欢迎词、欢送词、答谢词都是迎送宾客和集会时应酬用的讲话稿。客人来了,由主人出面表示欢迎,使用欢迎词;客人走了,表示欢送,使用欢送词。名称、用途不一样,但写作方法大致是相同的。①写作时要注意礼仪需要,称呼要用尊称;②感情要真挚,必要的客套话后,要推心置腹,真诚相见;③要巧妙地表达自己的立场,在措辞上要特别慎重;④要注意客人的风俗习惯;⑤篇幅要简短,语言要准确,语气要热情、友好、温和、礼貌。

欢迎词、欢送词和答谢词的结构,一般由标题、称呼和正文三部分组成。

(1)标题。标题的写法有两种:一种是只写欢迎词、欢送词、答谢词即可;另一种是在欢迎词、欢送词或答谢词前加上一定的修饰限定词语,这种修饰限定词语一般由致词的领导人的姓名、职务和活动的名称构成。

(2)称呼。在标题下一行的顶格写致词对象的称呼,称呼后加冒号。称呼要用尊称,一般在称呼前加上表示敬意、亲切的修饰语,如"尊敬的"、"亲爱的"等。在被称呼者的姓名后加上职务、职称等。欢迎词、欢送词、答谢词的称呼,既要分出主次,又要涵盖面全,包括所有致词对象。如"尊敬的各位领导、各位来宾、女士们、先生们、同志们"等。称呼对方单位名称或个人姓名时必须用全称,不得用简称。

(3)正文。正文包括开头、主体和结尾三部分。

开头部分写欢迎、欢送、答谢之类的话语。

主体部分。欢迎词主要简述举办活动的目的、宗旨和意义，简介活动安排的内容、规模、程序及预期达到的效果等，或陈述双方的交往友谊。欢送词则小结活动取得的成果及取得成绩的原因，感谢来宾对促成活动顺利展开所作的努力，表达依依惜别的感情。答谢词则主要称赞活动取得圆满成功，感谢东道主周密的安排及参加活动的感受和印象等。

结尾部分。再一次表示欢迎、欢送和感谢，并写上祝愿、祝福及希望之类的话语。范例如下。

例文 9

欢 迎 词

尊敬的××专家代表团各位先生，尊敬的贵宾们、朋友们、同志们：

××公司与我们合资建厂已经两年，今天专派代表亲临我厂对生产技术、经营管理进行指导，我们表示热烈的欢迎。

两年来，让我们感到高兴的是，我们双方在合资建厂、生产、经营管理中的友好关系一直稳步向前发展。我们的友好关系能顺利发展，是与我们双方严格遵守合同和协议、相互尊重和平等协商分不开的，是我们双方共同努力的结果。

我相信，通过××专家代表团亲临我厂进行指导，将进一步加深我们双方的相互了解和信任，更进一步增进我们双方友好合作关系的发展，使我厂更加兴旺发达。

最后，让我们以热烈的掌声，向专家代表团表示欢迎！

例文 10

欢 送 词

尊敬的女士们、先生们：

首先，我代表×××，对你们访问的圆满成功表示热烈的祝贺。

明天，你们就要离开××了，在即将分别的时刻，我们的心情依依不舍。虽然大家相处的时间是短暂的，但我们之间的友好情谊是长久的。我国有句古语："来日方长，后会有期。"我们欢迎各位女士、先生在方便的时候再次来××做客，相信我们的友好合作会日益加强。

祝大家一路顺风，万事如意！

例文 11

答 谢 词

女士们，先生们：

我荣幸地代表来自世界各地21个不同国家的科学家，在这里答谢市长刚才热情洋溢的欢迎词。

我感到特别荣幸的是我能代表所有参加此次国际会议的全体"外宾"讲话，因为这是我们第一次有幸在中国参加这一学术会议。

我感谢大会组织委员会对我们的邀请,感谢他们为这次会议的准备工作所付出的辛勤劳动和心血。我们刚到不久,大会的计划组织工作就已经给我们留下了深刻的印象。我们同时也感谢中国主人对我们的盛情款待。

科学是不分国界的,科学使我们走到一起。我希望今后几天的接触交流将使我们大家感到满意。看到这样盛大的国际聚会,我感到愉快,我向参加今天会议的所有人员表示祝贺。我相信他们的研究工作达到了本领域的高水平。

尊敬的市长,谢谢您热情的欢迎,此外,我们还要感谢市政府和全市人民,因为他们为了我们在这里过得愉快和留下深刻的印象,已经做了并且还在做着大量的工作。

谢谢!

4.2.7 公关简报

公关简报是组织用来反映情况、传递信息、交流经验、沟通关系、推动工作的一种专用文体,一种综合性文书。它具有简明、真实、快速和新鲜的特点。简报可按性质分为动态简报、工作简报、会议简报和专题简报。简报的格式(编制模式),一般分为三个部分:报头、正文、报尾。

(1)报头。报头占第一页上方1/3的位置,中间用大字套红标明简报名称,下面是简报期数编号,左下方是编发单位,右下方是印发日期,有的还在右上角加印标志,如“内部刊物,注意保密”、“机密”、“绝密”等。下面用红线把报头与正文隔开。报头一般是事先印好备用的。

(2)正文。如果一期简报要同时报道几件事情,在正文前要编出目录。(如图4.3所示)。正文是简报的主体部分,多半用叙述的表达方法,把情况分几个方面进行报道。报道的文字应力求做到重点突出、叙述清楚、分析精确、用语简练、层次分明、材料真实、观点鲜明。对于某些重要的问题或值得提醒人们注意的倾向,公关简报也可以加按语,阐明其意义,强调其重要性,以引起读者注意。正文的写法有以下四种:①分列小标题法,即将要写的几个内容,用小标题一一表明,一个内容一个小标题,自成一章,一目了然;②新闻报道法,即用新闻报道的形式,将有关情况综合叙述;③按语法,即把需要转发的材料转登在简报上,在材料的开头部分一般要加上按语或内容提要,以强调其重要意义和参考价值;④因果法,即先交代“果”,而后再指出产生“果”的“因”。

(3)报尾。在最后一页下方,注明主送单位名称或个人姓名、抄送单位、增发单位和印发数量等。

例文 12

简　报
第×期
公司公共关系部编　　　　　　××××年×月×日
本期目录
一、公司举办歌曲比赛概况(1) 二、优秀征文评比中荣获优秀奖名单(2) 三、简讯六则(3)

图 4.3　简报格式图

4.3 演讲

演讲活动是组织有目的有计划展开的公关活动。公关人员在这一活动中,一方面应积极协助组织搞好这一活动;另一方面可以担当演讲活动的主持人。

4.3.1 协助组织搞好演讲活动

公关人员应积极地协助组织搞好演讲活动,应当做好以下工作。

1. 演讲前的准备工作

(1)明确演讲活动的计划、范围、规格、参加人数、演讲内容等,做好心理、精神上的准备。演讲活动的听众是由演讲活动的目的和演讲专题来确定。

(2)做好宣传工作,尽量为演讲者收集更多的信息资料,做好资料方面的准备。

(3)做好相应的物质方面的准备,协助选择和布置演讲场地,并协助准备好演讲用的设备,如幻灯机、投影仪等。

2. 演讲现场的工作

(1)检查扩音器,安装好所需的视听设备,调整好幻灯机、投影仪的焦距,并排好幻灯片或投影胶片、图表的顺序。

(2)准备好充足数量的演讲稿副本,把它们分发给新闻界人士或需要的听众。

(3)将演讲内容用录音机录下来。录音带不仅可以作为核对演讲内容的凭证,还可以为传媒提供可靠的录音剪辑。如果演讲者为名人,可安排新闻媒体进行采访。

3. 演讲后的工作

(1)公关人员应协助有关人员把演讲稿的复印件有选择地寄给一些相关部门或著名人士。

(2)帮助有关人员将改写后的演讲稿发表在公司的出版物上,或向合适的媒体发送,以扩大其影响。

(3)帮助有关人员调查了解公众对演讲活动的看法和意见,以利今后提高和完善。

4.3.2 掌握组织一般情况

平时,公关人员需要向来访者介绍组织的一般情况,演讲时,也常常涉及对组织情况的介绍,因此公关人员应明了组织的基本情况,以便如实地进行介绍。

小资料

企业中的公关人员应掌握的情况

1. 企业的性质和行业类型
(1)企业的性质(国有企业、私营企业、合资企业等)。
(2)行业的类型(重化、轻工、机械、运输、电子、建筑、服务等)。
(3)企业规模(大型、中型、小型)。
2. 企业的资产额、员工数量、年产值和利润
(1)资产价值。
(2)员工数量。
(3)年创造产值。
(4)年创造利润、人均利润。
3. 企业生产的产品大类、主导产品及市场分布占有情况
(1)产品大类项数。
(2)主导产品。
(3)主要市场分布及占有份额。
4. 组织机构构成及主要负责人情况
(1)组织的总体机构框架。
(2)部门的主要负责人。
(3)组织高层领导群体构成情况。
(4)高层领导群体构成情况。
(5)领导成员的分工职责。

4.3.3 掌握组织深层情况

公关人员要了解组织的历史、现状等方面的深层情况,以便在平时或演讲中向内外公众介绍。

小资料

企业中的公关人员应掌握的深层情况

1. 企业发展的创业历程(发展历程)及发生的主要变化
(1)创业的主要发展阶段与背景。
(2)发生的突出变化。
(3)传奇人物、故事。
2. 企业现行的组织形式与管理方式
(1)现行的组织形式特色。
(2)现行的管理方式特色。
3. 企业的发展目标
(1)远期发展目标。
(2)中期发展目标。
(3)近期目标与措施。
4. 领导班子情况
(1)领导班子成员的素质结构。
(2)主要领导者的主要思路。
(3)主要领导者的风格。
5. 企业的管理体制改革与经营机制创新
(1)组织制度变革。
(2)人事制度变革。
(3)分配制度变革。
(4)激励制度变革。
(5)制约制度变革。
6. 企业的主要协作者、合作者与涉外准则
(1)主要的协作者与业务关系。
(2)主要合作者与业务关系。
(3)对外路线与应遵循的准则。

4.3.4 主持演讲活动

演讲活动通常需要有主持人,而公关人员则时常扮演主持人的角色。主持人一般有社会活动主持和文艺活动主持两种,前者如主持会议、座谈、演讲、辩论、评比、典礼等;后者如舞会、文艺演出、联欢等。

主持人是将组织的意图传播给观众,起到中介、沟通、连接的作用,达到理解、信

任、合作的目的。

对公关活动主持人的综合要求如下。

1. 良好的道德情操

主持人良好的道德情操表现在较高的思想素质、高度的敬业精神、追求真善美的品质上。

2. 丰富的知识构架

知识对于主持人来说是走上成功之路的基本保证。主持人应该是“杂家”，在学有所长的基础上，具备多维的知识，拥有丰富的人生阅历，才能游刃有余，侃侃而谈，给人以启迪和享受。

3. 优异的表现力

有了良好的道德情操，丰富的知识结构，而没有优异的表现力，则只能是思想的巨人，不可能做好主持人。主持人的表现力是多方面的，包括外在的、内在的、口头的、文字的等。

1）要有出众的语言表达能力

运用语言的能力是主持人的看家本领。运用语言的能力又表现在口头和文字两个方面。

所谓口头语言表达能力：①要求语音准确、吐字清晰，每个字都让人听明白，语调正确、抑扬顿挫、有起有伏，能够准确表达语言的逻辑重音、情感重音、节奏变化；②应掌握科学的发声方法，较好地发挥自然声质、悦耳动听、富有感染力；③词汇丰富，逻辑性强，内容充实，用词准确、生动。另外，要善于运用肢体语言帮助说话。

文字表达能力同样是主持人应具备的基本素质。事实上，只有以“落笔成文”为依托，才会有“妙手生花”之佳话，两者相辅相成。

小案例

一句话演讲

1936 年 10 月 19 日上海各界人士举行公祭鲁迅先生大会。轮到出版界的代表邹韬奋讲话时，已近黄昏。他上台讲到：“今天天色不早，我愿用一句话来纪念先生：许多人是不战而屈，鲁迅先生是战而不屈。”

点评：邹韬奋这句话高度概括了鲁迅的伟大人格，而且批判了面对日寇侵略不战而屈的国民党投降派，可谓深邃而简洁。主持人应学会邹韬奋这种高超的语言艺术。

——资料来源：李淑章：《演讲学》，呼和浩特，内蒙古人民出版社，1989。

2）要有稳定健康的心理素质

主持人在现场采访中要“指点江山”，在综艺节目现场要“运筹帷幄”，在话筒前要从容不迫，在镜头前要“风采依旧”，这些都需要有稳定健康的心理素质作为支撑。如果心理处于紧张状态，就难以进入角色，更谈不上即兴发挥，甚至连已准备好的内容也表达不清楚。只有具备稳定健康的心理素质，才能遇事不慌，临场有序，成功在握。

3）要有机敏的应变能力

应变力是指人们应付偶发事件的能力。它是一个人智慧、机智、性格、心理素质等诸多因素的综合体现。应变需要理智和机智，需要在最短的时间内拿出最佳的办法。对于主持人来说，经常站在话筒或摄像机镜头前，无时无刻不在准备着承受现场瞬息万变的种种“不测”，面对尴尬的场面、意外的事件，要及时做出相应的对策，善于以巧妙的辞令“圆场”，“遮掩”纰漏。因此，应变能力是主持人的重要素质之一。

小案例

善于应变的威尔森

英国首相威尔森演讲时，突然有个捣乱者高喊：“狗屎！垃圾！”，显然他的意思是说威尔森在“胡说八道”。威尔森朝他微微一笑，安慰地说：“这位先生，我马上就要谈您提出的脏乱问题。”捣乱者一下子哑口无言了。

点评：主持人在台上主持活动时，往往会有意想不到的事情发生，主持人应处变不惊，像威尔森一样，机敏地应付。

——资料来源：李淑章：《演讲学》，呼和浩特，内蒙古人民出版社，1989。

4）要有良好的协调能力

主持人是群体工作的一分子，虽然是以个体出现的，但本质是集体智慧的结晶，是集体劳动的集中体现。因此，主持人应该具有开朗、热情、待人宽容、善解人意的性格。要善于与创作集体的每一个成员和睦相处，积极主动地协调各方面的关系，共同合作搞好工作。

5）要有美好的形象、气质、风度

从广义上讲，人的形象是一个综合的概念，是一个人的思想境界、文化涵养、智力、智慧、气质、风度的综合体现，是内在素质的外化。严格地讲，气质、风度都可以被形象所涵盖，而许多人往往从狭义的角度理解形象，过分侧重于外在条件。形象美等于内在美加外在美，通过人的行为特征、举止言谈、处世态度、衣着打扮表现出来。主持人只有通过加强自我修养、陶冶情操，才能不断提高内在素质，同时必须明白这种自我修炼是永无止境的。对公关活动主持人的要求见图4.4。

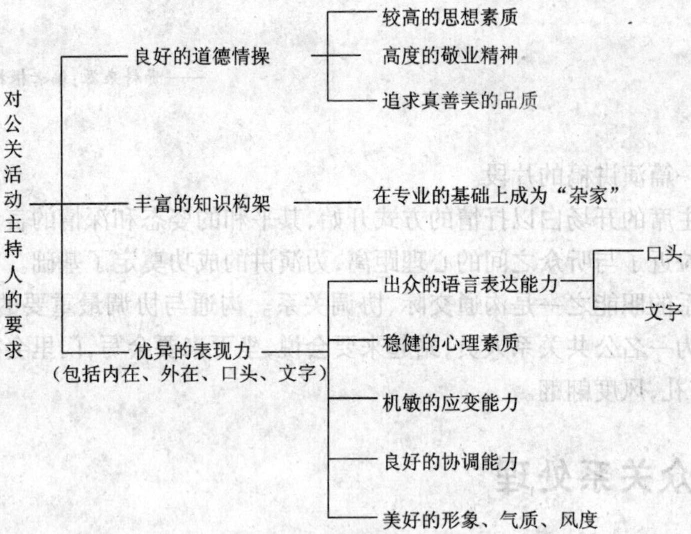

图 4.4　对公关活动主持人的要求

案例分析

案例

胡锦涛主席在耶鲁大学的演讲

2006 年 4 月 21 日，中国国家主席胡锦涛到了他美国之行的最后一站——耶鲁大学。他在这里向耶鲁师生发表了重要演讲，下面摘录胡主席开场白的片段。

尊敬的理查德·莱文校长，同学们，老师们，女士们，先生们：

首先，我感谢莱文校长的邀请，使我有机会来到世界著名学府耶鲁大学，同青年朋友和老师们相聚在一起。

进入耶鲁校园，看到莘莘学子青春洋溢的脸庞，呼吸着书香浓郁的空气，我不由回想起 40 年前在北京清华大学度过的美好时光。学生时代，对人的一生都会产生重要影响。当年老师们对我的教诲，同学们给我的启发，我至今仍受用不尽。

耶鲁大学以悠久的发展历史、独特的办学风格、卓越的学术成就闻名于世。如果时光能倒流几十年，我真希望成为你们中的一员。

耶鲁大学校训强调追求光明和真理，这符合人类进步的法则，也符合每个有志青年的心愿。300 多年来，耶鲁大学培养了一大批杰出人才，其中包括 20 位诺贝尔奖金获得者、5 位美国总统。美国民族英雄内森·黑尔是耶鲁校友，他的名言——“我唯一的憾事，就是没有第二次生命献给我的祖国”，深深感染了我和许多中国人。我衷心祝愿贵校培养出更多英才，为美国经济社会发展、为人类进步事业做出更大贡献！

……

——资料来源：编者根据多种资料改写。

分析

以上是一篇演讲稿的片段。

胡锦涛主席的开场白以抒情的方式开始，其平和的姿态和深情的言语，极富亲和力、感染力，拉近了与听众之间的心理距离，为演讲的成功奠定了基础。

公共关系的职能之一是沟通交际、协调关系。沟通与协调最重要的工具是语言和文字。作为一名公共关系人员，站起来要会说，坐下来要会写，门里会接待，出门会联络，彬彬有礼，风度翩翩。

4.4 公众关系处理

公众关系处理，是公关人员日常的一项基本工作，它包括协调好与投诉公众的关系，做好与组织内外公众的沟通等。

4.4.1 正确对待投诉公众

由于各种各样的原因，公众向媒体、消费者协会、有关管理部门或直接向组织的某部门提出批评意见，即为投诉。

投诉性公众不管其意见对与否，都有着特殊的意义。他们或许不是什么舆论领袖，但却在很大程度上左右大众舆论，影响组织存在和发展的环境，而且多数公众的意见多会有利于组织改善管理，提高产品质量，改进服务水准。因此，处理好公众投诉只会有益而无害。一个真正有公关头脑的人是绝不会将公众意见置之不理的。

4.4.2 处理投诉的方法技巧

处理公众投诉不要简单粗暴，而要讲究方法技巧。成功地处理好一个人的投诉，将其由逆意公众转化为顺意公众，就等于争取到一大批顺意公众，即点亮一盏灯，照亮一大片。

小技巧

处理投诉的技巧

1. 对公众投诉的原因要善于分析

常见的公众投诉原因有以下情况。

(1)借口。有时候，公众投诉并不是组织有什么过错，而是他们有难言之处，找托词。在此种情况下，只要帮助其解决困难，就可以了。

(2)偏见或成见。有些公众意见明显不合理,不合逻辑,带有强烈的感情色彩。这种有意的对立情绪往往是由公众已有的成见所致。

(3)真诚的意见。由于顾客对组织及其产品不了解或组织自身的行为过错,公众会诚心诚意地指责组织。针对这些不同的动机,公关人员应采取不同的沟通方法,在感情上争取他们改变态度。

2. 对公众的投诉要表示欢迎

应通过设立意见箱、意见簿、直接征询等方法,将听取公众意见制度化、经常化。主动听取意见比被动听取意见要有效得多。在问题已经出现的情况下,被动听取意见比掩耳盗铃要好。俗话说,嫌货的人才是买货的人。公众对组织提意见,说明他关心和注意该组织,这正是塑造和传播形象的契机。

3. 对公众投诉的意见要尊重

即使公众是错的或者有过头的举止言行,也应鼓励其畅所欲言,以保持友好的气氛。接待公众投诉之后,要予以应有的重视,并让公众知道组织的积极态度。这样,公众感觉受到了尊重和重视,就容易由对立转化为缓和状态。否则会加剧双方的对立。

4. 对投诉的公众要冷静

不管公众的情绪和意见如何,公关人员必须自我克制,避免与公众争吵或冒犯公众。

5. 对公众投诉的意见要择机处理

要根据公众的态度、意见内容、动机和要求,选择不同的处理时机。

(1)先发制人。如果发现公众可能会提意见,应抢先把问题提出来,并予以回答。这样可把问题化小,并赢得公众的信任和好感。

(2)当即答复。如果公关人员有能力和权力当场处理公众的投诉,应立即给予答复,使之尽快将逆意公众转化为顺意公众,防止他们利用人际或其他渠道传播反对意见。

(3)推迟答复。如果公关人员无法给予公众满意的答复,或者不宜现场处理的,应推迟答复。这种冷处理,一方面有利于组织商讨对策,保证处理意见具有稳妥性;另一方面又可以淡化公众的敌对情绪。但是,推迟答复不等于拖延答复或不予理睬。事实上,对待公众的任何意见,都应给予适当的反应。

小案例

换豆浆

早晨,一个老者在路边小摊上买了一袋豆浆,拿回家倒入锅内一煮,豆浆泛起疙瘩,凭老者的经验,豆浆坏了!家中的小孙子还等着喝碗豆浆上学呢!老者急了,端上锅去找卖豆浆的小贩。老者还没走到小摊处,只见小贩拎着一袋豆浆笑着迎上来,说道:“大伯,对不起,给您换一袋新鲜的!”老者本想在小摊前“宣传宣传”,现在一肚子抱怨的话被堵了回去,转身急忙回家,给小孙子热豆浆去了。

——资料来源:编者撰写。

点评:小贩用先发制人的办法,化解了一次质量危机。

4.4.3 安排组织领导与内部公众进行沟通交流

4.4.3.1 安排同内部公众的沟通

公关人员是组织领导与内部公众进行沟通交流的桥梁与纽带。公关人员应建议组织领导与内部公众沟通的时间和内容,并为领导准备沟通所需的资料。

小资料

同员工沟通的资料

(1)组织各方面的运作情况。一般包括组织的工作指标,组织的规模和级别,组织的财务收支状况、经济效益情况、知名度等,让员工全面了解组织。

(2)组织决策的情况。让员工了解组织是基于什么考虑作出各种决策的,争取支持,便于贯彻实施。

(3)组织竞争对手的情况。让员工了解竞争对手的实力、外在形象、同本组织比较具有的优势等,以便增进员工的紧迫感和危机感,增强员工的斗志和对本组织的忠诚,激发员工的工作干劲和热情。

(4)组织的历史和英雄模范事迹。让员工们了解本组织的创业史和一些传奇式人物为组织增光等情况,增进员工对本组织的坚定信心和光荣感,鼓励他们创造更大的业绩。

(5)组织的新情况。这些情况主要是新产品、新技术、新设备及相应知识。

(6)安全知识。这既是为了员工的切身利益考虑,也是为了组织的正常发展着想。各种安全知识需要不断普及以深入人心,使得员工都能重视工作中的安全。

(7)员工新闻。本组织的各种体育活动情况、文娱活动情况、员工工作中的有趣新闻,都是他们所希望了解的。这也是领导者加强同员工感情交流的一项重要手段。通过员工的新闻传播,加强员工间的联系,增强组织的凝聚力。

(8)人事安排情况。介绍组织各方面的人事变动情况,既可以树立这些人员权威形象,便于联系工作,还可以方便员工对组织的监督管理。

(9)组织的福利情况。福利情况也是与员工切身利益联系密切的信息,诸如住房、医疗、休假、退休等问题的变动情况,一定要及时通过渠道通知全体员工,让他们对组织的福利政策放心,安心地工作。

(10)遵纪守法情况。以员工喜闻乐见的形式系统地介绍本组织及与员工生活、工作有关的法律和法规,既有益于员工本身,也有益于社会,并会给组织带来好的声望。

4.4.3.2 安排同股东沟通

股东关系的公众对象主要有三类:股东、董事会和金融专家。股东是持有或多或少的股票,但不直接掌握组织的经营权的公众;董事会是由占股份较多的或在社会上能影响组织利益的名流,经股东们选举而产生的代表股东管理组织的公众群体;金融专家主要指股票经纪人、银行家、股票分析家等。他们对广大股东或投资者具有舆论影响力。领导处理好股东关系,目的是争取股东和潜在的投资者了解组织、信任组织,创造有利的投资环境和条件。

4.4.4 与主要外部公众的信息沟通

组织的外部公众主要包括新闻媒介公众、消费者公众、社区公众和政府公众等。

4.4.4.1 新闻媒介公众

新闻媒介是一种特殊的公众,具有双重的性质。一方面,它是公共关系人员赖以实现公共关系目标的重要载体;另一方面,它是公共关系人员必须努力争取的重要公众。

小技巧

与新闻媒介公众沟通的技巧

(1)对新闻界坚持一律平等,对新闻界人士予以尊重。对于各种媒体的记者要以礼相待,一视同仁,不厚此薄彼。事实上,任何媒体都有特定的受众。组织不应干涉和影响记者的报道角度和报道时机,充分尊重记者的见解与风格,不阻挠记者的采访,应积极为新闻界提供信息、线索。

(2)仔细研究新闻媒介的特点,掌握新闻工作的规律。要做好信息交流,除了掌握不同类型的传媒功能和基本特点外,还应掌握不同类型媒介的报道方针、内容、手法、风格、发行周期、方式、范围、读者对象,以及编辑方法、截稿日期、印刷过程。掌握了这些情况,才能主动地、有目标地、有针对性地为其提供有价值的信息。要建立起有效的媒介档案，掌握其工作规律，为搞好社会组织与新闻界的关系创造条件。

(3)建立广泛的新闻关系网络，与媒体保持经常性接触。组织公关人员或主动拜访新闻单位，或邀请新闻界人士参观组织，或通过年节举办联欢活动，或在规定范围内给新闻界以适当的赞助和经济物质方面的支持。总之，要通过密切与新闻单位的联系，不断扩大组织的新闻关系网络。

(4)有目的地举行座谈会、新闻发布会，主动帮助记者客观地报道组织的政策和活动。

(5)应当定期地向新闻机构发送各种资料、新闻简报，供记者编辑参考、利用。

4.4.4.2 消费者公众

消费者，是公共关系人员必须着意联络的最重要的公众之一。消费者公众是最大的社会群体，它几乎囊括每一个社会成员，它掌握着每一个工商企业的命运。有一句俗语“顾客就是上帝”，就反映了这样一种现实。消费者是最应受尊重的公众。

小技巧

与消费者公众沟通的技巧

(1)组织应有主要领导处理与消费者关系。大企业可以设立用户关系委员会，负责了解协调各单位与用户的关系。

(2)建立良好的用户关系基础。良好的用户关系取决于产品与服务的质量和价格。如果产品质次价高，服务低劣，公共关系工作做得再出色也无济于事。

(3)制定用户关系计划。制定用户关系计划要考虑公司的用户政策、产品和服务、用户公众的数量和特点以及公司的资源等。计划的目的是在用户心目中树立公司的良好形象。计划内容包括：①检查向用户作出的所有宣传和说明是否符合事实；②进行公众调查，分析客户的意见，提出改进方案；③鼓励、促进职工改进服务态度，礼貌、友善地对待顾客；④向用户公众介绍公司的产品、服务及生产动态；⑤撰写产品说明书，介绍其特性和使用方法，最大限度地方便顾客。

4.4.4.3 社区公众

社区，是指人们共同活动的一定区域，如村落、城镇、区、街道等。社区关系也叫区域关系，即一个组织与它所在的地方政府、社会团体、其他组织以及当地居民之间的睦邻关系。处理好社区关系的目的，就是为了组织在其所处环境中树立起良好的形象，争取得到社区公民的关心、合作和支持。

小技巧

处理与社区公众关系的技巧

(1)做好信息沟通工作,向社区公布组织的政策和业务情况。例如,生产何种产品,现有和所需的职工数量等。

(2)支援社区建设,积极参与社区的各种有意义的活动。

(3)调查、了解社区组织的看法及各种议论,分析地方对组织了解的程度。

(4)向社区开放组织中的各种服务设施和娱乐设施,与公众建立密切的联系。

(5)与社区的学校合作,提供教学器材,资助建立必要的设施。

(6)资助社区的卫生、福利事业。

(7)邀请社会各界人士参观企业,使他们对企业产生良好的印象。

4.4.4.4 政府公众

政府是国家权力的执行机关,是对社会进一步统一管理的权力机构。组织作为社会的一分子,必须服从政府的统一管理。政府作为组织的特殊公众,组织必须和它处理好关系。

小技巧

处理与政府公众关系的技巧

(1)及时了解国家各级政府有关部门下达的种种文件精神,帮助决策层及时、全面、准确地掌握政府的有关方针、政策,从宏观上自觉服从政府的领导。

(2)应充分了解政府机构的设置、职能机构、工作范围和办事程序,并与主管部门的工作人员保持经常性的联系,以提高办事效率。

(3)组织在各种活动中要遵纪守法。

(4)组织要主动向政府有关部门提供信息、通报情况等。

案例分析

案例

一份交涉函件

某报刊发了一篇消费者投诉某公司的文章。被投诉的这家公司的有关人员立即写了一份交涉函件,发往报社。函件概要如下。

××报社：

本月×日贵报在×版刊发的投诉文章，严重歪曲事实，极大地伤害了本公司的形象和声誉，影响了本公司产品的正常销售。本公司特发此函，提出严正交涉。

本公司是地方政府重点扶持的企业，所生产的产品一直畅销市场，有着极其良好的声誉。贵报的不当行为，无疑是对地方经济秩序的破坏，本公司强烈要求贵报立即刊登“更正启事”，消除不良影响。否则，本公司即将采取法律行为……

请问，这一函件的写法是否合适？为什么？

分析

这一函件的写法不合适。因为致函的本来目的，是为了有效地化解这一事件。但如此写法，却达不到这一目的。原因如下。

(1)这一函件不分青红皂白，将刊发投诉信件的某一编辑人员与整个报社相等同，实质就是把这一新闻媒介整体上推向了自己的对立面。这将增加化解事件的困难。

(2)这一函件闭口不谈企业一方可能存在的失误，在没有提出任何事实根据的情况下，指责对方所刊发的投诉信件“严重歪曲事实”，难以令人信服。

(3)这一函件自恃公司属于知名企业，对具有新闻监督权的新闻媒介盛气凌人地横加批评和指责，显示出对新闻媒介的不熟悉、不了解，只会引起对方的反感。

(4)动辄以诉诸法律要挟，将进一步激化矛盾，且未必能真正解决问题。

实训

1. 对图4.5中第三层的各项内容进行具体说明。

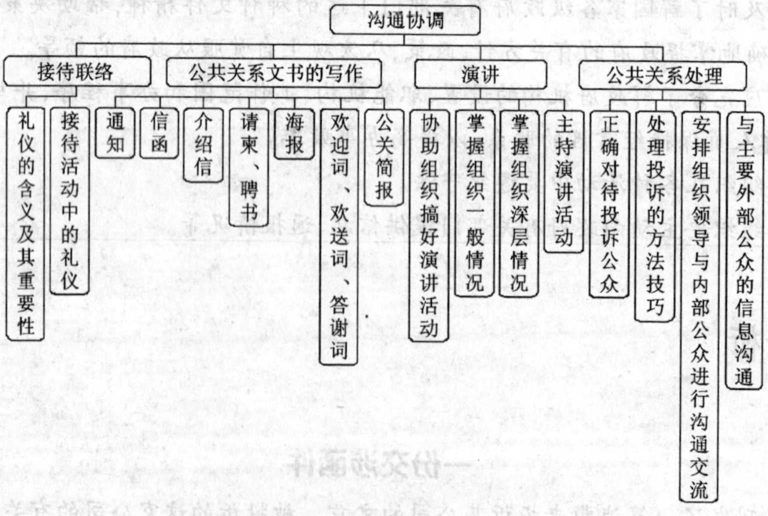

图4.5 本章知识结构图

2. 案例分析。

案例

假设你是某大型公关部成员。一天，一位顾客前来投诉，说他日前在你们商厦购买的一台某种型号的微波炉质量有问题，并态度激动地要求退赔。据了解，该微波炉并无质量问题，很可能是该顾客因款式问题而对自己的购买行为产生了反悔。你将如何根据所学到的公关知识，妥善处理这一事件？

参考答案

(1) 分析这一顾客投诉的真正原因。

(2) 欢迎顾客提出批评意见。

(3) 尊重顾客的意见，鼓励他畅所欲言。

(4) 冷静对待这一顾客可能有的过激意见和行为。

(5) 选择最佳时机处理顾客意见。在这一案例中，可选择推迟答复的方式。

5

信息传播

学习目标

1. 了解新闻媒介的一般知识，能撰写新闻稿；
2. 熟悉新闻发布会的特点、程序和礼仪要求，并能主持新闻发布会；
3. 能撰写新闻发布稿；
4. 能编写组织内部刊物和对外宣传册。

案例导入

大连獐子岛渔业集团50周年生日庆典新闻发布稿

各位记者朋友：上午好！

昨天，2008年4月20日，我们大连獐子岛渔业集团举行了50周年生日庆典。国家、省、市有关领导出席大会，并发表了热情洋溢的讲话。希望獐子岛渔业在做精、做大、做强的基础上，争取把“獐子岛”早日建成世界渔业百强企业，努力打造成国际渔业大品牌。会议结束前，他们共同为“獐子岛”号渔轮扬帆起航启动鸣笛，从此，大连獐子岛渔业驶向打造百年企业的新航程。

獐子岛是一个面积不足15平方公里，人口15 000人的小岛。獐子岛渔业集团就是从这里走出，一路高歌，始终走在时代的风口浪尖上。

1958年，老一辈獐子岛人以“敢叫日月换新天”的气概，战天斗海，几年后，獐子岛人进入国际公海作业，屡创全国捕捞产量第一，被誉为“黄海深处的一面红旗”、“海上大寨”。1972年美国尼克松总统访华，獐子岛鲍鱼被周恩来总理作为“国宴鲍”招待尼克松,成就了獐子岛海珍在中国外交史上的佳话。

1998 年獐子岛渔业集团开始实践“耕海万顷,养海万年”的资源理念,坚持“底播增殖”的科学生态模式,最终建成了闻名全国的“海底银行”。扇贝、鲍鱼、海参、海螺等海珍品畅销国内外市场,“獐子岛”商标成为中国驰名商标。

2006 年,獐子岛渔业集团在深圳挂牌上市,黄海深处的小岛,创造了中国股市的神话,曾一度成为沪深两市第一高价股。

今天的獐子岛渔业集团,身披系列荣誉:达沃斯论坛新领军者、央视最佳雇主、全国兴渔富民企业、全国科技进步奖获得者、代表中国渔业在联合国养殖大会上亮相发言。

心有帆,海无界。过去的辉煌是成长的印记;新的远航,号角已经吹响。

谢谢大家!

——资料来源:编者根据多种资料改写。

以上是一篇新闻发布稿。

公共关系的手段是信息传播。传播要借助于各种传播媒介,其中有大众媒介和组织自办的传播媒介等。作为一名公共关系从业者,要了解媒介、熟悉媒介,善于利用媒介,为塑造组织形象、协调组织与公众的关系服务。

5.1 新闻媒介概述

5.1.1 我国新闻媒介简况

我国的新闻事业随着社会的进步有了长足的发展。改革开放以来,报业的结构、布局、数量、种类都有很大的变化,特点越来越鲜明,受众群体越来越具体,越来越有差别。如《人民日报》的重点是阐述和宣传马克思主义理论和党的路线、方针、政策;《中国日报》主要是对外宣传我国的情况;《经济日报》、《光明日报》、《解放军日报》、《工人日报》、《中国农民日报》等分别负责各个领域的政策宣传和信息传播。各省、自治区、直辖市的党委机关报主要是立足本地,承上启下,具有鲜明的地区性和民族性特点,又比较群众化、具体化。现在我国的报纸品种已达 2 100 多种,年出版总数达 195 亿份,结构上形成了机关报、全国综合性报纸、社会群体对象报、行业专业报、晚报、综合文摘、生活服务报、企业报、军队报 9 个大类。改革开放以来我国的广播电视事业有了突飞猛进的发展,截至本世纪初,我国有通讯社两家,广播电台达到 1 200 座,有线和无线电视台 3 000 多座。全国各类新闻人员从业总数超过 55 万人。全国有线广播在调整、改革、整顿中有所加强,有线电视网迅速遍及全国绝大部分城市,初步形成了规模宏大、覆盖广泛的传输网络。

5.1.2 新闻媒介类型和特点

人类经过了口头传播的时代和文字传播的时代,今天正处于印刷传播和电子传播的时代。就传播手段而言，今天的新闻媒介可以分为印刷媒介和电子媒介两种类型。报纸、杂志、广播、电视是新闻媒介中的4大传媒。报纸、杂志又被称为平面媒体。

5.1.2.1 报纸

报纸使用文字传播信息，内容宜详细深入，便于公众自由选读、查阅、重复阅读，具有便于保存和检索的特点，无论时空距离多大的信息资料，都可以收集、保存或重复刊登。报纸新闻性强，同时具有商业性和娱乐性，读者可以反复阅读，同时还可以从更深的层次对新闻事件进行挖掘，分析原因，阐释意义，展望趋势。此外，报纸成本相对较低，可以适应各种收入的群体。

报纸最大的制约性，就是受读者文化程度的制约。另外，报纸从发稿、排版、发行至送到读者手中需要一定的时间。尽管电子技术的发展已大大缩短了报纸出版所需的时间，但仍无法完全消除时间上的滞后现象。

5.1.2.2 杂志

杂志也是使用文字传播信息，具有像报纸一样的传播面广，内容较深入，便于保存、检索，可以重复阅读，制作较容易等特点。另外，杂志色彩优美，受众针对性强，相对要求文化程度高。但杂志同时又有时间周期间隔长、传递信息不够迅速，有时印刷成本高等特点。

5.1.2.3 广播

广播是以电波传递声音信息的电子传播媒介，语言和音响是其主要手段。它不受文化程度的限制，各种文化层次的人都能接收广播传播的信息。它还可以跨越不同的地域，使分布广泛的听众同时接收，它传播迅速，覆盖范围广。在各种新闻媒介中，广播以其电波传递制作工艺简单而在传播速度上独占鳌头。

5.1.2.4 电视

电视通过电波传递声音和图像，具有视听双重效果。它可以通过影像、画面、声音、字幕以及特技等多种手段传递信息，给受众以强烈的现场感、目击感和冲击力，在这些方面其他的媒体都远不及电视。和广播一样，电视受众也不受文化程度的限制，而且覆盖面广，传播速度快。在21世纪的今天，电视媒介更是呈现以下4个方面的发展趋势。

(1)数字压缩技术的发展使电视媒体内容更丰富，可选择性更强。

(2)多媒体技术使表现手段更丰富，信息质量更高。

(3)电脑与网络技术推动了传播的双重性和互动性。

(4)卫星传输技术使信息传播的覆盖面更广。

但电视和广播一样，保留性差。同时，电视传播技术要求高，制作工艺复杂，配套设备昂贵，播放和接收的基础设施要求高，普及方面仍有一定的限制。

了解新闻媒介的特点和功能后，公关人员在运用它们时就需进行比较选择。

5.1.3 新闻媒介的选用

5.1.3.1 选择媒介的原则

公共关系的手段是信息传播，在具体的公关活动中，如何选择和运用大众传播媒介，应遵循以下原则。

1. 从传播对象的特点和需求选择

这方面需要考虑的主要因素是公众的年龄、性别、职业、受教育程度、工作和生活习惯等。如果传播对象主要是文化水平不高的人群，那么可以考虑以电视媒介为主；如果传播对象是受教育程度很高的群体，以选择报纸、杂志等印刷媒体为佳；如果传播对象工作无规律性或流动性较强，则应首选广播。

2. 从所要传播的信息内容选择

如果信息比较简单——仅仅是报道某一事件的结局或某个问题的结论，采用广播、电视比较好；如果信息比较复杂，需要交代很多细节，或者涉及需要深入思考的问题，采用印刷媒介比较合适；容易引起讨论和争论的信息用电视和印刷媒介结合的方式效果最好；如果涉及某一事件的进展过程，采用电视最为适当。

一般情况下，人们获取信息的习惯是：从广播、电视中获得信息梗概，再从报纸杂志中获得更多的细节和深入的解释，公关人员可以根据公众的这一习惯，确定以哪种媒介为辅，使不同媒介互相配合，协同作战。

3. 从费用情况选择

公关人员在选择媒介时，必须对各种媒介的费用情况进行一番比较分析，从本企业的经济条件出发，量体裁衣，选择一种合适的媒介。拿广告来说，从我国的情况来看，电视广告费最高，其次是广播，报纸广告费最低。企业公关人员应当根据宣传计划的要求，根据预算的规模，综合考虑广告媒体的选择问题。比如企业初创时期，或是企业遇到困难拿不出更多的资金做广告时，可以选择少付费的方式或其他的变通方法。当然，任何事情都不是绝对的。在某些特殊的情况下，出于某些特殊的需要，人们在费用问题上是不作过多的计较的，有时宁可负债也要占领"黄金时间"或者"标王"位置。

5.1.3.2 运用新闻媒介的方式

1. 不付费的传播方式

不付费传播方式分为"制造新闻"和向媒体供搞两种类型。

1)"制造新闻"

"制造新闻"是指组织的公关人员通过精心策划和设计，采取既有利于组织，又施惠于社会和公众的行为来吸引新闻媒介的注意和兴趣，以争取新闻媒介的广为传播，达到扩大组织影响的目的的活动。

"制造新闻"有两层含义：一方面是指组织赋予既定的活动和事件以新闻价值；另一方面是指组织有意识地、主动地去开展具有新闻价值的活动。

请注意

(1)"制造新闻"不是无中生有地捏造不存在的事件或夸大事实,它必须符合新闻传播的"真实性"的原则。

(2)为了吸引新闻媒介的注意,引发他们的兴趣,公关人员必须开动脑筋,精心策划;同时还要具备新闻学方面的知识,知道哪一类新闻事件具有新闻价值,能够使新闻媒介不请自到。

小案例

胶水与金币

香港一家经营强力胶水的商店,坐落在一条鲜为人知的街道上,生意很不景气。一天,这家商店的店主在门口贴了一张布告:明天上午九点,在此将用本店出售的强力胶水把一枚价值4 500美元的金币贴在墙上,若有哪位先生、小姐用手把它揭下来,这枚金币就奉送给他(她),本店绝不食言!这个消息不胫而走。第二天,人们将这家店铺围得水泄不通,电视台的录像车也开来了,店主拿出一瓶强力胶水,高声重复广告中的承诺,接着便在那块从金饰店定做的金币背面薄薄地涂上一层胶水,将它贴到墙上,人们一个接着一个地上来试运气,结果金币纹丝不动。这一切都被录像机摄入镜头。这家商店的强力胶水从此销量大增。

——资料来源:林祖华:《公共关系学》,北京,中国时代经济出版社,2005。

这是"制造新闻"成功的一例。

放虎归山

2008年3月20日,湖南平江电视台的一名记者自称在该县自然风景区石牛寨发现了野生华南虎,并拍下了20多秒的录像画面,消息一出,引来各方面热议。

后经有关部门调查,这只虎并非野生华南虎,而是马戏团里的一只东北虎。此事的始作甬者是石牛寨风景区的老板,他为了吸引游客,组织人把马戏团的一只老虎运到风景区,从笼中放出,让记者拍摄。

——资料来源:编者根据多种资料改写。

这不是"制造新闻",而是在无中生有地捏造不存在的事件。事实真相大白之后,有关人受到舆论的谴责和纪律的处分。

2)向媒体供稿

撰写新闻稿,是公关人员运用媒体对公众施加影响的一个重要手段。要想提高稿件的采用率,公关人员必须了解不同媒体写作上的要求,熟悉新闻报道的题材,掌握新闻价值的基本要素。当然还要多实践。

小技巧

媒体对企业感兴趣的内容

(1)企业开发出独特的换代产品、高技术含量的产品或取得重大成就。

(2)企业产品打入国际市场。

(3)领导、员工获得较高级别的荣誉称号或者获得技术革新、发明奖。

(4)企业参加社会公益活动,等等。

对以上这些事情公关人员应主动采写,争取媒介予以报道。

不付费传播方式的优点:①不花钱也办事,甚至可以办大事;②具有新闻价值的事件是媒介追踪的目标,符合它的报道意图,因而事发之后,很容易引起它的注意,得到它的配合;③、由于这类事件大多真实可信,又具有新奇、生动的特点,因而比一般的商业广告更容易吸引公众。

不付费传播方式的不足之处:①新闻事件往往是突发性的,转瞬即逝,不易捕捉和把握;②在利用这种方式的过程中,公关人员只是充当"制造新闻"的角色,至于事发之后能否报道,怎样报道,主动权在媒介手中,企业只能有限度地影响媒介,而不能决定媒介的行为。

2.付费的传播方式

1)付费传播方式的种类

(1)与媒体联合举办活动。这些活动包括赞助活动、联合举办文艺演出、各种竞赛,赞助某一版面或某一时段的节目等等。只要经济条件许可,企业就应当抓住机会,一展雄风。这对企业扩大影响、提高知名度和美誉度有百利而无一害。

(2)在媒体上做广告。广告是指企业或其他社会组织出钱购买新闻媒体的时间和空间(报纸的版面,广播、电视的频率、频道),为自己的产品和服务做宣传。

广告分为两种,一种是商品广告——以促销为目的;另一种是公共关系广告——以推销组织形象为目的。后一种广告商业色彩比较少,它是通过树立一种观念、提倡一种风气来表明组织对社会的责任感,从而树立企业良好的形象。这类广告还包括有关企业的生产、经营管理、领导与员工等方面情况的介绍,以及节日祝词、开业及庆典消息等等。

2)付费传播方式的缺点

(1)费用较高。例如中央电视台的广告费用动辄几十万、上百万,标王甚至上亿元。对于任何一个企业来说,这都不是一个小数目。

(2)以广告形式做宣传,往往给人以大言不实的感觉,而不像新闻媒介提供的报道那样来得真实可信。

(3)如果因一时不慎使得广告用语或广告画面出现偏差,很容易产生负作用。

5.1.4 建立新闻资料库的要求和方法

社会组织要想在复杂多变的市场经济环境中保持清醒的头脑,立于不败之地,就必须学会建立自己的信息收集渠道,敏锐地捕捉信息,科学地分析信息,合理地整理信息和有效地利用信息。因此,要建立完善的新闻资料库。

5.1.4.1 新闻资料的分类

社会组织应对以下几类新闻信息着重进行搜集、分类和整理。

1. 企业自身的信息

主要包括两类:一是公众对组织总体形象的评价,包括机构设置如何,管理水平如何,人员素质如何,服务质量如何等;二是对组织产品形象的评价,包括产品的质量、品种、花色、规格、款式、价格、售前售后服务等。

2. 公众需求方面的信息

公众需求是组织生存发展的依据和动力,又是公众利益和兴趣的具体体现。公众需求是多方面、多层次的,既包括精神的也包括物质的。

3. 同行竞争者的信息

企业要善于从竞争对手那里学习管理之道、经营之道、决策之道和企业理念。以人之长补己之短,并善于掌握对方的决策趋向、现实状况和未来打算,采取自己的相应对策。

4. 其他社会信息

组织要善于收集、分析影响组织发展的国际国内的政策、经济、文化、科技方面的形势变化信息,以及组织所在社区环境变化、社会时尚变化、社会观念变化等情况,为组织决策提供充分的依据。

5.1.4.2 收集新闻资料的方法

收集新闻资料的方法有许多,可以通过转录电视节目、上网查询然后下载,或者通过购买有关的杂志、书籍、实物等。但收集新闻资料最基本的方法是剪报。它的基本操作方法如下。

(1)决定资料的取舍。取舍的原则是对各报所报道同一事件的资料选择报道最详细的;各报报道内容相同的,选择最容易剪裁的。

(2)剪裁。用剪刀将选定的资料按原有的版栏边线剪裁,以便粘贴。

(3)粘贴。将所有剪裁下来的资料粘贴在活页资料帖纸上。一张资料剪贴纸限贴一份资料,以免散失。资料篇幅过大时,应折成小于剪裁纸的折页。

(4)归类。应做到:填注剪贴纸上的资料来源(含报名、日期);按照分类方法加以编号;填写每日剪报登记表;对一时无法分类的可暂归"综合资料",待日后积累多了,再分出。

(5)装订。新闻资料剪贴纸积累到一定数量后,要装订成册。资料活页纸装订成册后,应加装"剪贴资料封面",并在预留后的空白纸上填上标题目录,以及类别、子目、标题、页数、来源、时间、收集人等。

除了文字资料外，公关人员还应注意声像信息的收集和整理。

随着社会的进步和经济的发展，网络已进入人们的生活。企业公关部门可以通过网络获取和检索资料，实现新闻资料管理的网络化。

5.2 新闻宣传稿

5.2.1 新闻宣传稿的撰写

新闻宣传稿是公关人员撰写的、以目标公众为宣传对象的文字作品，包括提供给媒介的消息、通讯、专访稿、特写等。撰写新闻稿是公关人员利用新闻媒介对公众施加影响的重要手段，也是组织与新闻界保持密切关系的纽带。新闻宣传稿的内容应是真实、新鲜、重要和有新闻价值的。

5.2.1.1 新闻稿的拟写要求

在新闻宣传稿中，新闻——亦称消息，是报纸上最常见的一种新闻报道体裁。它以最直接、最简练的方式迅速及时地告诉读者发生了什么事情。

1. 新闻六要素

新闻稿包含六大要素，也称“六 W”，即 who（何人）、what（何事）、when（何时）、where（何地）、why（何因）、how（何果）。

2. 新闻的结构

除标题之外，正文一般由导语和主体两部分组成。中间也时常穿插一些背景资料，但因背景不是单独的组成部分，因而不能看做一个独立的层次。

（1）新闻的标题。新闻的标题是对事件主题的概括，是新闻的眼睛，标题要力求概括而新颖，一般有引题、正题、副题三种。引题又称肩题或眉题，主要用来交待背景，说明事实，提示内涵和烘托气氛，是正题的前奏。正题，是用来说明情况，指出内容范围或说明正题的来源和依据。

（2）导语。导语是新闻的开头，一般来说，它是提炼新闻精髓并揭示主题，以吸引读者阅读全文的第一句话或第一段话。有时，导语也可以有两个以上段落。除动态消息外，其他新闻都不可缺少导语。它通常是用简洁的文字、凝练的形式，将最重要、最新鲜、最吸引人的事实放在最前面，是新闻中心内容开头的一个单元或部分，因此被喻为“新闻的橱窗”。它的关键是“导”字，重在前导、引导作用，要求要开宗明义，中心突出，简明扼要，生动有趣。

（3）主体。主体是新闻的躯干和主要部分，也是新闻的展开部分。它是导语的补充延续和发展。新闻主体主要有两个部分：一是对导语提出的主要事实、问题、观点进行阐述和回答，使诸要素明确和详尽。二是用附加的次要材料来补充说明事件的来龙去脉，提供新闻事件发生的原因和环境条件，使新闻内容更充实饱满，主题更加突出。

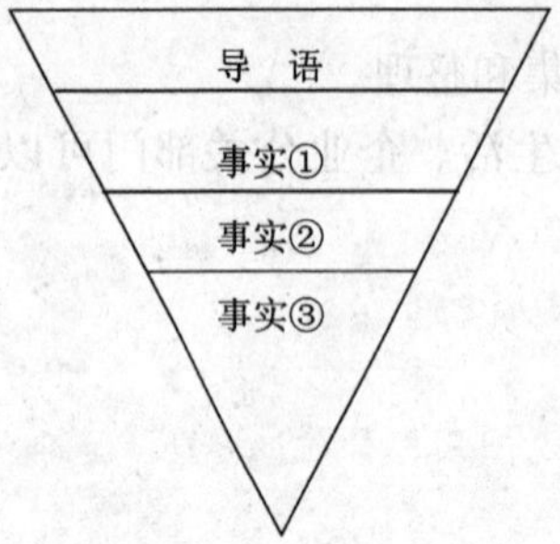

图 5.1 倒金字塔结构

(4)新闻主体的结构形式有两种:一是按事件的重要程度为序组织材料,也称为“倒金字塔”结构,多用于动态新闻。所谓“倒金字塔”结构是指大头在上,小头在下,按事实内容重要程度递减的顺序来安排材料,较重要的往前放,较次要的往后放,最次要的放在最后面。这种方式易引人注意,主题突出,阅读方便,便于编辑删节、修改稿件。如图 5.1 所示。二是按事件的时间先后为序组织材料,即遵循事物发展的自然顺序,事件的开始是新闻稿的开头,事件的结束是新闻稿的结尾。这种结构方式能够清楚地反映出新闻事件的来龙去脉、前因后果,线索清晰,事件完整,因而较适用于内容复杂但线索单一的新闻事件的写作,如报道游行盛况、一场灾祸、一些重大事件、一次球赛等。这种“有头有尾”的结构与人们的思维逻辑和我国读者的阅读习惯相吻合。

(5)新闻背景。新闻背景一般无固定的位置,它是关于新闻事件的历史和环境的材料。新闻中经常要对事件的基本事实进行解释和补充说明。背景材料可通过“衬托性叙述”表现主题与周围事物的联系和概念,帮助公众更好地理解主题。

(6)新闻结尾。在新闻结构布局中,新闻结尾作用不像一般写作那样强调和突出。有些新闻有结尾,多数新闻言尽事止,无所谓结尾不结尾。这是因为:第一,多数新闻所采用的“倒金字塔”结构是以事件的重要程度为序安排的,事实排列完,新闻也就结束了,不必再画蛇添足;第二,新闻要求用事实说话,“事实胜于雄辩”,结尾一般也就不必点题升华,概括评论;第三,新闻要短,文字力求简约,因而应不写或少写结束语式的结尾。

5.2.1.2 新闻的类型

从写作特点来划分,新闻可以分为动态新闻、特写性新闻、评述性新闻、经验性新闻、综合新闻、人物新闻等。

1. 动态新闻

动态新闻是对新近发生和正在发生的事件和活动的报道。它重在揭示事物发展、变化的特征,适于反映社会生活中的新情况、新问题、新气象,是最基本、最常见的新闻形式。它包括对国内外重大事件、重要人物、最新信息、最新发现和最新成果、动向等的报道。一般以短新闻、简明新闻的形式出现,要闻、简讯、快讯、一句话新闻、标题新闻是其不同的表现。

2. 特写性新闻

特写性新闻主要有人物特写、场面特写、事件特写等。它是运用了类似电影“特写镜头”的手法反映事物变动的报道体裁。它往往用简约的笔墨突出描写某一重大事件中富有特征性的片断。精彩的场面和人物的几个个性鲜明的侧面,使受众如临其境、如见其人、如闻其声。

3. 评述性新闻

评述性新闻是夹述夹议、议评结合的新闻报道体裁。它重在“用事实说话”，在报道具有普遍意义的新闻事实基础上，结合环境、趋势动向和互相关系，对事实进行必要的分析、评述，揭示其本质意义或趋势。它必须以报道新闻事实为主，叙述多于议论。它是以事实为依托再加以评论，因此它大都有一定的理论色彩。它与新闻评论不同，新闻评论是议论多于叙述，可依托新闻事实，也可不依托。

4. 经验性新闻

经验性新闻重在报道社会的典型经验、成功做法、先进事例，目的在于为其他社会组织和实际工作提供参考。其内容偏重于交待情况、介绍措施、反映事物的变化和效果、提供背景材料、推广先进的做法。经验性新闻不同于组织内部的工作总结。工作总结常常侧重于对工作的具体经验和做法的罗列，缺乏典型性和新闻性；而经验性新闻是有选择的，它只挑选先进经验中最新鲜、最典型的内容。经验性新闻一般具有重点突出、内容集中、文字精练、篇幅短小的特点。经验性新闻是为了推广和传播，所以要防止议论和观点多于事实以及只抽象地罗列条文。

5. 综合新闻

综合新闻是把发生在不同地区或部门的性质相似又各有其特点的事件综合起来，使一个共同的主题思想得到不同侧面、不同层次的展现，从而反映出全局性的情况、趋势、问题或成就。综合新闻常呈现出纵览全局、报道广泛、同类事件集中、形象完整、声势浩大的特点。

常见的综合新闻有两种类型：一种是横断面的综合；另一种是纵深度的综合。横断面的综合是把一些地区、部门所进行的某项工作的情况或成就综合起来以反映全貌的写法。纵深度的综合是对一个时期以来某项工作成就或某一重大事件等所作的综合报道，包括前因后果、来龙去脉、发展变化等情况，通过分析对比和背景材料的运用，逐步深入地对新闻事实进行阐述。

6. 人物新闻

人物新闻是以写人物为主的新闻。在各行各业中，会不断涌现出先进人物的先进事迹。为了及时地反映这些先进人物，新闻媒 体先通过人物新闻的形式进行报道，使人们先有所了解，然后，根据需要来写人物通讯。人物新闻就在于它对人物报道的及时性。

5.2.2 新闻宣传稿的处理程序

5.2.2.1 选择稿件

选择稿件是编辑部对稿件的第一次评价。一篇新闻稿并非一次选择就能完成，而要经过层层筛选。通常是由各部（组）的编辑初选，部主任（或组长）复选，最后由总编室乃至总编辑定选。

任何选择都意味着在实现一种可能性的同时排除另一种可能性，对新闻稿的选择也是如此。对新闻稿进行选择，最终就是选出适用的新闻，而排除其他不适用的新闻。

一条可用的新闻，应该既有好的内容又要有好的表现形式。具体说，要符合以下基本条件：真实、正确、具有新闻价值、符合报纸需要、简练、生动。前四个条件主要就内容而言，后两个条件主要就表现形式而言。

但是，不能因此简单地将上述适用新闻的标准笼统地作为选择新闻稿的标准。因为新闻稿初选出来之后，还要经过编辑的修改和润饰，在修改和润饰过程中，稿件的某些缺陷，特别是文字表现方面的缺陷，是可以消除的。因此，对新闻稿进行初选的时候，对文字是否简练、生动，不必苛求。一篇新闻稿如果基本符合新闻的前四个条件，就可以初步入选。

小常识

衡量新闻价值的尺度

一篇新闻稿选用的事实一定要有新闻价值，这样才可能被新闻媒介选用。新闻价值是指该事件本身所具有的重要性、新鲜性、接近性、及时性和趣味性。

5.2.2.2 新闻稿件的修改

修改稿件是选择稿件的继续。选择稿件是从稿件的大处着眼，选定了稿件，只是说基本可用，并不等于完全符合要求了。选定的稿件大部分都有待进一步修改才能刊用。即使是国内通讯社发来的稿件，有相当一部分仍然有待进一步加工。因此，送到编辑部来的稿子，往往在作者看来已经是成品，但在编辑部看来还只是半成品，甚至只是原料。大部分来稿之所以需要进行修改，是由于以下两种情况。

(1)原稿虽然在基本思想、基本事实方面都是正确的、有意义的，但在某些地方，表达的思想不够完善，引用的事实不够准确，文字上还有毛病，需要进一步加工、润饰。

(2)原稿在思想、事实、辞章等方面都没有什么毛病，但由于要符合报纸的某些特定要求，还需要做一些必要的修改。如根据报纸的特点，需要突出某一部分，删去某一部分；因为要与其他稿件组成一组稿件一起发表，内容需要有所侧重；由于版面容纳不下，需要做适当压缩，等等。

前一种修改，主要是改正错误，一般说来，不论稿件在什么情况下发表，在什么报纸发表，都是必需的，可称为绝对性修改；后一种修改则不同，不是改正错误，而是为了适应报纸的特定要求。每种报纸的要求不完全一样，每种报纸在不同情况下的要求也不完全相同。这种修改依据条件而转移，可称为相对性修改。没有第一种修改，报纸就必然宣传谬误，失去其优良的品质；没有第二种修改，报纸的质量、报纸的特点也难以保证。因此，这两种修改都是必不可少的。

5.2.2.3 新闻标题的制作

新闻标题以最简短的文字将新闻中最有价值、最生动的内容提示给读者。由于这种作用,新闻标题对读者就具有如下两种意义:第一,新闻标题可以成为读者阅报的向导;第二,新闻标题可以向读者提供简要信息。

新闻作为报纸的体裁之一,同其他体裁一样,在标题写作上具有共同点。例如,都要以马克思主义和党的政策为指导思想来考虑命题,都要求标题具有准确性、鲜明性、生动性、能吸引读者。但是,新闻标题又有其不同的特点:①以新闻中的具体事实为内容来命题;②一般有主题和辅题,结构比较复杂;③新闻标题通常是一个完整的句子。

5.2.2.4 组织新闻报道

组织报道,就是编辑根据报纸编辑方针对每个时期报道的内容所进行的具体安排。

组织报道所要掌握的是一个时期整个报道的全局,它着重解决的是:这一时期报道的中心和重点、报道的规模、各报道内容之间的关系、报道的各个阶段的安排、报道中所采用的各种形式的配合、报社内外的报道力量的部署,等等。总之,组织报道是从报道全局上对整个报道做出统筹安排,是属于宏观方面的编辑工作。一篇稿件的修改、一条标题的制作、一个版面的设计要服从整个报道的总体安排。

组织报道是按报道计划展开的,是报道开始后对整个报道的调度与指挥。报道计划主要有阶段性计划和专题性计划两种。阶段性计划,是对一个时期的报道所做的总体安排,如年度计划。专题性计划,就是各个专题报道的计划,如对人大、政协两会的报道计划等。计划最终落实在版面上,以报纸成品的形式展现在读者面前。

5.3 新闻发布

5.3.1 新闻发布会的含义和功能

新闻发布,一般是指组织在取得突出成绩或面临重大变故、突出事件时向新闻媒介发布信息的活动。它是组织与媒体直接交流的重要手段之一。现代新闻发布活动的典型形式是新闻发布会,又称记者招待会。新闻发布会,是指组织机构发布重大新闻或阐述重要方针而专门邀请记者参加的会议,是组织进行信息传播的隆重而正规的活动,活动的成败对组织的发展、组织的形象影响重大。

新闻发布会将在三方面发挥功能:①提高知名度、美誉度,引起公众对组织机构的关注;②发展媒介关系,通过活动为新闻媒介了解自己的组织提供机会,以便不断地巩固和扩大与新闻界的联系;③影响舆论,通过在会上阐述组织机构的方针政策,引导公众的意见、态度向有利于组织的方向转化。

5.3.2 新闻发布会的类型

新闻是对新发生的事实的报道,利用新闻传递组织的信息可信度高而且可收到低投入、高回报的效果。组织可以开发利用的新闻资源是很多的,公关人员要学会随时寻觅和抓住有新闻价值的时机,适时、有目的、有计划地组织召开新闻发布会,有效地谋求社会的支持与合作。

新闻发布会就其内容来说主要有以下几种类型。

(1)在重大的庆典、仪式、节庆等活动之前召开新闻发布会。如企业经营者借举行大型庆典活动来宣传企业的经营理念、管理方针。企业的庆典活动最能体现一个企业及其领导者的组织能力、形象特点和综合素质水平。而庆典活动前的新闻发布会常常是为了整个活动起到开篇的作用,头开好了就能无声夺人,给整个活动带来良好的影响。

(2)当新产品、新技术面世时召开的新闻发布会。当企业的新技术和新产品面世时,企业根据其特点制定周密的计划,通过新闻发布会很好地展示形象,使产品和技术一面世就给人留下深刻的印象。通过新产品、新技术制造新闻,展示企业形象,客观上还能起到促进产品销售和推广技术的效果。

(3)当企业为社会福利事业和公益事业投资、赞助时召开的新闻发布会。这类新闻发布会表明企业不仅追求经济效益而且注重社会效益,对提高企业的美誉度是很有帮助的。

(4)当知名人士来访时召开的新闻发布会。知名人士的光临将会引起社会的广泛关注,有利于提高组织的知名度,可借这个新闻的"由头"来制造新闻,宣传组织自身。

(5)当发生了各种突发事件后召开的新闻发布会。主要是为了澄清事实真相,向公众做出必要的解释,通过沟通化解矛盾,妥善处理突发事件,与公众之间达成谅解和理解。

(6)当出现了产品价格波动、市场行情变化或企业迁址等情况时召开的新闻发布会。其目的在于回答公众普遍关心的问题,起到信息沟通和咨询的作用。

此外,还有在大型的展览会、展销会前召开的新闻发布会,可以为记者们提供跟踪有价值的新闻资源的机会。

5.3.3 新闻发布会的准备工作

举行新闻发布会之前,公关人员需制定出周密的计划,进行精心的准备。

5.3.3.1 确立主题,统一口径

新闻发布会形式正规、隆重而且规格较高,对发言人和主持人的要求也较高,因此应从新闻价值和组织利益的角度进行宣传,发布会上的口径必须一致,否则使记者产生误解。

5.3.3.2 准备好有关材料

有关材料包括:发言提纲、报道提纲、会议议程表、图片、统计表格,各种必要的文字资料、实物资料、影视资料等。

资料是新闻发布的凭据,不同的组织机构所需的新闻发布资料是不同的,掌握充足的、准确的、有力的新闻发布资料是十分必要的。新闻发布资料可分为四个大类。

1. 综合性资料

综合性资料是指那些概括组织机构的运营状态，准确地反映组织机构的整体面貌的材料。每个社会组织都有自己的历史沿革、基本发展目标、目前情况、人员规模、自然环境等；每个企业也都有自己的经营范围、产品结构、技术力量、市场分布、服务网络、知识产权、企业文化、经营理念、管理思想等，这些都是综合性资料。

2. 专业性资料

任何社会组织机构都从属于一定的行业领域，每个领域都有自己的专业性质和技术特点。专业性资料是指与自己所在行业相关的专业技术材料。主要包括如下几点。

(1) 专业技术标准：本组织机构从事生产或提供服务所依据的标准是什么，是国家级、省级还是行业标准？

(2) 达标情况：产品质量是否已达标，是经过哪个权威机构验证的？

(3) 现有技术力量：人员、设备、工艺水平如何？

(4) 专业术语：本组织机构经营使用并传播较广的专业术语有哪些？含义如何？

此外，针对新闻发布内容准备其他专业技术资料。

3. 说明性资料

说明性资料是指用于解释说明新闻发布会主题、目的的各种资料。在召开新闻发布会之前要预先想好记者可能会提出的问题，做好充分准备。围绕主题应准备以下资料：①本次新闻发布会的主题；②该主题的意义以及影响；③该主题的内容；④对主题内容需要做的说明；⑤主题内容是否涉及社会敏感问题，对敏感问题准备的说明资料。

4. 实物资料

有些新闻发布会需准备实物材料。如为新产品、新技术、新成就而召开的新闻发布会，应准备供展示的实物资料；为树立组织形象召开的新闻发布会，应准备广告宣传品、实物模型等。

5.3.3.3 邀请新闻媒介人员

新闻媒介人员就是在新闻单位供职的记者、编辑或技术人员。邀请新闻媒介人员需要做好两个方面的工作。

1. 对新闻媒介进行分析

邀请哪些新闻媒介人士参加新闻发布会，事关会议的成败，因此，要对新闻媒介加以分析。新闻媒介有各自的宣传宗旨和受众群体，有自己的报道倾向和社会影响力。确定新闻发布会的邀请对象，需要考虑以下因素。

(1) 哪类新闻媒介——报纸、杂志，还是广播、电视。这些新闻媒介各有优势，又都有自己的局限性，因此在选择时，既要考虑单一新闻媒介的长处，又要考虑发挥不同新闻媒介的组合优势。

(2) 哪一级新闻媒介——全国性新闻媒介，还是省级、本地新闻媒介。要根据新闻发布内容需要传播的广度加以考虑。传播范围小了，起不到宣传效果，盲目扩大宣传范围，不仅造成浪费，还有可能对工作造成被动。

(3)哪一种新闻媒介——综合性新闻媒介，还是专业性新闻媒介。要根据新闻发布会主题的需要来确定。

2. 邀请名单的确定

对新闻媒介进行分析后，新闻发布会的邀请名单是以本组织机构为原点，由亲及疏、由近及远确定的。

(1)与本组织机构有长期良好的合作关系的。

(2)与本组织机构有过接触、有初步印象的。

(3)与新闻发布会的主题有直接关系的。

(4)名气大，通过合适的方式可以邀请到的。

(5)对本组织机构有误解，需要加深关系的。

3. 对新闻媒介人员的邀请

邀请程序如下。

(1)计算邀请的人数，草拟被邀请媒介、人员的名单。

(2)与新闻媒介联系，落实被邀请名单。

(3)制作、填写新闻发布会请柬。

(4)发出邀请。对重要新闻媒介要派人正式邀请，对一般媒介可以通过电话口头邀请或通过传真发送请柬。"重要新闻媒介"不一定是级别最高的新闻媒介，但一定是不太好请，而本次新闻发布会必须出席的新闻媒介。

(5)落实出席新闻发布会的媒体及记者的人数。

请注意

(1)新闻发布会的规模是由新闻发布内容决定的，媒体、记者数量要适中，并不是越多越好。

(2)重要新闻媒介的参与是新闻发布会成功的关键，应当与重要新闻媒介做好沟通工作，以确保其派记者出席。

(3)新闻发布会是正式的活动，邀请记者的程序必须奉行"先公后私"的原则。不论公关员与记者多么熟悉，都要履行"组织机构—媒介机构—新闻记者"的正规程序。

(4)不要以利益诱惑的方式吸引新闻记者或对记者做特别许诺，这是公共关系职业道德和新闻宣传纪律所禁止的。

4. 确定主持人和发言人

5. 会场选址和布置

会场选址和布置要与新闻发布会主题契合，同时应交通方便、设备齐全。会场座次安排应主次分明，并安排好签到处和贵宾休息处。组织可以布置自己的会议室举行新闻发布会，或选择本地的宾馆举行，也可以到异地选择其他场所举行。

(1)在会议室里举行新闻发布会。在组织自己的会议室召开新闻发布会应努力做到传播信息和塑造形象双丰收,不仅有思想的准备,而且要将组织运转调整到最佳状态,把会场布置得尽善尽美,井然有序。

(2)在宾馆举行新闻发布会。在宾馆举行新闻发布会设施和布置要井然有序。服务应规范、周全,服务人员应一律佩戴标有“××新闻发布会”字样的绶带。

(3)异地举行新闻发布会。在异地举行新闻发布会一般规模大、规格高、影响大、花费大,应注意因地制宜,规范和灵活相结合,注重新闻发布会的效果。

布置会场时应注意为记者准备电源插座、灯光设备、电话和文具。

6. 做好接待工作

新闻发布会的当天,要安排专门的公关人员负责接待,接待记者时要一视同仁,礼仪周全,各种标识清楚。

7. 举办新闻发布会要有财务计划

要根据组织的人力、财力、物力确定新闻发布会的规格与规模。

8. 其他准备工作

视财力、物力安排相应规模的酒会、宴会或茶话会。

9. 效果评估

要注意对新闻发布会的效果进行评估。

5.3.4 新闻发布会的程序

5.3.4.1 新闻发布会程序的特点

1. 条理清晰

新闻发布会一般目标比较单一,常常以一个主题为主线贯穿始终。因此它的程序比较简单,条理也很清晰。发言人、主持人没有多余的话,开口直奔主题。

2. 节奏明快

新闻发布会的又一显著特点是时间紧凑、节奏明快。新闻发布会主题比较单一,并限定时间,所以新闻发言人的讲话往往简洁明快;而新闻记者受新闻媒介截稿时间的限制,多以工作快节奏著称。因此新闻发布会在程序安排上时间紧凑,节奏明快。

3. 规范统一

新闻发布会是正规、隆重的信息发布活动。多年来国内外实践形成了基本统一的规范程序,除非出于组织的特殊需要,一般不做大的变动。

5.3.4.2 新闻发布会程序的内容

1. 宣布开始

主持人宣布新闻发布会开始,致简短欢迎词,介绍议题和议程,推出新闻发言人。

2. 发布新闻

新闻发言人讲话,可以宣读新闻发布稿,也可以按发言提纲发布新闻。

3. 答记者问

由主持人指定提问记者,新闻发言人回答记者的提问。主持人自始至终掌握着时间和节奏,按事先规定的时间,宣布“最后一位记者提问”。

4. 宣布结束

新闻发言人答完“最后一位记者提问”后，主持人宣布新闻发布会结束。

5. 提示会后安排

主持人提示会后记者的活动：如参观、赠送礼品等。

5.3.5 新闻发布会的礼仪

新闻发布会有一套完整的礼仪规范，它与大多数社交场合礼仪不同的是，客套的东西较少，它的核心是诚：真诚地面对新闻记者、坦诚地公布与组织机构相关的信息。

新闻发布会的礼仪有以下六个特点。

1. 称谓

对新闻记者的称谓，基本要求是规范。见面打招呼时不论男女，均称“张记者”、“刘记者”等；在新闻发布会上，面对全体记者时的主要称呼语是“各位记者”或“尊敬的记者朋友”，为了烘托气氛，可附加“女士们，先生们，朋友们”等称呼语。

2. 礼节

与新闻简洁、注重时效性的特征相适应，新闻发布会的礼节，最大的特点是简单。如果新闻发布会上的礼节太多、太烦琐，就与新闻发布会的主旨和新闻记者的职业习惯相悖。在新闻发布会期间和发布会前后的场合，对新闻记者的接待以简单得体为宜，不必刻意铺陈和曲意逢迎。

3. 仪表

新闻发布会要求主持人和发言人注意自己的仪表。新闻发布会的仪表要求是正规：正规的发式、正规的服饰。除非是流行时装发布会等特殊性质的新闻发布会，从主持人、发言人到会议服务人员，男士一般要剃须理发，西装革履；女士要粉黛淡雅，着装庄重。

请注意

(1)关于个人情趣和偏好。人皆有自己的情趣和偏好，以此显示自己的个性，在仪容仪表方面尤甚。但新闻发布会上展示的是组织形象、是组织的个性，而非个体的个性。

(2)关于组织统一着装。公司统一着装有很多长处，它不仅带来了工作和现场管理的便利，而且是一种精神风貌，是一种形象。但一般情况下，除军队、公检法部门外，新闻发布会上不宜过于突出组织统一着装。因为具有职业特点的服装容易使人把公众信息传播与组织广告宣传相联系，这反而影响新闻发布效果。

4 态度

最基本最有效的策略仍然是诚恳的态度，与“无冕之王”打交道，虚与委蛇或故意兜圈子都只能适得其反。

5. 言辞

在新闻发布会上，沟通组织机构与新闻记者的基本媒介是言辞，但发言人能够使用的修辞手段却比较有限，因为新闻发布会应当强调新闻性，而新闻是一种简约的文体,新闻的力量在于"用事实说话"。相对于事实本身蕴含的逻辑力量和记者的广文博识,多数修辞手段,不仅会显得苍白无力,而且会显得蹩脚、卖弄,不尊重记者,不合礼仪。因此,用肯定的言辞发布信息乃是新闻发布会最简约、最有力的言辞手段和最合体的礼仪。

6. 议程

新闻讲究时效性。新闻发布会的议程要求议题紧凑、节奏明快。

小技巧

不擅用"无可奉告"

在新闻发布会上,发言人都只能用肯定的语气公布事实确凿的信息,即"用事实说话"。如果记者的态度明显与发言人的意见相左时,而主持人则应该审时度势,尽力把记者的提问和发言人的回答及时引入符合主题的正确轨道。如出现发言人不能回答又无法回避的问题,应该得体而果断地申明本次新闻发布会不探讨某个特殊的问题,请记者谅解。发言人和主持人在新闻发布会上都必须做到不擅用"无可奉告"的外交辞令,更不狡辩、不抢白记者,不随意打断记者的话。

5.3.6 新闻发布稿

一次新闻发布会水平的高低,主要在于新闻发布稿的水平。新闻发布稿是新闻发布会的基本文件,是新闻信息内容和组织政策精神的集中体现。它反映了新闻发布会的主题、意义和组织的立场态度等。

5.3.6.1 新闻发布会资料的核实

新闻发布稿中的资料必须核实,其办法有以下两个步骤。

1. 寻根找源,核实资料的准确性

在传播学中,信息的根源叫做"信源",传播信息的渠道叫"信道",信息的目的地叫做"信宿"。资料检验的路线是:信宿——信道——信源。即撰稿人在获得信息资料后,沿着传播信息的渠道"走"回到发出信息的地方。查找谁制造的这些信息,必须找到确切的源头。

资料检验的标准是:信息资料是否有"归属",即某个重要信息能否找到最先的提供者。在一般调查研究中,常把资料归属为第一手资料、第二手资料,甚至第三、第四手资料。在演讲学中人们把演讲中使用的信息分为"第一性信息"和"第二性信息"。所谓第一手资料、"第一性信息",指尚未经过任何加工整理,也未形成为讨论对象的各种原始资料。而第二手资料、"第二性信息"则指被使用过,被解释,被说明过的信息资料。

新闻发布资料也存在一个对信息资料进行归属的问题。被认定为第一手、"第一性"的资料,其价值在于它的原始性和准确性,能提高信息资料的新闻价值,因为记者最感兴趣的莫过于“第一次发生或发现的事实”。对于第二手、“第二性”信息资料的分析,一要看它能否归属到第一性信息那里去,如果能,就是可信的;二要看它说明了什么,如果包含科学的道理,就有应用价值。一般来说,在新闻发布会上,第三、第四手资料已经基本没有使用价值了。

2. 查找要素,核查资料的完整性

新闻学中有一个很重要的“6W”理论,即“新闻六要素”。

新闻发布资料的核实,一定要把时间、地点、人物、事件、原因、结果都准确无误地梳理出来。以上述“6W”为基础,人们又提出“8W”理论,即再加 what theme(什么主题)和 with what meaning(事件有何意义)。

要核查新闻发布资料“八要素”。即:①新闻发布会要表达什么主题?②说明该主题的内容是什么事情?③什么人完成?④在什么时间?⑤在什么地点?⑥为什么做这件事?⑦结果怎么样?⑧这一结果的意义是什么?

完成上述两个步骤,新闻发布稿中的资料就既准确、完整,又有明确的意义。

5.3.6.2 各类新闻发布稿的撰写

任何新闻发布会都必须有明确的主旨,并在新闻发布稿中体现出来。按不同的主题划分,新闻发布稿有 3 种基本的类型:喜庆性新闻发布稿、专业性新闻发布稿和突发性新闻发布稿。

1. 喜庆性新闻发布稿

1)适用范围

开业、庆典和获奖等有喜庆色彩的事件。

2)写作要求

写作要做到以下几点。

(1)简介梗概:简明扼要地介绍事情的梗概,细节可以放在答记者问时介绍。

(2)体现价值:体现事件的本来价值,比如“世界领先”、“国内首创”、“同行业第一”。

(3)突出意义:事件的社会意义和经济意义等。

(4)“一少一多”:自我赞美之辞要少,引用专家、社会公众的赞语要多。

(5)“一低一高”:低调处理个人在事件中的作用,提高团队整体实力和组织形象。

(6)言而有据:如“全国首创”的结论要有出处。以产品第一个通过部级鉴定为例,喜庆性新闻发布稿可以按以下格式撰写。

关于 CGL25/5 型轮式森林消防车通过部级鉴定的新闻发布稿

(称呼)各位记者朋友:早上好!

(主题)现在,我以激动的心情向各位宣布:由北京林业大学研究设计、四川消防机械总厂制造的 CGL25/5 型轮式森林消防车,昨天通过部级鉴定!(展示证书)

(意义)这意味着我国的这种国产汽车已经达到了国际同类产品的水平!

(梗概)CGL25/5 型轮式森林消防车的研制是从××××年开始的,……

(评价)CGL25/5 型轮式森林消防车在部级鉴定会上,得到了专家们的一致好评……

(结束语)北京林业大学和四川消防机械总厂对待荣誉的态度:……

谢谢大家!

2. 专业性新闻发布稿

1)适用范围

重大项目开始研发、科技成果推介、新政策实施等。

2)写作要求

要注意以下几点。

(1)简介梗概:简明扼要地介绍事情的梗概,不要纠缠于技术细节。

(2)阐明标准:项目达到什么标准,是发达国家20世纪90年代水平还是21世纪水准?新政策条文是应急措施还是适应未来需要?

(3)体现个性:与同类项目、技术相比,有何与众不同之处?

(4)突出效益:对项目或科研成果的综合效益进行了怎样的预测?

(5)明示代价:明白地告诉人们采用新成果、新政策需要付出什么代价?

(6)体现权威性:重大项目的论证和科技成果的鉴定是否有权威部门的监督?

(7)作好"翻译":尽可能把专业技术术语"翻译"成普通公众听懂看懂的"白话"。

以××工厂新成果转让为例,专业性新闻发布稿一般可以按以下格式撰写。

××工厂关于羚羊牌红葡萄酒技术转让的新闻发布稿

(称呼)各位记者朋友:早上好!

(主题)现在,我代表××工厂向各位并通过各位向社会宣布:我厂决定自即日起向社会转让羚羊牌红葡萄酒的技术!

(梗概)关于转让羚羊牌红葡萄酒的决定产生的经过是……

(说明)专家说,羚羊牌红葡萄酒的优点是……

(效益)据测算,获得转让后经济效益是……社会效益是……

(代价)获得转让需要的条件……

(结束语)××工厂欢迎社会各界朋友积极参与!

3.突发性新闻发布稿

1)适用范围

突发事件发生后组织需要说明事实真相、需要表态等。

2)写作要求

要注意以下几点要求。

(1)态度在先:属于自己失误的要先作自我批评;对造谣中伤者决不姑息;对外部突发事件要敢于表态。

(2)说明真相:简要介绍发生事情的真相。

(3)讲清原因:事故发生的内因还是外因,是天灾还是人祸等。

(4)总结教训:有哪些教训可以总结?

(5)亮出措施:拟采取的措施是什么?何时开始实施?

(6)做出承诺:是否能保证今后不再重犯类似错误?

以××工厂火灾为例,突发性新闻发布稿一般可以按以下格式撰写。

××工厂关于火灾的新闻发布稿

(称呼)各位记者朋友:早上好!

(主题)今天请各位来,是要通过各位所在的新闻媒介向社会各界朋友致歉!

(真相)在座的各位可能已经知道,我们厂昨天发生了重大火灾,给周围居民造成极大恐慌,目前的实际损失是,……在这里,也提醒各位注意,目前社会上的某种说法是没有根据的。

(原因)经初步查明,事故的原因是……

(教训)教训是沉痛的,它使我们……

(措施)事故发生后我们采取的措施是……

(结束语)事故已经发生,恶果已经酿成。我们决心……

5.4 组织自办的宣传媒介

5.4.1 编印内部刊物

内部刊物包括报纸、杂志、画报等，它是组织内部的重要宣传媒介。

5.4.1.1 内部刊物的作用

内部刊物的作用有以下几个方面。

1. 传播信息知识的窗口

信息是组织维持正常运转的最重要的条件之一。内部刊物把来自内外上下的各种信息汇聚起来，然后经过筛选、编辑，变成报纸或杂志上的文字、图形，传播给全体员工，使员工胸怀全局，知己知彼，知情出力。这是内部刊物最基本的功能。

2. 培植组织文化的平台

培植组织文化是处于上升期或起点比较高的组织赋予内部刊物的一个重要职能。

组织文化的内含很丰富，其主要的一点是指一个组织中的大多数人比较一致的思维和行为方式。组织文化不是自然形成的，还需要通过一系列的途径和办法去长期培植。组织内部刊物以它特有的方式把组织文化的内容如组织价值观、行为规范、作风礼仪等，融进文章、消息评论或故事等生动的文字中，让员工在不知不觉中接受组织文化的熏陶并化为力量，组织文化的魅力也就显示出来了。

3. 交流工作经验的载体

组织内部刊物是介绍先进人物、交流工作经验的一个载体。在这方面，它有独特的优势。

小技巧

独特优势之所在

内部刊物后常聘请一些来自第一线的兼职记者或者通讯员。由于他们来自第一线，所以能随时随地进行观察，发现各种类型的典型人物。又由于他们接受过培训，了解形势和政策，并懂得何时最需要何种典型人物和经验。

4. 丰富员工生活的园地

内部刊物要求全体员工参与。员工不仅是读者，享受内部刊物奉献的“自制美餐”；员工还是作者，刊物成为他们表达意见、抒发情怀的精神乐园。在现实生活中，许多诗人、作家都是从给组织内部刊物写稿开始进入写作生涯的，投稿是他们生活的重要组成部分。

5.4.1.2 内部刊物的式样

1. 企业报纸

企业报纸没有正式的刊号，不能公开发行销售，印刷周期也不太稳定，在内容和编排格式上与正规报纸基本形同。企业报纸一般是采用小报规格，即四开对折。四版还是八版视稿件多少而定。

(1)报头。由报纸名称、日期、编号、主办者四部分组成。报纸名称一般是企业名称缩写后加一个“报”字，也有用产品品牌替代名称。

(2)版面内容。第一版以新闻为主，刊登本厂新闻及本行业动态及评论。其他各版，除了某些重要栏目如《员工心声》、《新人新作》等相对固定外，可以比较灵活。

(3)周期。由于稿源、经费方面的限制，企业报纸做到定期出刊很困难，但办报人应该尽可能缩短办报周期，至少办成月报，与下达生产计划同步，周期再长就不如办季刊。

小技巧

时效性与导语

报纸周期长，很难保证新闻的时效性。为了使新闻类作品有新鲜感，要在消息的开头下功夫。基本方法是：找最近点，即寻找旧闻的的最新线索。10天前出的质量事故，昨天刚发现，“昨天”就是“最近点”，从“昨天”入手写导语，就有时效性了。用这个方法，发生在一个月前、甚至一年前的旧闻都可以找到最近点，都能挽回“时效性”。

2. 内部杂志

(1)内部杂志与企业报纸有相似之处，可以看做是“装订起来的报纸”。

(2)应采用32开本。一期杂志到底应该多少页虽然不需要专门的规定但总比报纸要厚一些。现在国内报纸的发展趋势已经朝着20~30页的厚度迈进，那么一本经得起看与传阅、有保存价值的内部杂志应该考虑在30~50页之间。装订上不必讲究，用订书机按页码顺序整齐地装订成册就可以了。

(3)封面与目录。应该有一个吸引人的封面，可以请专业人士设计一下，也可以去天然雕饰，但无论怎样出自天然，杂志名称、序号和主办者的三要素不可缺少。封面之后第一页是目录页，按栏目文章题目、作者、页码的顺序排列，便于读者查阅。

(4)杂志要有基本固定的栏目。栏目的名称根据内容而定，大多数内部杂志可以考虑设置企业简报、行业动态、时事政治、员工论坛、经验交流、天南地北、文艺天地等栏目。

5.4.1.3　内部刊物的编写与发行

1. 内部刊物的编写

1)组织

(1)成立一个编委会,由组织的一个高层领导牵头,还有办公室的秘书、公关员、工程师等再加上一名内刊职员,共3~5名成员,日常工作由内刊专职人员负责。

(2)设一名内刊专职人员,素质和能力要强,承担文字编辑、美术编辑和记者职责。

(3)建立一支人员多、分布在各个部门的兼职通讯员队伍。这支队伍由内刊专职人员负责培训和安排采访写作工作。

2)内容和形式

内部刊物是为组织发展服务的,其内容与组织息息相关并兼有一些外部世界的信息。主要包括以下几方面。

(1)组织内部的新动态。

(2)组织的工作计划。

(3)国内外的新闻与行业动态。

(4)对好人好事的表扬和对不正之风的批评。

(5)名人名言,小幽默等。

内部刊物的形式为自由活泼,百花齐放,员工喜闻乐见。

小技巧

提高内部刊物的可读性

(1)根据不同的文化层次读者的需要,多一些轻松的、富有知识性的内容。

(2)避免唯业务、唯工作、唯思想的急功近利倾向。

(3)形式活泼多样。

3)联通工作

除通过通讯员与读者联系外,可设立读者信箱,听取员工对内部刊物的意见或建议,并通过激励机制引导员工积极投稿。

4)出刊程序

一期报纸或杂志从酝酿到印制出来有以下几个环节。

(1)召开编委会确立主题。

(2)召集通讯员,安排任务。

(3)记者、通讯员采写。

(4)催稿编辑进行来稿汇总。

(5)召开编辑会议,核实材料、改稿、定稿。

(6)编版、核对、印制。

(7)发行。

2. 内部刊物的发行

内部刊物是由组织编印的未经注册登记的非正式出版的刊物，主要是给组织的内部成员看的，主要在内部发行。但为了扩大组织的社会影响，内部刊物也可以加强对外交流。其发行和交流的范围如下。

(1)员工。内部刊物就是给本单位员工看的。刊物的80%以上要分发给员工。

(2)股东。通过内部刊物与股东中有社会影响的人物保持联系，就是为企业与股东关系之间增加了一条经常性的沟通渠道。

(3)外部公众。主要是原材料供应商、产品经销商、广告代理商和新闻单位。

(4)上级部门。这是企业与上级领导部门的一种特殊形式的信息联系，刊物不能替代请示一类的正式公文，但它却能创造一种比较轻松的沟通气氛，在看似不经意间拉近上下部门间的距离。

内部刊物的发行渠道主要是内部渠道和外部渠道。内部渠道，即通讯员发行到各科室、车间、班组；外部渠道，即通过推销员发行到客户或通过企业办公室送到社区领导和上级部门。另外还有在展览会和展销会上发送。

5.4.2 编印对外宣传册

5.4.2.1 对外宣传册的特点、意义、编写原则

1. 对外宣传册的特点

对外宣传册与对外宣传页都是组织自办的对外宣传媒介，但二者有所不同。

小常识

对外宣传页

对外宣传页是组织用于公共关系传播的一种特殊传单。

(1)特点：一张单页，一条信息(可以是一段文字、文字加插图或一个主题下的一组信息)，单一分发(人手一页，不搞“批发”)。

(2)意义：有“号外”的价值和功能，有很强的时效性，非商品广告的形象使对外宣传页比商品广告更可信。

(3)内容：喜庆稿件信息，组织文化信息，社会活动信息，矫正形象信息。

(4)注意事项：遵纪守法，遵守公共关系职业道德，不夹带或尽可能少夹带商品广告成分，因为它追求长远的、潜在的社会效益。

对外宣传册有以下几个特点。

(1)资料全面，能反映组织的全貌。包括组织规模与实力、经营宗旨与方针、成就与贡献、历史与现状等。

(2)对外宣传册注重长效，不追求短期的时效。一个组织要永葆青春不能单靠一时一事的宣传，必须持续不断地进行宣传。因此对外宣传册具有潜在的、持久的宣

传力。

(3)对外宣传册是高品味的文化艺术品。它不以新鲜的信息内容吸引人，而以图文并茂、印制精美取胜。

(4)对外宣传册样式多、用途广。有制作精良、文字隽永、图案精美的组织大型画册，用于赠送，也有开本较小、以轻便灵巧见长的小册子，能作为组织名片广泛散发。

2. 对外宣传册的意义

(1)对外宣传册是一个标志。它是一个组织开始告别封闭的生存模式，步入开放式的运营轨道的标志。通过对外宣传册，组织向社会、向公众亮出自己的目标，让公众监督，从而督促组织实践向社会、向公众的承诺，承担社会责任。

(2)对外宣传册是别样的一种竞争。它在内容上表达组织追求信誉、追求社会效益的良好愿望，在文字和图案上给公众亲切、自然的感受，具有很强的可读性。

(3)对外宣传册是一个直观的传播组织形象的媒介。组织经常使用多种传播手段，但传播的信息往往比较单一，或宣传产品，或宣传品牌等等，而对外宣传册是宣传组织的整体、全貌。它有足够的空间容纳组织的形象信息，有足够的时间向公众的心灵渗透，因此对外宣传册更适合组织形象的塑造。由此可见，对外宣传册使组织多了一个直观的媒介。

3. 对外宣传册(页)编写的原则

(1)完整掌握基本资料。

(2)服从主题需要。

(3)以事实为依据。

5.4.3.2 对外宣传册的内容

一个正规的大型对外宣传册，是由文字资料和图片资料构成的。

小常识

文字资料

(1)综合性信息。通过文字和数据反映组织的整体情况。主要向公众介绍组织的性质、宗旨、规模、历史沿革、地理方位等。这一部分以概括性很强的文字勾画组织的全貌。后面的材料则从某个侧面介绍。

(2)组织机构的特色。

(3)组织文化。即介绍组织的宗旨、阐述组织的价值观、说明组织的行为规范等。

(4)人员素质与技术水平。

(5)管理水平。

(6)社会评价。

(7)联系方法。

小常识

图片资料

(1)领导人工作的照片。

(2)组织结构图。以图标的形式一目了然地展示组织机构自上而下的管理结构。

(3)组织机构的鸟瞰图、模式图或实景摄影照片。

(4)建筑图片。

(5)工作现场的图片。如工人在现代化流水线上工作的照片或者实验室的场景。

(6)展示成就的照片。如奖状、奖杯、奖旗等。

(7)文化生活的照片。工人业余生活、文艺活动的情景。

案例演示

案例

拟出新闻发布会的具体程序

某化工公司最近通过了国家有关部门的 ISO14000 的环保质量认证,这是本地区的第一家公司通过这一认证。为此,公司决定于本月 25 日上午 10:00 召开新闻发布会披露此消息,届时将由行业主管领导颁发证书并致辞,会后还打算安排记者们参观厂区并用餐。请你依据上述内容拟出这一新闻发布会的具体程序。

参考答案

09:00—10:00 来宾和记者签到。

10:00—10:05 主持人宣布会议开始,简单致辞并介绍来宾,推出发言人。

10:05—10:35 发言人发布关于公司通过环保质量认证的消息。

10:35—10:40 由行业主管领导代表国家有关部门向公司总经理颁发证书。

10:40—10:45 由行业主管领导发言。

10:45—11:00 新闻发言人答记者问。

11:00 主持人宣布发布会结束并做好会后参观和用餐安排。

实训

1. 对图 5.2 中第三层次的各项内容进行具体说明。

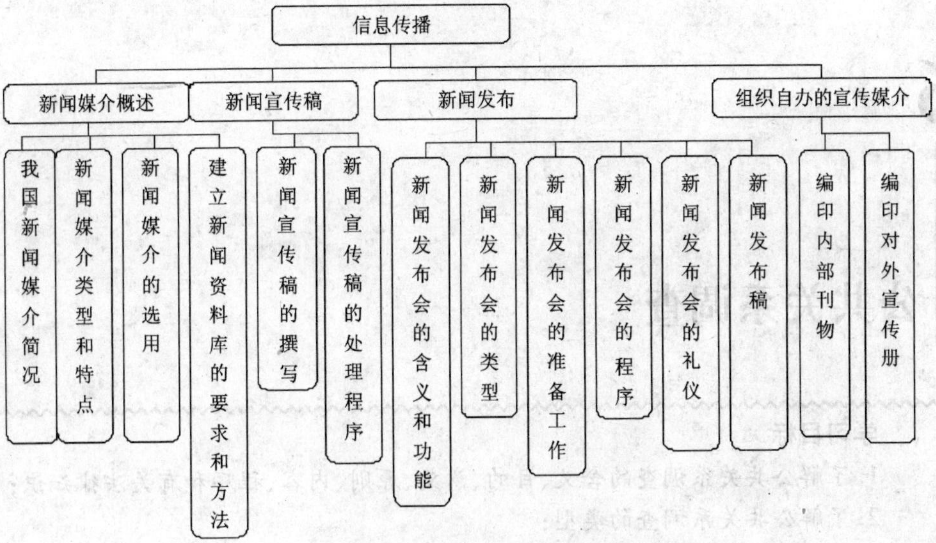

图 5.2 本章知识结构图

2. 案例分析。

案例

在一次新闻发布会前夕，下属小姚交来一份新闻发布稿让一位资深的新闻撰稿人过目，看完后小姚得到了如此评价：行文流畅，用词恰当，但要素不全。小姚经过认真检查果然发现自己的稿中缺少了很多部分。请问新闻发布稿应该具备哪些要素？

参考答案

新闻发布稿应该具备以下 8 个要素：①新闻发布会要表达什么主题？②说明该主题的内容是什么事情？③什么人完成的？④在什么时间？⑤在什么地点？⑥为什么做这件事情？⑦结果怎么样？⑧这一结果的意义是什么？

6

公共关系调查

学习目标

1. 了解公共关系调查的含义、目的、意义、原则、内容、程序和有关法律知识；
2. 了解公共关系调查的类型；
3. 掌握公共关系调查的观察法、访谈法、文献调查法、实验法和问卷调查法；
4. 了解调查方案的含义、意义和原则；
5. 能够设计总结调查方案和对调查方案评估；
6. 能够撰写调查报告。

案例导入

调查研究出来的商机

1964年，《中国画报》的封面刊出这样一张照片：大庆油田的“铁人”王进喜头戴狗皮帽，身穿厚棉袄，顶着鹅毛大雪，手握钻机刹把，眺望远方，在他的背影远处错落地矗立着星星点点的高大井架。几乎同时，《人民中国》杂志撰文报道说，以王进喜为代表的中国工人阶级，为粉碎国外反动势力对我国的经济封锁和石油禁运，在极端困难的条件下，发扬“一不怕苦，二不怕死”的精神，抢时间争速度，不等马拉车拖，硬是用肩膀将几百吨采油设备扛到了工地。不久，《人民日报》报道了第三届全国人民代表大会开幕的消息，其中提到王进喜光荣地出席了大会。

当时，由于各种原因，大庆油田的具体情况是保密的。然而，上述几则由官方对外公开的、极其普通的、旨在宣传中国工人阶级伟大精神的照片和新闻，在日本三菱重工财团信息专家的手里却变成了极为重要的经济信息，揭开了大庆油田的秘密。

（1）根据对照片和新闻报道的分析，可以断定大庆油田的大致位置在中国东北的北部，且离铁路线不远。其依据是：唯有中国东北的北部寒冷地区，采油工人才需要戴这种大狗皮帽，穿厚棉衣；唯有油田离铁路不远，王进喜等大庆油田的采油工人才能用肩膀将百吨设备运到油田。因此，只需要一张中国地图，就可以轻而易举地标出大庆油田的大致方位。

（2）根据对照片和有关新闻报道的分析，可以推断大庆油田的大致储量和产量，并可确定是否已开始出油。其依据是：首先从照片中王进喜所站的钻台上手柄的架势，可推算出油井的直径是多少；从王进喜所站钻台油井与他背后隐露的油井之间的距离和密度又可基本推算出油田的大致储量和产量；接着从王进喜出席了人民代表大会，可以断定大庆油田出油了，不然王进喜是不会当代表的。

（3）根据中国当时的技术水准和能力及中国对石油的需求，中国必定要大量引进采油设备。

于是，日本三菱重工财团迅速集中有关专家和人员，在对所获信息进行剖析和处理之后，全面设计出了适合中国大庆油田的采油设备，做好充分的夺标准备。果然不久，中国政府向世界市场寻求石油开采设备。三菱重工财团以最快的速度和最符合中国所要求设计的设备获得中国巨额订货，赚取一笔巨额利润。

——资料来源：徐刚：《现代公共关系实务教程》，北京，科技出版社，2006。

以上案例中，日本三菱重工财团是通过文献调查法获取信息、获得商机的。

公共关系调查是公共关系“四步工作法”的第一步，也是最基础性的一步。任何公共关系活动都始于调查。作为一名公共关系人员，要能够运用多种调查方法进行调查并写出调查报告。

6.1 公共关系调查概述

6.1.1 公共关系调查的含义和目的

6.1.1.1 公共关系调查的含义

公共关系调查，是运用科学的方法有计划、有步骤地去考察社会组织的公共关系状态，收集必要的资料，综合分析相关因素及相互关系，以达到掌握组织的情况，解决组织面临的公共关系问题的一种实践活动。公共关系调查是公共关系工作程序的先导，是公共关系工作的前提和基础。

6.1.1.2 公共关系调查的目的

1. 评价组织形象

通过调查，了解组织在公众心目中的形象地位、知晓程度以及评价，从而加强塑造组织形象的针对性。

2. 为组织决策提供科学依据

决策不是拍脑壳,不是想当然,而是必须有客观依据,即组织所处的外部环境、公众需求和组织自身的情况。情况在脑才会有科学的决策。情况何处来,只有调查。没有调查,就没有决策权。

3. 测量公众舆论

公众舆论又称民意,是指公众对共同关注的事物所持的意见,评论。舆论有正舆论和负舆论,即积极舆论和消极舆论。舆论具有强大的能量,应及时采取行动,扩大积极舆论,缩小消极舆论。

4. 提高公关活动的成功率

公关活动要取得成功,必须了解开展公关活动所依据的主客观条件,从中找出需求与可能,从而制定出符合实际的公关活动计划,而主客观条件的把握,必须通过调查。

6.1.2 公共关系调查的原则、内容和程序

6.1.2.1 公共关系调查的原则

为了保证公共关系调查的科学性,在进行公共关系调查时,必须遵循客观性、全面性、时效性以及计划性的原则。

6.1.2.2 公共关系调查的内容

公共关系调查的内容可分为:基础性调查和经常性调查。

1. 公共关系基础性调查

基础性调查是指对组织自身和所处的环境的基本情况的调查。内容包括公共关系内部调查、公共关系外部调查和公众情况调查。

1)公共关系内部调查

(1)组织历史情况。如组织成立的时间、背景、发展变化、对社会贡献、重要人物等。

(2)现实情况。如组织的目标、政策与措施、经营管理情况、效益、领导层和员工的情况以及需要解决的问题等。

2)公共关系外部调查

公共关系外部调查是对组织所处外部环境中的一些主要构成要素进行调查。如:经济环境、政治环境、社会环境、科技环境、竞争环境等。

3)公众情况调查

公众情况调查,实际上是外部调查的一部分,在此单独列出,为的是加以重点介绍。

(1)公众构成。如公众的类型、特点等。

(2)公众的需求。如各种类型的公众对组织的要求以及这些要求可能发生的变化等。

(3)公众态度。公众态度由认知和评价两部分构成。认知是指公众对组织的了

解和认识;评价是指公众在对组织了解的基础上做出的带有主观色彩的判断。不同类型的公众,对组织的认知和评价往往是不同的。

2. 公共关系经常性调查

经常性调查是因为组织和环境经常处于变动中,为了公关工作和活动的需要,就需要不定期地进行调查。包括内容如下。

(1)公共关系活动条件的调查。在开展公共关系活动之前,要对开展活动的条件进行调查,以使组织根据自身条件开展适合的公共关系活动。其调查内容主要包括组织的经营发展情况、组织成员的基本情况和开展活动的物质条件情况。

(2)组织形象的调查。组织形象是公众对几个组织的整体印象和综合评价。组织形象的调查主要就是对组织的知名度与美誉度的调查。

(3)公众意见调查。公众是影响组织生存发展的重要因素。组织要取得公众的信任和支持,就必须了解公众的意见。而随着时间和空间的变化公众也在不断地变化,因此组织要经常不断地进行公众意见调查,了解公众的需求、态度、行为、消费方式以及希望、困难等。

(4)公共关系活动传播效果调查。组织通常要举办各种各样的活动来开展公共关系工作,这些活动的效果究竟如何,必须通过公共关系调查来获得。

6.1.2.3 公共关系调查的基本程序

公共关系调查的程序可分为三个阶段:①前期准备阶段,即制定调查方案和设计调查方法;②中期实施阶段,即收集调查资料;③后期分析报告阶段,即处理调查结果和撰写调查报告。如图 6.1 所示。

1. 前期准备阶段

1)制定调查方案

制定调查方案,是调查的首要步骤。调查方案是调查工作的行动纲领,是保证调查工作成功的关键。

2)设计调查方法

公共关系调查常用的调查方法有观察法、访谈法、文献调查法和问卷调查法等。这几种调查方法有各自的优点和局限性,要根据不同的调查任务和组织的主客观条件,精心选择,设计不同的调查方法。

2. 中期实施阶段

这阶段主要是收集调查资料,实际上就是调查方案的实施过程。调查队伍经过培训后,要按照调查方案和调查方法的要求,进行资料和数据的收集。

3. 后期分析报告阶段

1)调查结果的整理与统计

调查资料的整理与统计,即对收集到的资料进行审核、分类、统计,以获得相应的数据。

2)撰写调查报告

撰写调查报告是对调查资料的分析和调查结果的描述,并对整个调查的科学性、准确性及局限性给予必要的说明。

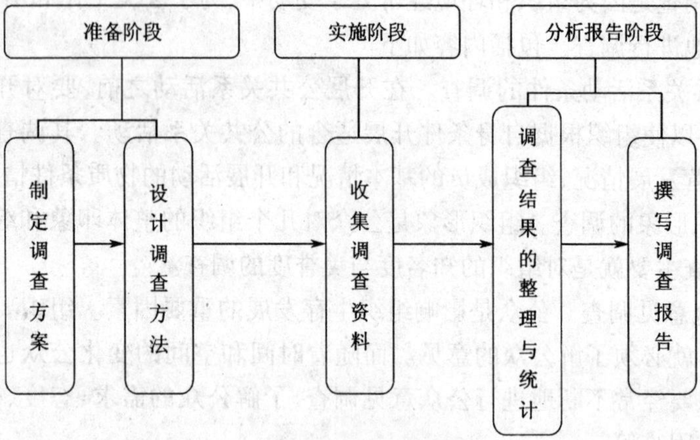

图6.1 公共关系调查程序图

6.1.3 公共关系调查中的法律知识

为了搞好调查研究,公共关系人员应该具备一定的法律意识,并重点熟悉以下几方面的法律知识:①统计法;②合同法;③经济法;④广告法;⑤反不正当竞争法;⑥消费者权益保护法;⑦知识产权法;⑧著作权法;⑨劳动法。

公共关系人员通过学习和掌握法律知识,应做到在公关工作中自己不违法,同时也可以监督竞争对手。

6.2 公共关系调查的分类和方式方法

6.2.1 公共关系调查的分类

对公共关系调查的分类,从两种角度考查,各有不同的分类方法。

6.2.1.1 从具体的角度考查

从具体的角度考杳分类,公共关系调查有以下七种分类方法。

1. 按照调查的项目分类

公关工作调查可以按项目分为各种专项调查,如,内部公众调查、外部公众调查、市场调查、CIS 调查、企业文化调查、公关广告调查、发展环境调查、发展趋势调查等等。

2. 按照调查对象的范围分类

按照调查对象所包含的范围分类,可以分为全面调查和非全面调查。

(1)全面调查是对调查对象中所有单位进行调查。其主要目的是为了取得有关总体的、比较全面系统的总量指标。

(2)非全面调查是对调查对象中的一部分单位进行的调查研究,但所调查研究的单位应具有较充分的代表性。

全面调查由于调查单位多,组织工作量大,涉及人、财、物亦较多。所以,在不影响调查效果的情况下,采用非全面调查就显得十分必要。目前公共关系调查多采用非全面调查。此外,对有些不能采取全面调查取得总体资料的情况,如带有破坏性、损耗性的质检等,也用非全面调查。

3. 按照调查组织的形式分类

按照调查组织的形式不同,分为统计调查和专门调查。

(1)统计调查,也称报表制度调查,是统计部门搜集统计资料的主要组织形式。它是按照统一的报表形式,定期地、自上而下地填报统计资料的一种统计调查制度。报表制度有助于组织决策层掌握情况,也是公关调查文献研究的重要来源。

(2)专门调查是为了某一特定目的而专门组织的一种搜集资料的调查形式,主要包括普查、重点调查、抽样调查和典型调查。

4. 按照调查的时间和连续性分类

按照调查的时间和连续性,分为经常性调查、定期调查和临时性调查。

(1)经常性调查,是组织根据环境变化,为了掌握必要的信息和科学决策而经常开展的调查活动。每次调查的时间、内容都是不固定的。

(2)定期调查,是按情况和决策的要求,按时间定期所作的调查。它的形式有月末调查、季末调查、年终调查等。

(3)临时性调查,又称一次性调查,是指组织根据某些特殊情况而开展的临时性的调查活动。这种调查是了解环境的基本情况、开展相关活动的前提。

5. 按照调查的空间层次分类

按调查的空间层次,可划分为地区性调查、省际调查、全国调查和国际调查。

其中地区性调查,可以分为农村调查、城市调查。按空间地域层次划分,除了考虑到现有行政区划以外,还要考虑地域差异因素、国际差异因素等等。

6. 按照调查的深度分类

按照调查的深度不同,可以分为探测性调查、描述性调查、因果性调查和预测性调查。

其中,探测性调查是对所需要调查的问题不太清楚,无法确定需要调查哪些具体内容时的试探性调查,又称非正式调查。它主要是寻找问题产生的原因及症结所在,为进一步调查做准备。探测性调查一般不必制定严密的调查方案,往往采取简便的方法,如搜集现有的第二手资料,或者向了解调查主题的专家、业务人员、用户、行家开展询问调查,目的在于及时掌握一些初步信息资料,以便较快地得出调查的初步结论。

7. 按照调查的方式方法分类

按调查的方式方法分类，如图 6.2 所示。

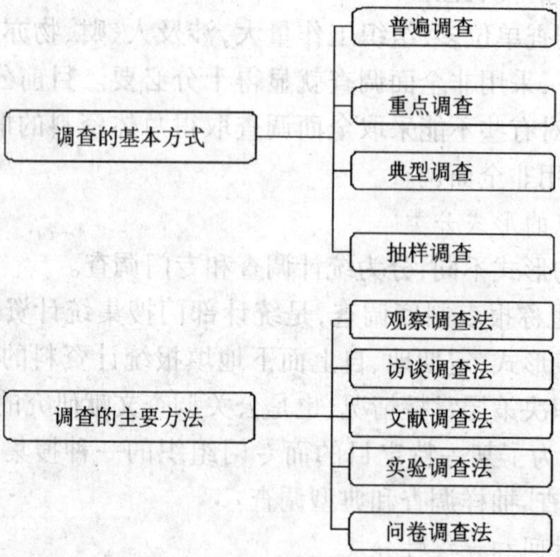

图 6.2 公共关系调查的方式方法

小知识

调查方式简介

(1)普遍调查(普查):对调查对象的全部单位无一例外地逐个进行的调查。

(2)重点调查:在调查对象的总体中,选取其中起主要或决定作用的单位,作为调查点进行调查,只要掌握它的情况,对整个调查就有了一个基本的估计。

(3)典型调查:从调查对象中选择具有代表性的单位作为典型,并通过对典型的调查来认识同类事物本质及其活动规律。

(4)抽样调查:从调查对象的总体中,按照随机原则抽取一部分单位作样本,并以对样本进行调查的结果推动总体。

"总体":这里指调查对象的全部单位。

"样本":指抽取出来进行调查的一部分单位。

"随机原则"(几率):指在抽取样本时,总体中每一个单位都有同等可能被抽中的机会。

6.2.1.2 从综合的角度考查

从综合角度考查，即按照调查的深度、广度和规模划分，公共关系调查可分为 3 个类型。

(1)小型调查，是就本单位某一问题进行描述性研究而进行的调查。

(2)中型调查，是相对于小型和大型调查而言。在性质上，不仅进行描述性研究，而且进行相关性研究和因果性研究；在范围上，不仅就单一问题进行调查，而且进行综合性问题调查；在规模上，对涉及本单位的某些问题，虽然去涉及本社区和一些外部问题，但尚未达到对某一问题的全方位调查。其调查样本的抽取，一般在500份以下。

(3)大型调查，是比中型调查更深、更广、更大的全方位调查。

6.2.2 公共关系调查方法介绍

公共关系调查采用的方法很多，这里着重介绍一下观察法、访谈法、文献法、实验法、问卷法。

6.2.2.1 观察调查法

1. 观察法概述

观察法是调查者进入调查现场，用自己的感官及辅助工具，观察和记录被调查对象的表现，从而获得第一手资料的调查方法。这种方法与其他调查方法比较起来，收集到的资料更直接、更真实、更生动、更具体。

观察法的特点：它是调查者有目的、有计划的认识活动，而不是人们日常生活中随意的、无计划的观察活动。公共关系调查的观察，是在组织的调查目的和假设的指导下进行的，需制定周密的观察计划，对观察的内容、手段、步骤、范围作出具体的规定，还要对观察员进行培训，以搜集所需的调查资料。

观察法分为参与观察与非参与观察两种。

(1)参与观察是指观察者直接介入被观察的事物，与被观察者发生联系，以内部成员的角色参与他们的活动，在共同活动中收集相关资料。如作为旅游者参加到旅游团中，了解其他旅游者对旅游团的评价。

(2)非参与观察法是指观察者不参与被观察的活动，而是以局外人的角色对调查对象进行观察。如学生利用假日到工厂、农村参观。

一般来说，参与观察比较全面、深入，能获得较细致深入的感性资料，但观察结果易受被观察者情绪的影响，有一定的主观色彩。非参与观察比较客观、公正，但只能看到一些表面的东西，观察难以深入。参与观察一般适用于无法从外部观察的场景；非参与观察一般适用于无法或无需介入到被观察者中的情况。

2. 观察提纲的设计

在正式观察之前，要根据调查的目的制定出观察提纲。观察提纲有多种形式。

1)观察项目清单

在观察前，对将要观察的事物列出需要观察的项目，并形成观察清单。以下是一个调查高速公路出口汽车情况的观察项目清单。

高速公路出口汽车情况的观察项目清单

观察目的：了解车流量情况。

观察地点：××路口

观察时间：××××年×月×日上午8:00—8:30

观察项目：

小货车　来____辆，去____辆。

中货车　来____辆，去____辆。

大货车　来____辆，去____辆。

小汽车　来____辆，去____辆。

中型客车　来____辆，去____辆。

大型客车　来____辆，去____辆。

2）观察表

观察项目排列在表格中，即形成观察表。见下例。

××市交通局关于汽车流量观察表

观察目的：了解车流量情况

观察地点：××路口

观察时间：××××年×月×日上午8:00—8:30

车型＼辆	来向车辆	去向车辆
小货车		
中货车		
大货车		
小汽车		
中型客车		
大型客车		

调查者：×××

3）观察提纲

下面是一个调查一场音乐会演出情况的观察提纲。

<table><tr><td>

观察提纲

观察目的:了解音乐会演出情况

观察地点:××音乐厅出口

观察时间:××××年×月×日 10:00—10:20

观察内容:

①欣赏音乐会的人数。

②欣赏音乐会者的年龄、性别、特征。

③对此场音乐会的评价。

</td></tr></table>

3. 小型项目观察调查法的实施

观察法的实施步骤包括:①制定观察计划与提纲;②进入观察现场,作好观察记录。

观察记录有以下三种记录方法。

(1)同步记录,即在观察的同时记录下观察到的内容。为了提高记录速度,可以采取速记方法,也可以用采访机等微型录音机录下口述,观察结束后,再根据录音整理成文字资料。

(2)事后追记,同步记录常会引起被观察者的注意或反感,所以可采用事后追记的方法。追记可采用记日记的方式,将观察到的事件,根据记忆依先后次序记录下来,也可采用单独事件记录方式,按事件的分类追录下来。事后追记是根据记忆补记所观察到情况,因此应注意抓紧补记,否则随时间的推移,会遗忘一些信息。

(3)卡片记录,这是同步记录的一种。即预先制好观察卡片或表格等记录工具,在观察时及时在卡片上画记号。这种方法可以提高观察记录的速度和观察记录的质量,有利于分类整理,有利于对观察结果进行定量分析。

请注意

<table><tr><td>

(1)要客观真实记录。观察者要以实事求是的科学态度进行记录,切记感情用事,不带偏见。

(2)充分利用观察仪器,如录像机、录音机、照相机以及其他观测仪器和量表,可以提高观察的客观性和准确性。

(3)对同一现象进行多人或多组的同时观察,以便互相印证,纠正偏差。

</td></tr></table>

6.2.2.2 访谈调查法

1. 访谈法概述

访谈法是调查者依据调查提纲与调查对象直接交谈、收集语言资料的方法,是一种口头交流式的调查方法。

访谈法的主要特点是:调查者与被调查者面对面地对话、讨论,相互作用,相互影响。在访谈调查过程中,必须注意运用人际交往和谈话技巧,才能有效地控制访问过程,获得有价值的信息资料。

根据访谈对象的数量,可以分为集体访谈和个别访谈。这里重点介绍个别访谈。

个别访谈是调查者分别访问调查对象,通过个别谈话的方式收集资料。其主要特点是,调查者和被调查者双方是个别接触,建立起相互信任的关系,排除干扰,使被调查者减少从众心理的压力,讲真话,使收集到的资料比较生动具体和真实可靠。

2. 常规访谈调查的设计

常规访谈调查的设计,主要是确定以下内容。

(1)确定访谈调查目的(为什么谈)。

(2)确定访谈人(谁去谈)。

(3)确定访谈对象(与谁谈)。

(4)确定访谈时间(何时谈)。

(5)确定访谈地点(何地谈)。

(6)确定访谈种类(怎么谈)。

(7)确定访谈问题(谈何题)。

(8)确定访谈记录方式(怎么记)。

(9)确定访谈报告方式(怎么写)。

以下是一个简单的访谈提纲。

访谈提纲

访谈目的:了解组织新员工对组织的了解和评价。

访谈人员:××公司公关部主任和一成员。

访谈对象:各部门随机挑选2名工作3个月的员工。

访谈地点:公司小会议室。

访谈时间:××××年×月×日下午2:00。

访谈种类:集体访谈。

访谈记录:访谈者当场记录。

访谈问题如下。

1. 对公司的了解

(1)你了解公司的部门组成吗?

(2)你了解公司领导班子情况吗?

(3)公司的主要产品和服务是什么?

2. 对公司的评价

(1)对公司是否满意?若满意,为什么?若不满意,为什么?

(2)对公司的人际关系有什么看法?

(3)近期有一些人离开公司,另有他就,你对此有什么看法?

访谈报告方式:书面报告

3. 小型项目访谈调查法的实施

1)访谈前的准备

访谈前的准备工作主要包括以下几点。

(1)了解调查任务、目的以及相关背景资料。

(2)设计访谈提纲。

(3)选择并了解访问对象。要根据调查的内容,选择访谈对象,要有一定的代表性。选择好访问对象后,要在尽可能的情况下了解被访者的基本情况。事先对被访者了解越多,访谈中就越主动。

(4)确定访谈的时间和地点,并事先通知被访者。访谈时间和地点的选择应以有利于访谈顺利进行为原则。

(5)准备必要的用品,如笔、稿纸、调查表格、照相机、录音机、介绍信及证件等。

2)进入访谈

进入访谈是访谈的开端,由自我介绍、表明来意、请求协助等一些内容组成,访谈者在最初见到被访者时,首先要进行自我介绍。自我介绍时要落落大方、镇定自信,语言要温和,吐字要清楚。然后应说明调查目的、意义和内容,请求对方的合作。此外,还要向对方解释选择他为访谈对象的理由,并努力消除对方的疑虑和紧张心情。

在访问开端,会出现被访者不合作、拒绝回答问题的情况。此时,应尽快缩短访谈者和被访者之间的距离,与被访者建立起相互理解、尊重、平等的关系与气氛,这是良好访谈开始的重要条件。常用的方法有:①自然接近法,即在某种共同的活动,如工作、劳动、娱乐等过程中逐步地接近对方,然后说明来意,进行正式访问;②求同接近法,即寻找双方共同的爱好,或者共同的背景,或共同关心的问题,以此入手接近被访者;③友好接近法,即从关怀、帮助被访者入手,联络感情,缩短双方的距离。

3)控制访谈过程

在访谈开始后,访谈者要通过有效的手段,掌握、引导访问的过程,以尽可能地达到调查的目的。常用的控制方法有提问控制和非语言控制等方式。

(1)提问控制是访谈者用提问的方式控制调查过程的方法。提问的方式多种多样,或开门见山,或循循善诱,或灵活机动、合乎时宜地发问、追问,使被调查者能围绕调查的主题充分地发表自己的意见。

(2)非语言控制是访谈者根据自己或访谈对象的表情、动作、姿态等控制调查过程的方法。如访谈对象打哈欠、伸懒腰,就表示他已劳累或疲倦,访谈者应抓紧时间提出主要问题,尽快结束访谈。

4)访谈记录

记录分当场记录和事后记录两种。

(1)当场记录,即边谈边记录。为了使访谈记录更好,可以采用两人一起访谈的办法,一人专门访问,一人专门记录;也可以使用采访机来记录,但必须征得对方的同意。当场记录可以用速记法,逐字逐句地记录,访问结束后再翻译整理;也可以采用重点记录法，仅记录重要观点和主要事实。当场记录的优点是，记录较完整、客观；缺点是影响访谈速度，易削弱访谈人员的注意力和被访者的情绪。

(2)事后记录，就在访谈之后靠回忆进行记录。有记日记法和单独事件记录法。它可以不破坏访谈的过程，但这种方法有时会因访谈者的记忆和偏好产生误差。

为了提高记录的可靠性和准确性，在访谈结束前，应将记录的主要内容，特别是容易发生差错的部分如时间、数据等，请被访者复核、更正、补充。

请注意

(1)访谈中，访谈人员要保持中立的态度，不要把自己的意见暗示给访谈对象，否则会影响资料的真实性。

(2)要把握访谈的方向和主题，防止谈话偏离调查主题，以免影响效率。

(3)使用语言要简明扼要。

(4)根据访谈对象的特点，灵活掌握问题的提法和口气。如遇到熟悉的人受访者，而且对方又事务繁忙，则可以直截了当地提出问题。再如，对不善于回答问题的受访者，可以采用循循善诱的方法进行提问。

6.2.2.3 文献调查法

1. 文献调查法概述

文献调查法是通过查阅各种文献，收集有关组织形象或组织发展的信息，并进行统计分析的一种间接的调查方法。

文献调查的种类很多，按照文献的载体形式和记录技术，大体可以分为以下几种。

(1)书面文献，指用文字或数字记录的资料，包括各种公开发行或不公开发行的报刊、书籍、档案、报告、会议文献、统计资料等，是一种最广泛的文献形式。

(2)音像文献，指运用录音、录像和摄影技术记录声音与图像的文献形式，包括电影、电视、录像、录音、唱片、照片等媒介形式。

(3)电子文献，指用电子计算机阅读和查阅的文献。包括磁盘文献和网络文献。

2. 文献调查提纲的设计

这里主要介绍书面文献调查中的一种主要形式——剪报。

剪报，是把报刊杂志上关于组织情况的报道、评价以及与组织发展有关的信息进行剪辑、整理、统计、分析的一种媒介调查方法。在进行剪报之前，要设计提纲，内容包括调查主题、调查媒体、文献的时间范围、调查内容等。

以下是一个文献调查提纲。

调查提纲
调查主题:报纸对赈灾义演活动的报道情况及评价。 调查时间范围:××××年2月1日至××××年2月10日。 调查内容如下。 1. 此次活动的见报情况 (1)全国性报纸报道次数与大约字数。 (2)省级报纸报道次数与大约字数。 2. 对此次活动的评价 (1)全国性报纸的评价。 (2)省级报纸的评价。

3. 文献调查法的实施

(1)建立索引。要根据调查任务开列文献清单,即确定调查对象,注明调查对象的所在地。这个过程就是建立索引的过程。这项工作一般先查阅图书、报刊索引,然后在查阅文献当中,再发现新的线索,不断加以补充。

(2)查阅和记录文献资料。即根据文献索引的提示,逐步查找和阅读,并把它们按不同的方式记录下来。记录的方式主要有抄写或复印原文和进行内容摘要两种。采用哪种记录方式,要由资料的价值和作用决定。如统计资料、重要文件、概念等都要记录原文,而事件发生过程和评论性文章就可以记录摘要。不论哪种记录方式都要把文献发表或形成的时间、作者情况、出处、出版单位等记录下来,以备事后查询。

(3)对文献的核实及分类登录。文献资料收集上来,不能马上使用,先要通过比较、核实,证明其真伪,去掉错误和没有价值的资料,保留真实和有价值的资料。

经过对文献的核实鉴别后,要对文献进行分类登录。分类是根据调查任务和提纲的要求进行。分类后每一份文献资料都要标上编号,分门别类地保存起来,以备分析使用。

6.2.2.4 实验调查法

1. 实验调查法概述

常用的实验调查法主要有两种。

(1)事前事后对比实验。即在同一个场内,先在平常的情况下进行测量,收集必要的数据;然后进行现场实验,经过一定的实验时间后,再进行测量,把事前事后得到的数据进行对比,就可以了解实验的效果。例如,用事前事后对比实验方法,可以调查交通状况的变动对旅游景点的影响。

(2)控制组与实验组对比实验。控制组指非实验单位;实验组指实验单位。以实验单位的实验结果同非实验单位的情况进行比较而获取的信息方法,就是控制组同实验组对比实验法。这种方法的优点在于实验组与控制组在同一时间内进行现场对比,不需要按时间顺序分为事前事后,这样可以排除由于实验时间不同而可能出现的外界变数的影响。例如，在事前事后中，由于时间不同或形势不同了，人们心理的变化等就会影响实验效果的准确性。

2. 实验调查法的设计

(1)事前事后对比实验的设计。步骤为：①选择实验对象；②实验前对实验对象进行检测（简称“前检测”）；③对实验对象进行实验（简称“实验激发”）；④实验后对实验对象进行检测（简称“后检测”）；⑤做出实验结论。其公式为：实验效应 = 后检测 - 前检测。

(2)实验组与对照组设计。选择一批实验对象作为实验组，同时选择一批与实验对象相同或相似的对象作为对照组，并且努力使实验组和对照组同时处于相类似的实验环境之中。然后，只给予实验组实验激发，而不给予对照组实验激发。最后，根据实验组与对照组前后检测的变化对比，做出实验结论。其公式是：实验效应 = 实验组（后检测 - 前检测）- 对照组（后检测 - 前检测）。实验组对照组设计的最大优点在于，它能大致测量出实验效应与非实验效应的范围或程度，从而使对实验效应的评价更为客观和准确。

3. 实验调查法的实施

实验调查法的实施非常复杂，特别要注意以下几个问题。

1)实验者的条件

实验者要思想解放，有求是精神；有较高的理论知识水平；有一定的实际工作经验和灵活处理问题的能力；有一定的权利和威信。

2)实验对象和实验环境的选择

实验对象和实验环境的选择，一定要在同类事物中具有较高的代表性。对于复杂的事物来说，选择的实验对象和实验环境还应具有不同类型、不同层次的代表性。

3)实验过程的控制

实验过程的控制，对于实现调查目的有很大影响。主要包括两方面：一是对实验激发的控制，既要严格按照设计的方案进行，又要在不违背实验目的的前提下具有一定的灵活性；二是对非实验因素的控制，主要是排除实验者自身的干扰、实验对象的干扰和周围环境的干扰。

4)实验效果的检测和评价

实验效果的检查要坚持科学性、统一性和可重复性。实验效果的评价，一是正确的评价；二是对其推广应用于其他同类事物的正确程度做出评价。

6.2.2.5 问卷调查法

1. 问卷调查法概述

问卷调查法是调查者运用统一设计的问卷，利用书面回答的方式，向被调查者了解情况并收集信息的方法。

通常把问卷分为两种，即自填问卷和代填问卷（访问问卷）。自填问卷即由被调查者自己填答的问卷，而代填问卷则是由访问人员根据被调查者的口头回答来填写的问卷，它们分别运用于问卷调查法和访谈调查法。

2. 问卷调查的设计

1)以前提假设和理论框架的方式明确目的

每一项调查开始之前，首先要明确调查的目的，并用前提假设和理论框架表述出来。

如果要调查一个城市兴衰的原因，在不明了真正原因的情况下，先要假设一些原因，如交通、水源、安全等，这些假设的原因被称为前提假设，它是调查问卷设计的基础。如果调查的结果与前提假设相吻合，则证明前提假设是正确的；如果调查结果与前提假设不相符合，或者完全相反，则用事实证明这一假设的不正确，可以从中推导出正确的结论。

被调查者的基本情况、动力因素、态度和行为构成了基本的理论框架。它使所要调查的问题得以深化。由于每一项调查的目的不同，要建立的具体理论框架也不同。

2)调查问卷构成

调查问卷一般包括前言(说明信、指导语)、主体、(调查内容)和结语三部分。

(1)前言。前言由说明信和指导语构成。

说明信一般放在问卷的开头，它是给被调查者的短信。用它来交代调查者的身份、调查目的、意义、内容、要求及通信地址，以消除被调查者的顾虑，争取他们的积极支持与配合。举例如下。

> 乘客同志：
>
> 你好！为了更好地为您服务，我公交公司开展了“了解市场、了解乘客”的调查活动，请您在百忙中抽些时间填写本问卷，我们将在回答问卷的乘客中抽取200名中奖者，赠送本公司精美的纪念品。
>
> 填写本问卷不记姓名，我们也会遵照保密法对所填内容给予保密，请您放心、真实地填写。
>
> 谢谢您的支持与合作。
>
> ××公司
>
> 通讯地址：××××××
>
> 电话：××××××××

指导语是用来指导被调查者填写问卷的说明。需要说明的事项一般有：对选择答案时所用符号的规定、选择答案的个数及其他要求。例如：

> 填表说明
>
> ①请在符合您的情况和想法的答案前划“✓”
>
> ②若无特殊说明，每一个问题请选择一个答案。

为了给被调查者以良好的“第一印象”，前言语气要谦虚、诚恳，文字要简洁、准确、有可读性。

(2)主体。问卷的主体包括调查的问题和回答的方式,即问题设计和答案设计。

问卷调查所调查的问题一般按照自变量、因变量和中介变量三部分内容来设计。

自变量是固定的因素,不因其他因素的影响而变化。自变量部分是确定谁在答卷,由社会性的事实构成。问题有:性别、年龄、文化程度、居住地区、经济收入、职业、婚姻状况、宗教、种族、党派、国籍等。

因变量是受到自变量或其他变量影响而发生变化的变量。因变量部分主要是确定被调查者的态度和行为。包括对某件事物、某个观点的认知程度、偏好程度以及评价和行动等。例如,了解游客是否听说过××景点,是否对它有较好的印象,是否愿意去游览这个景点等等,这些都属于因变量问题。

中介变量是受自变量影响而发生变化,同时又能影响因变量的因素。它是确定到底为什么这样,它包括动机、需求、信仰、期望等等。如,某人为什么去××佛教胜地,是否由宗教信仰所致。对中介变量内容的调查,可使调查更加深入。

在问卷调查中,问题的提出一般分为开放式、封闭式和半封闭半开放式三种形式。问卷最多不超过25个问题。太长的问卷易使答卷者厌烦,影响答卷的质量。

(a)开放式问题不设答案,由答卷者自由回答。如:"您对本公司的印象如何?""您认为我公司存在的主要问题是什么?"这种形式的优点是可以帮助调查人员开阔思路,搜集一些事先未曾料到的问题。其缺点是被调查者有可能填写一些与调查无关的意见,资料不标准化,难以进行定量分析。

(b)封闭式问题设置答案,答卷者只能在其中选择。如,"假设以服务质量为标准将本市公交公司分为三个等级,您认为我公司应属于哪一等级:A上;B中;C下"。其优点是答卷者易回答,而且回答标准化,易分析处理。其缺点是,对比较复杂的问题,答案难以设计周全;回答方式缺乏弹性,难以发挥答卷者的主观能动性;答卷中的失误难以发现,影响回答的真实性。

(c)半封闭半开放形式,即在封闭式问题后面加上"其他"或在开放式问题前加上封闭式答案。如,"您认为××路公交车的特点是——。A车况好;B司机技术高;C所经路线好;D其他。再如,您对××路公交车的评价是——。A满意;B一般;C不满意;请说明理由——。"其优点是,既给答卷者一定的自由回答余地,又给其一定的标准答案,综合了封闭式和开放式问题的优点,克服了它们的缺点。

(3)结语。结语可以是简短地对被调查者的合作表示真诚的感谢,也可以征询一下对问卷设计和问卷调查本身有何看法和感受。有的问卷也可以不要结语。

小技巧

调查问卷如何提出问题

(1)问题要具体。如问“您认为我公司改革开放做得怎么样?”问题就太宽泛了。

(2)问题要单一。如问“您一家都喜欢这种产品吗?”问题就不单一。

(3)少用生词和专业术语。

(4)问题不要带调查者的观点、倾向。

(5)保护被调查者的自尊与个性。

(6)选择题所列项目要互斥,不要相互包容。

(7)选择题所列项目要穷尽所有情况,不能穷尽的要另立一项“其他”。

(8)要将容易回答的问题放在前面,不要将涉及个人隐私的较难回答的问题放在前面。

(9)要善于提出问题,以引导答题者。有的问题不宜正面去问,可以迂回地去问。

(10)数字要准确,不要交叉。如问“20 岁以下有多少人?”“20 ~ 30 岁有多少人?”这里的 20 岁就出现了交叉。

案例

调查问卷

亲爱的顾客:

为进一步提高服务质量,更好地为广大顾客服务,本公司特设计了这张问卷调查表。请您在百忙中对下面的问题作答。3 天内送回商场询问处。凡送回问卷者,均可获得精美纪念品一份。谢谢您的支持与合作!

××公司公关部

地址:××××××××××××××

电话:××××××××××××

××××年×月×日

1. 您的年龄

20 岁以下(　)　21 ~ 45 岁(　)　46 ~ 60 岁(　)　61 岁以上(　)

2. 您的性别

男(　)　　女(　)

3. 您的文化程度

高中以下(　)　大专(　)　本科(　)　研究生以上(　)

4. 您在本商场购买过商品吗?

买过(　)　没买过(　)

5. 您到本商场是因为(　　)(可从中选几个答案)。

①商品丰富,便于挑选(　)②商品质量好(　)③购物环境好(　)④营业员服务态度好(　)⑤方便,离住地较近(　)⑥顺路(　)

6. 您认为本商场哪个柜台的商品陈列比较好?

小百货柜(　)　文具柜(　)　纺织品柜(　)　针织品柜(　)

鞋柜(　)　眼镜柜(　)

7. 请您对下面几个商场的商品丰富情况用"1、2、3、4、5"的顺序排列出来。

五星(　)百货大楼(　)华联(　)美城(　)购物中心(　)

8. 您对本商场的卫生状况有什么看法?

很好(　)好(　)一般(　)差(　)很差(　)

9. 您对本商场营业员的服务有何建议?

——资料来源:编者撰写。

3. 问卷调查法的实施步骤

问卷调查法的实施步骤包括设计调查问卷、选择调查对象、发放与回收问卷、审查问卷4个阶段。设计调查问卷前面已有介绍,这里就后3个阶段包含的内容作一简单说明。

1)选择调查对象

调查对象的选择要考虑两点:①根据问卷调查的目的去选择,选择的对象要有一定的数量,一定的代表性,并不是选择的面越宽越好;②选择调查对象,要注意可能性问题,即选择的人能找得到,可以参加答卷,且有一定的文化水平,能够答卷。

2)问卷的发放和回收

问卷的发放和回收一般有以下几种方式即分发、寄发、媒介发布。

(1)分发,即通过有关专业人员,将问卷向公众当场分发,并当场回收。

(2)寄发,即通过邮寄的方式,进行问卷的发放和回收。在问卷寄出之前,要与调查对象取得联系;在问卷寄出之后,要适当地提醒对方作答。为争取较高的回收率,应在问卷中附带已贴好邮票的回信信封。

(3)媒介发布,即在大众传播媒介上刊登问卷,面向公众进行调查。发布问卷的数量相当于该媒体的发行量和浏览量。因此,问卷的回收量也较大。用于刊登问卷的媒体一般有报纸、杂志、互联网等。

3)审查问卷

审查问卷是指对回收上来的问卷进行整理,淘汰回答不正确、不完整的无效问卷,保留合乎要求的有效问卷,以提高问卷资料的可靠性和准确性,为问卷资料的分析研究工作奠定基础。

6.3 公共关系调查方案的制定

6.3.1 调查方案设计的含义、作用和原则

6.3.1.1 调查方案设计的含义和作用

根据调查的目的和任务，对调查的各个阶段的各个方面工作统筹安排，制定出完整的调查方案，即为调查方案设计。

调查方案设计起着统筹兼顾、统一协调的作用，能够使调查更加完整、系统和有针对性，从而更好地完成调查任务。

6.3.1.2 设计调查方案的基本原则

1. 实用性原则

调查方案是调查工作的行动纲领，设计调查方案必须着眼于实际应用，实用性是评价调查方案优劣的首要标准。

2. 时效性原则

任何工作都讲时间、讲效率。设计调查方案更要考虑时效性问题。尤其是一些应用性课题，延误了时间，就失去了作用。

3. 经济性原则

设计调查方案一定要注意从各个方面节俭。例如，对一个问题的调查，可能有几种调查的方式方法可供选择，在选择时，一定要注意投入产出，力争最少的人、财、物力和时间，取得最大的调查效果。如在效果相同的情况下，能作抽样调查的就不作普遍调查，能访谈法解决问题的，就不用实验法。

4. 一定的灵活性原则

调查方案是调查工作开展前的设想和安排，它与实际情况之间可能并不完全吻合，而且实际情况也在不断变化，因此设计调查方案时，对于调查工作中的具体安排和要求要留有余地，有一定的灵活性。一个具有一定弹性的调查方案，才最适合于应用。

请注意

> 对于一些重大、复杂的课题调查，往往需要设计几套不同的调查方案，经过可行性研究之后，从中筛选出最佳方案作为实施方案，另外还要有一套至两套后备方案，以应对情况的变化。

6.3.2 调查总体方案设计

调查总体方案设计一般包括8项内容。

1. 调查目的

调查目的，即调查所要解决的问题。一般根据组织的需要和组织所处环境的实际情况来设定调查目的。

请注意

(1)调查目的避免定得过高、过宽,造成力量的分散。

(2)调查目的应是组织最需要解决的主要问题。

2. 调查对象

调查对象就是被调查的人或单位。调查对象由调查目的确定。

请注意

(1)调查对象涉及的面并非越宽越好,而是在保证调查效果的前提下,有够用的量。

(2)确定调查对象范围时,不要随意列入无法接触的个人或单位。

3. 调查项目

调查项目,就是向调查对象了解哪些问题。

请注意

(1)调查项目是调查任务需要的,又能取得答案的。

(2)调查项目的表述一定要明确,使回答有确定的答案。

(3)调查项目安排要有内在的逻辑性,做到相互关联和照应。

4. 调查提纲和调查表

把调查项目进行科学的分类和排列,即构成调查提纲或调查表。调查表一般由表头、表体和表脚3部分构成。①表头包括调查表的名称、调查单位的名称、性质和隶属关系等;②表体包括调查项目、栏号和计量单位,它是调查表的主要部分;③表脚包括调查者或填报人的签名和调查日期等,目的在于明确责任,提高填表质量。为了便于正确填表,调查表还可附"填表说明"。不同的调查方式方法,采取的调查提纲或调查表的式样不尽相同,具体可参阅本章中的6.2.2。

5. 调查时间和地点

调查时间,一是指调查过程的时间,即何时起、何时止,保证调查工作的进度。二是指获取调查资料的时间,这个时间一定要准确无误,否则,时过"情"迁。

调查地点,既要考虑调查对象方便,又要考虑调查效果,尽量使二者统一起来。须知,不同的地点可能产生不同的调查效果。

6. 调查方式和方法

搜集整理调整资料的方式方法见本章6.2.1和6.2.2。

采取何种调查方式方法取决于调查任务和调查对象,没有固定、统一的要求。一般大中型调查可综合运用几种方式方法。

7. 调查资料的研究分析方法

对调查资料的获取和研究处理,要确定一套科学缜密的办法,包括审核、分类、汇总、分析。

6.3.2.8 调查组织工作计划

调查组织工作计划,就是要把调查机构设置、人员选择和培训、调查工作步骤等安排好。它是调查工作顺利完成的保证。

6.3.3 调查方案的评估

调查方案的评估,就是对调查方案进行可行性评估和优劣评估。

1. 可行性评估

调查方案可行性评估的方法主要有逻辑分析法、经验判断法和试点调查法等。

(1)逻辑分析法。即通过逻辑分析的方法,检查调查方案是否符合逻辑要求。

(2)经验判断法。即由一些有经验的人士对调查方案进行研究和判断,论证方案的可行性。

(3)试点调查法。即选取少量多次对象作试点,从中发现问题,加以修改,使调查方案更加科学和完善。试点调查也是一种典型调查,其目的:一是对调查方案进行实地检验,判断方案的完善性和可行性;二是作为一次"热身",一种实践演练,为正式开展调查作好准备。

2. 优劣评估

调查方案的优劣主要从以下三方面来评价。

(1)方案是否准确地体现了调查的目的。

(2)方案是否体现实用性、时效性、经济性和一定的灵活性原则。

(3)方案能否使调查的质量比以往有所提高。

6.4 公共关系调查报告的撰写

6.4.1 调查资料的整理

调查资料整理,是对调查得来的大量个别的、分散的资料进行审核、分类,并使之系统化、条理化的过程。调查资料的整理是统计分析与理论分析的基础,是撰写调查报道的前提。

6.4.1.1 资料的审核

审核资料是整理资料工作的第一步。

审核,是对调查资料进行审查与核实,目的在于保证资料的科学性。资料的审核有两种情况:一是实地审核(收集审核),即边收集边审核;二是系统审核,即在收集整理后,集中时间进行审核。

1. 审核的原则

(1)真实性。对收集到的资料要根据经验和常识进行辨别,看其是否符合客观实际。

(2)标准型。对于需要相互比较的材料要审核是否有可比性;对于统计资料要审核指标的含义是否一致、计量单位是否相同等等。

(3)准确性。要对资料进行逻辑分析,检查资料中有无不合理和相互矛盾的地方。如某人年龄栏内填写12岁,而文化程度栏内填写博士研究生毕业,显然相互矛盾。

(4)完整性。检查资料是否按调查提纲或统计表格的要求收集齐全,检查在调查中发现的新线索、新问题是否有了调查结果。

2. 审核的方法

(1)第一手资料的审核。第一手资料是指直接调查获得的资料,如用观察法、访问法、问卷调查法获取的资料。一般情况下,第一手资料可以对照事实重新审核。

小技巧

用观察法所获资料,审核时应注意观察资料是否严格遵循调查提纲收集。若观察以小组为单位进行,则应当将小组成员各自获得的资料进行比较,以保证其准确性。

通过访谈法和问卷调查法所获资料分为以下两种类型。

(1)非结构式(非标准化);如访谈法中使用的访谈提纲所获资料,问卷调查法中使用开放式问题所获资料。对此种资料审核时,应注意被调查者的态度、情感倾向、理解力等,以保证资料的真实性。

(2)结构式(标准化);如问卷调查法中使用封闭式问题所获资料。对此种资料审核时,应注意3点:①完整性,即所列项目是否都填写了;②是否有逻辑错误;③通过检查问卷中的控制性问题判断问答的可靠性。如问某人就职的原因,他选择的是"为社会奉献";后来问他辞职的原因,他选择的是"工资低",显然二者有矛盾,其中必有一假。

(2)第二手资料的审核。第二手资料即间接调查获得的资料,主要指用文献调查法获取的资料。一般包括两类,即文字资料和统计资料。

请注意

注意文献编写时间和作者、出版者。

(1)文献的作者、出版者的社会政治背景及目的对文献是有影响的。

(2)应把文献编写时间和文献中所描述的事件发生的时间加以对照。一般情况下,文献编写日期离事件发生的时间越近,文献的内容就越具体可靠;但又可能受当时社会政治背景影响,含有虚假成分。文献编写的时间晚些,可以摆脱当时的社会政治影响,反映事实更客观些,但又可能因时间距离长,出现遗漏或偏差。因此,审核时必须具体情况具体分析。

6.4.1.2 资料的分类

资料的分类是资料整理的第二步工作。资料分类,就是按一定的标准将资料分门别类地加以区分整理,是繁杂的资料系统化条理化的过程,它不仅能加深对资料的认识和理解，同时也能方便资料的存取。

1. 确定分类标准

选择和确定分类标准是分类的关键。分类标准可分为品质标准和数量标准两大类。所谓品质标准，就是反映事物属性差异的标准，例如，性别、民族、职业等；所谓数量标准，就是反映事物数量差异的标准，如年龄、收入、人口等。

分类标准的选择必须十分慎重。分类标准的确定往往反映了研究的目的和某种理论假设，本身就是对所研究问题的一种分析和认识。选择的分类标准是否合理将关系到研究的成败。

请注意

(1)分类标准必须反映调查的目的。例如，要了解某城市居民的健康情况，以鉴赏音乐水平作为分类标准是毫无意义的。再如，要研究影响少年儿童兴趣爱好形成的基本因素，事先提出的假设是"家庭、学校、社会的影响是少年儿童兴趣爱好形成的重要因素"，那么确定的分类标准就应该是以家庭、学校、社会的影响为核心，如以父母的职业、文化程度、爱好、学校课程的开设、学校家庭的周边环境等变量作为分类标准。

(2)分类标准必须能反映事物的重要特征。事物有诸多特征，由于受研究条件(时间、人力、财力等)的限制，研究者只能选择与调查目的关系紧密的重要特征作为分类标准。

2. 选择分类方法

确定了分类标准以后，接下来的工作是根据分类标准对资料进行具体的划分。无论是定性资料，还是定量资料，都必须遵循下述三个原则。

(1)互斥性。互斥性是指划分的类别不能重叠，一个对象只能归于一类，不能既属此类，又属彼类。如按国籍把人分为中国人、美国人、美籍华人的划分法就不正确，因为美籍华人可以被划分入两个类别中。

(2)完备性。完备性是指所划分的类别之和应是周严的。所分的类，应把所有对象都包容，无一遗漏。如把人按年龄划分为少年、青年、中年、老年四种就不完备，因为婴儿无组可归。

(3)显著性。即类别之间的差异性显著。每一类别内部的差异尽量缩小，类别与类别之间的差异尽量增大。如，研究不同的人对消费的态度，可以将人分为十几类甚至几十类，也可仅划分为两类：高收入者和低收入者。至于说应采用哪一种分类方法，就要看哪一种分类法更能将不同人的态度差异表现出来。

6.4.2 调查资料的统计分析

调查资料的整理工作完成以后，就进入了资料分析阶段。专业的资料分析可以分为统计分析和理论分析两个部分。统计分析作为一种定量分析方法，是把调查资料具体化和数量化，并为进一步的理论分析提供数据支持。因此，统计分析是公共关系调查中不可缺少的环节。

统计分析包括描述性统计分析与推断性统计分析。

小常识

描述性统计分析

描述性统计分析是指用统计图表或统计指标的形式反映调查对象的基本特征与相互关系的一种统计方法。描述性方法是统计分析的基本方法,适用于以各种调查方式获取的资料。

描述性分析包括:变量分布的分析、集中趋势的分析、离散趋势的分析和相关分析等。

测定集中趋势常用的方法有众数、中位数、平均数。

众数是指一组变量中出现次数最多的那个变量值。

中位数是指将一列变量值按大小顺序排列起来,处在中间位置上的那个数。

平均数,即算术平均数,它是指总体中各个变量值的总和除以这些变量值的个数所得的商。

例如,某市场牛肉价格经常发生变动,如将一个月内其变动情况作一个图,每天的肉价分布在图的上下各处,即为变量分布。若将一个月内每天的肉价加以统计,计算出平均数为每公斤 10 元,则这每公斤 10 元是这个月该市场的牛肉价格的集中趋势。而每天的肉价与此平均价的差额,即为离散趋势。对牛肉价格变动的原因进行分析,即为相关分析。

6.4.3 制作统计表和统计图

汇总的数字资料,一般都要通过表格或图形表现出来,为此,就要制作统计表和统计图。

6.4.3.1 统计表

统计表是系统地表述数字资料的表式,它具有系统、完整、简明、集中的特点,而且便于计算、查找和进行对比研究。广义来讲,统计表包括统计调查中的调查表、汇总表、整理表、分析表以及公布统计资料所用的表式等。狭义来讲,统计表则仅仅指记载汇总结果和公布统计资料的表式。这里所讲的统计表,是狭义的。

统计表的结构,从形式上看,一般由标题、标目(横标目、纵标目)、数字、表注等要素构成。标题,就是统计表的名称,它简要地说明表中统计资料的内容,位于表的顶端中央。标目,分横标目和纵标目。横标目,通常写在表的左边,用以说明总体各组或各单位标志。纵标目,通常放在表的右上方,用以说明总体各组或各单位的指标。数字,是统计表的主体,一般用绝对数、相对数或平均数等。数字,说明总体各组或各单位有关指标的数量特征。表注,是对统计表有关内容所作的说明。通常包括资料来源、历史背景、计算方法、可靠程度等。

从内容上看,统计表的结构包括主词和宾词两个部分。主词,就是统计表所要说明的总体或是总体的各个组、各个单位的名称，通常排在表的左方。宾词，就是统计表用来说明主词的各种指标，通常排在表的右方。

统计表的结构，见图6.3所示。

我国××城市人均生活消费支出及构成

(2007年)

主词　　　宾词

	金额（元）	比重（%）
生活消费支出总计	6 000	100.0
1.生活消费品支出	4 800	80.0
2.文化生活服务支出	1 200	20.0

纵标目　横标目　数字

注：金额为人民币

图6.3　统计表结构

统计表按照主词的结构，可分为简单表、分组表和复合表三种。

(1)简单表。即主词未作任何分组的统计表。简单表中，主词只列举总体各单位的名称，或只按时间顺序排列。见表6.1和表6.2所示。

表6.1　三个大型商店营业额(2007年)

店别	营业额（亿元）
国际	1.2
天隆	1.5
东方	1.6

表6.2　"十·五"计划期间××城市工业总值

年份	工业总产值(亿元)
2001	50
2002	52
2003	54
2004	56
2005	60

(2)分组表。即主词按一个标志进行分组的统计表。利用分组表，可以揭示不同类型现象的数量特征，研究调查总体的内部结构，分析现象之间的相互关系。见表6.3和表6.4所示。

表6.3　职工性别构成表

性别	人数(人)
合计	200
男	158
女	42

表6.4　职工年龄构成表

年龄	人数(人)
合计	200
25岁以下	20
25~35岁	120
36~45岁	30
45岁以上	30

(3)复合表。即主词按两个或两个以上标志进行复合分组的统计表。复合表,可以把多种标志结合起来,从不同的角度反映社会现象的不同数量特征。见表6.5所示。

表6.5 ××市城乡商店贸易情况

	2006年	2007年
一.商店数(个)	420	500
1.城市	300	350
2.乡村	120	150
二.商店贸易成交额(万元)	235.0	705.0
1.城市	211.0	524.0
2.乡村	24.0	181.0

统计表除按主词结构分类外,还可以对宾词进行设计。宾词指标的设计有两种:简单设计(又称单一设计、平行设计)和复合设计(又称层叠设计)。下面表6.6和表6.7,分别为宾词指标的简单设计和复合设计。

表6.6 某公司各分公司职工的性别和年龄的构成(简单设计)

分公司名称	职工人数(人)	性别		年龄		
		男	女	18岁以下	18~46岁	46岁以上
甲	1	2	3	4	5	6
一分公司						
二分公司						
三分公司						
⋮						
合计						

表6.7 某公司各分公司职工的性别和年龄的构成(复合设计)

分公司名称	职工人数(人)	男				女			
		18岁以下	18~46岁	46岁以上	小计	18岁以下	18~46岁	46岁以上	小计
甲	1	2	3	4	5	6	7	8	9
一分公司									
二分公司									
三分公司									
⋮									
合计									

从上两表可以看到,宾词指标简单设计时,宾词各指标是彼此分开、单独设计的。

这种设计,内容简明、清晰,但难以揭示指标间的内在联系。宾词指标复合设计时,宾词指标是互相层叠地进行整理计算的。这种设计,利于显示指标间的内在联系,但指标不宜过多,否则栏数就会成倍增加。

请注意

制作统计表,必须遵循科学、实用、简练、美观的原则,必须注意以下一些问题。

(1)总标题的文字应简短概括,能确切说明表的内容、统计的时间和地区。

(2)纵横标目的概念要明确,排列要有一定的逻辑顺序,一般应根据先局部后全体的原则排列,但若局部的项目较多,则可先列出合计,后列项目。如果栏目比较多,就需要编号,并说明其相互关系。跨页时,标目应照原表列出。

(3)表的上下两端画粗格线,纵栏目之间以及横栏目与数字之间画细格线,表的左右两端一般应为开口式。

(4)表中的数字要填写整齐,对准位数。缺项时用"……"标明,数字是零时用"—"下行与上行数字相同时,不应用"同上"或"〃"表示,而应用实际数字填写。

(5)表注应简明扼要。数字行里不应混杂文字,凡需要说明的问题,一律写入表注。

6.4.3.2 统计图

统计图是表现数字资料的一种重要形式,它具有形象生动、直观、概括、活泼、醒目等特点,它可使读者一目了然,具有较大的吸引力和说服力。

统计图按其表现形式的不同,可分为几何图、象形图、统计地图3种类型。

1. 几何图

几何图就是利用点、线、面来表示统计资料的图形。它包括条形图、平面图、曲线图等。

条形几何图,如图6.4所示。

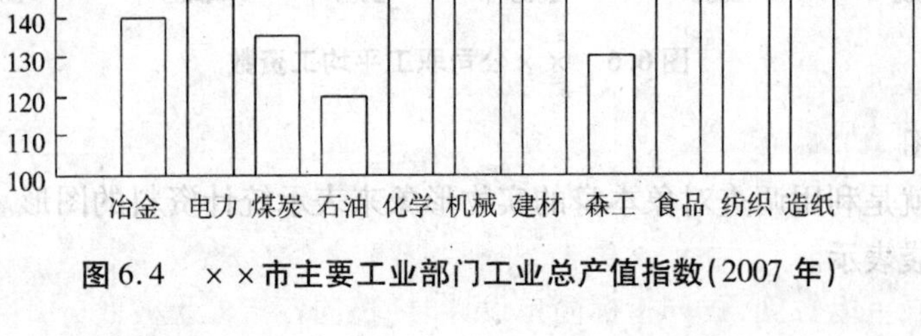

图6.4 ××市主要工业部门工业总产值指数(2007年)

平面几何图,如图6.5所示。

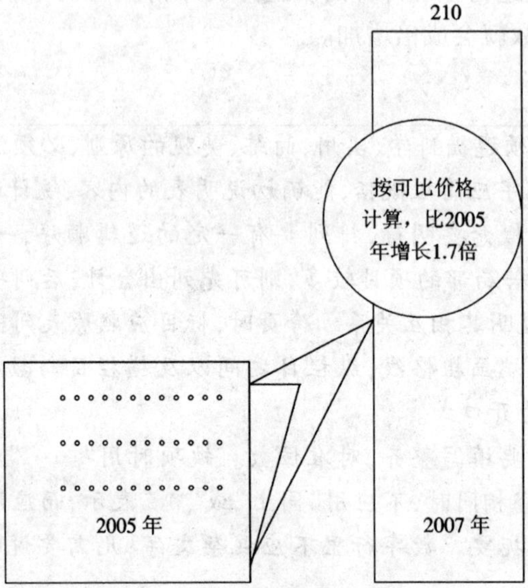

图6.5　××省农村社会总产值(亿元)

曲线几何图,如图6.6所示。

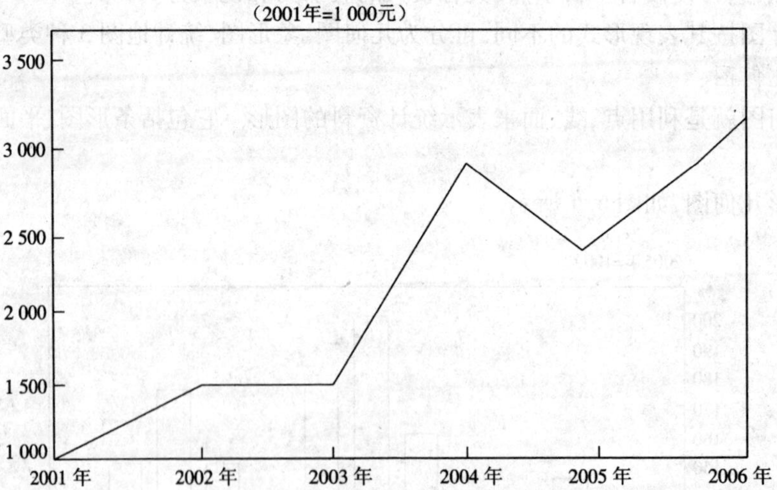

图6.6　××公司职工平均工资数

2. 象形图

象形图就是利用调查对象本身的实物形象来表示统计资料的图形。如粮食产量可画成粮口袋表示。

3. 统计地图

统计地图即在地图上利用线纹或点来表示统计资料的图形。它专门用来表现调查的数量资料在地域上的分布状况。如在地图上用≡表示某地域人口密度小,用:::: 表示某地域人口密度大等。

小常识

绘制统计图的基本要求

(1)绘制统计图要有明确的目的和任务,并根据绘图的目的、任务和资料本身的特性选取合适的图形。

(2)图示的内容要简明扼要,突出重点。图示的标题、数字、单位以及文字说明等,都应简明清晰,一目了然,便于掌握。

(3)图形的设计,要科学和准确。必须依据准确的资料,进行加工和计算,做到图示准确,数据分明,表现真实。

(4)绘制的图形,要美观、大方、生动、鲜明,具有较强的吸引力和说服力。

6.4.4 调查报告的撰写

调查报告的撰写是整个调查活动的最后一个阶段。调查报告是调查活动成果的体现,调查的成败以及调查结果的实际意义都表现在调查报告上。

6.4.4.1 撰写调查报告的基本要求

(1)资料准确,内容重点突出。必须认真核对全部数据和统计资料,务求准确无误。采用资料篇幅的长短,视其重要性而定。

(2)语言简洁、有说服力,词汇尽量非专业化。因为阅读报告的人可能并不完全懂得调查人员已熟悉的技术资料,也不一定有耐心阅读烦琐、生涩的报告。

(3)结构完整、严谨。将调查中搜集的全部有关资料组织在一起,不能遗漏重要资料,也不能将一些无关的资料写进报告中。

(4)结论或建议明确。对调查活动所要解决的问题应提出明确的结论或建议。

(5)反映全貌。调查报告应让读者了解调查过程的全貌。即调查为何进行,用什么方法进行,得到什么结果。

6.4.4.2 调查报告的结构

调查报告,一般应该包含下列五个部分。

(1)序言。主要介绍研究课题的基本情况。包括扉页和目录或索引。扉页上有调查报告的题目或标题、作者、完稿时间。目录或索引要列出调查报告各部分的标题和页码。

(2)摘要。概括地说明调查活动所获得的主要结果。

(3)引言。介绍调查的背景、目的。

(4)正文。对调查方法、调查过程、调查结果以及所得结论和建议进行详细的阐述。

(5)附录。呈现与正文相关的资料,以备读者参考。

请注意

撰写调查报告注意事项

(1)要考虑阅读者的观点、阅历,尽量使报告适于读者阅读。

(2)报告要简明扼要,不拖泥带水。

(3)用自然体例写作,尽量避免行话、专用术语。

(4)报告的项目要与报告宗旨有关,剔除一切无关资料。

(5)使用的数据、资料务必准确无误。

(6)尽量利用图、表来说明和显示资料。

(7)按照每一个项目的重要性来决定其篇幅的长短和强调程度。

(8)务必使报告打印工整匀称、易于阅读。

案例分析

案例

全国公关公司统计调查报告

公共关系作为一项专业服务已得到越来越多客户的认同。公关顾问专业服务市场经过10多年的培养和发展,已具备相当的规模,逐步得到社会各界的认可。为较准确地掌握市场的发展状况,制定并指导全国公共关系行业的发展战略,中国国际公共关系协会委托天下互联(北京)科技有限公司于2004年3月1日~15日实施了“全国公关公司数量统计”调查项目。

一、调查目标

调查统计全国公关公司数量和分布情况。

二、调查原则

重点对北京、上海、广州(含深圳)、成都(含重庆)四大市场六个城市的公关公司数量进行调查,分析全国公关公司分布情况,并推出全国公关公司的总数量。

三、调查定义

在“公司名称”或“业务范围”中,使用关键字“公关”或“公共关系”来界定公司。

四、调查手段

(1)用通用及行业搜索引擎在网上查询公关公司情况。

(2)通过各地黄页进行查询,分为印刷黄页和网上黄页。

(3)通过114电话以及网络114查询。

(4)通过工商局信息中心进行查询。

(5)通过邮政系统信息中心进行查询,查询在邮政系统登记过的公关公司。

(6)通过各种展会名录进行查询。

(7)通过行业名录进行查询。

五、调查结论

(1)四个市场六个城市公司总数量为573家(北京286家,上海142家,广州95家,成都50家)。

以“公关”或“公共关系”命名的公司总数量为209家(北京122家,上海42家,广州33家,成都12家)。

(2)其他地区市场(粤、苏、浙、闽、鲁、辽、陕等30个省市)公司数量为237家。

以“公关”或“公共关系”命名的公司总数量为162家。

(3)外资公司数量25家。

(4)基本推断:全国公关公司数量超过1 500家。

天下互联(北京)科技有限公司

——资料来源:陈向阳:“2003年中国公共关系行业调查报告”,《传播》,2004(5)。

分析

此份调查报告标题醒目,揭示调查主旨。

调查报告的结构分为两部分。

调查报告开始的第一段文字为第一部分,即引言。对调查的背景、目的和基本情况作了简明说明。

调查报告其余文字为第二部分,是正文。对调查目标、原则、手段、结论进行了说明。

这份调查报告文字简练,条理清楚,结论明确,堪称小型调查报告中的优者。

此份调查报告篇幅短小,省略了序言、摘要、附录部分。

实训

1. 请对图6.7中第三层次的各项内容进行具体说明。

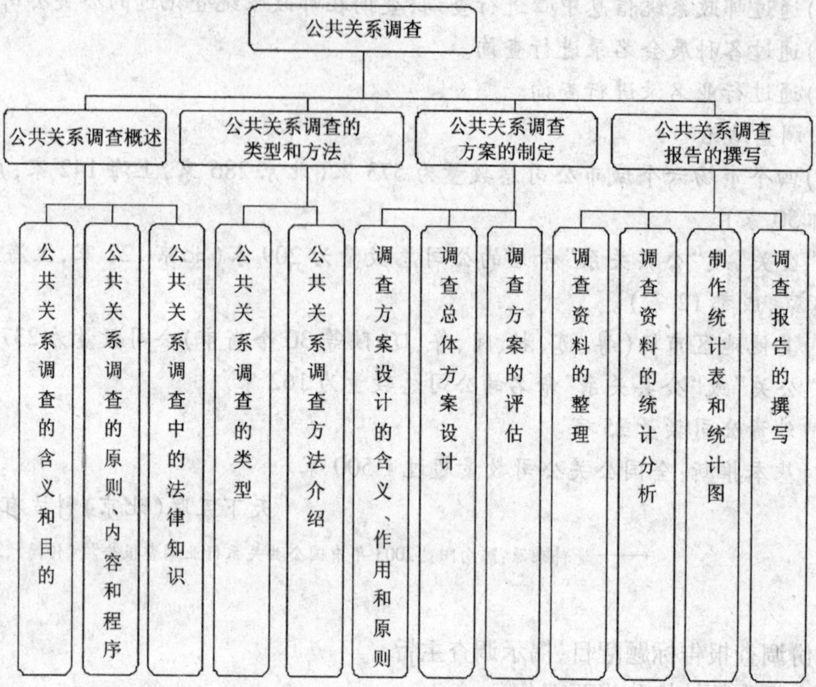

图 6.7　本章知识结构图

2. 案例分析。

请阅读下列材料，然后分析并回答下列问题。

下面的问卷是某公司为了调查消费者对其品牌认知而设计的，问卷中的部分问题如下。

2. 您觉得我们的产品怎么样？

(1) 好　　　　(2) 不好

4. 您经常购买我们的产品吗？

(1) 经常　　　　(2) 不经常

7. 您认为我们的产品最适合哪些消费人群？

(1) 男士　(2) 女士　(3) 军人

8. 您的月收入是多少？

(1)1 000 元以下　(2)1 000 元 ~2 000 元　(3)2 000 元 ~3 000 元

26. 您的姓名：

问题：

(1) 你认为该问卷设计（问题和选项）是否合理并说明原因。

(2) 一般来讲问卷设计应该注意哪些事项？

参考答案

(1)从案例中部分问题设计来看,问卷设计的并不合理。具体表现在:①某些问题设计的太笼统和宽泛,违背了问题设计的具体原则,比如"您觉得我们的产品怎么样"这个问题就过于笼统,无法采集具体而有价值的信息;②某些问题存在歧义,比如"您经常购买我们的产品吗",对于不同的人,对"经常"的理解是不一样的,所以内容易造成歧义,从而无法细分一些消费者的消费行为习惯;③某些问题的选项设计交叉重叠,违背了互斥性原则,比如第 7 题选项中"军人"既有男士,也有女士,选项就存在交叉和重叠,避免的方法就是确定明确的分类标准;④有些选项违背了穷尽原则,造成了有些人没有归属,比如第 8 题月收入问题,如果有受访者月薪在 4 000 元以上,那就没有合适的选项和归属。

(2)一般来讲,问卷设计应该注意如下事项:问卷结构要合理,内容富有逻辑性。①问卷结构要合理,主要是对问卷整体而言,结构完整,顺序合理,开放题和封闭题比例适当,问题数量适宜(一般不超过 25 个问题)等。②内容富有逻辑性,主要是指问题设计和排列合乎逻辑,符合人们认识事物的发展规律和思维习惯。比如问卷开始的问题应该避免突兀,而是一些容易接受和预热性问题,为下面深入调查的顺利展开提供保障,涉及个人隐私性的问题应该放在最后,并确保对受访者个人信息的保密性。

7

公共关系活动策划

学习目标

1. 了解公共关系活动的含义、类型、特点和作用；
2. 熟悉公共关系活动策划的原则、程序和方法；
3. 能够进行大型公共关系活动策划，并撰写策划方案；
4. 了解公共关系活动方案呈报审批的原则。

案例导入

全聚德135周年店庆活动

为了弘扬全聚德民族品牌，树立全聚德老字号的薪新形象，创造具有中国文化底蕴、享誉全球的餐饮业世界级品牌，集团公司决定以1999年全聚德建店135周年为契机，全年推出多层次、一系列的企业形象公关活动。

具体活动计划包括三个阶段。

第一阶段(1998年12月~1999年3月)：①在含有元旦、寒假、春节、元宵节等节假日的第一季度与《北京晚报》、北京楹联研究会联合举办历时两个多月的“全聚德杯”新春有奖征集对联活动，此次活动把迎春与商业宣传融合为一，把树立全聚德品牌形象与中国传统楹联文化有机地结合起来，营造“以文化树品牌”、“以文化促经营”的新闻热点，弘扬全聚德饮食文化和品牌文化；②面向全社会(包括集团员工)开展“我与全聚德”征文活动和征集店史文化活动；③着手整理资料，编辑、出版《全聚德今昔》一书，在全聚德135周年店庆日当天举行首发仪式；④邀请权威产值评估机构对全聚德无形资产价值进行集团成立以来的第二次评估,以1999年1月1日为基准日的全聚德无形资产价值为7.0858亿元人民币。

第一阶段征联活动结束后,为更好地开展第二阶段店庆活动,集团公司及时进行总结,并于1999年3月30日以书面形式正式下发《关于庆祝全聚德建店135周年系列活动的安排》的通知,将每项活动进一步分解落实。

第二阶段:在农历六月初六,即全聚德创建日的7月18日举办"全聚德建店135周年店庆暨首届全聚德烤鸭美食文化节开幕式"。活动的主要内容有:①向集团总厨师长、副总厨师长、各企业厨师长授聘书、绶带,全面展示全聚德雄厚的技术力量;②举办"新编《全聚德今昔》一书首发式",重点传播全聚德历史文化;③举办"第135号全聚德冰酒珍藏仪式",展示全聚德品牌延伸产品;④举办"'打开老墙,重现老铺'——全聚德老墙揭幕仪式",向现场来宾再现历史,追溯往昔,给人留下深刻印象;⑤举办"第1亿只全聚德烤鸭出炉仪式",这成为新闻记者争相报道的热点,为了报道这次活动,中央电视台对集团董事长进行了独家采访;⑦举办"全聚德特色菜品推出仪式";⑧其他活动。

第三阶段:在金秋的10月份,借新中国五十华诞举办"全聚德品牌战略研讨会"。邀请有关专家、学者与集团全体领导及有关部室负责人就全聚德品牌战略进行研讨。

这些公关活动在媒体选择上主要以报纸为主,兼有电视台、电台,并辅以本公司宣传刊物。仅"全聚德135周年店庆暨首届全聚德烤鸭美食文化节开幕式"一项活动就有24家媒体参与报道,报道量达到56次之多,报道的形式有新闻、照片、侧记、专访。

由于全聚德135周年店庆暨首届全聚德烤鸭美食文化节活动的拉动作用,国庆节期间(10月1~7日)集团公司10家直营店共完成营业收入703.5万元,接待宾客76 325人次,日平均营业额达100.5万元。到1999年11月底集团公司营业收入、利润均已提前完成全年的计划任务,其中利润达到全年计划指标的110%。

——资料来源:国家中级公关员试题。

塑造组织良好的形象,是公共关系最重要的职能,而通过策划公关活动来塑造组织形象,又是组织经常采用的方法。作为一名公共关系人员应熟练地掌握公关活动策划的理论和技能,并会撰写策划方案。

7.1 公共关系活动概述

7.1.1 公共关系活动的类型

从不同的角度,公共关系活动可有如下分类。

7.1.1.1 按公关活动场地分类

(1)室内活动:活动在室内进行。

(2)户外活动:活动在户外进行。

(3)野外活动:活动在郊外进行。

不同活动场所,给活动带来不同的制约因素,比如户外活动,就要考虑天气因素,而野外活动,则要考虑安全因素。即便同一类活动场所,每一个具体的地方也都有具体的条件因素。

7.1.1.2 按公关活动性质分类

(1)商业性活动:如商业促销活动、商业推介活动等。

(2)公益性活动:如环保、敬老、慈善、救灾活动等。

(3)专业性活动:如科技、文学、艺术、体育等某一专业内容十分突出的活动。

(4)社会活动:属于社会工作范畴类的活动,如文明礼貌、公民教育类活动。

(5)综合性活动:集各种性质的活动为一体,如城市旅游节,可能既有商业活动,又有公益活动;既有社会工作活动,又有娱乐活动。

掌握不同性质活动的分类,有助于把握不同活动的独特内容,能更恰如其分地进行策划。

7.1.1.3 按公关活动形式分类

(1)会议型活动:如新闻发布会、研究会、洽谈会、交流会、鉴定会和培训类的活动。

(2)庆典型活动:如奠基礼、落成典礼、周年庆典、开业典礼、颁奖典礼、庆功会等。

(3)展示型活动:如展览会、展销会、促销活动、电影会等。

(4)综合型活动:集各种活动形式为一体的系列活动,如既有展览会,又有研讨会,同时又有周年庆典。

正确区分不同形式的活动,有助于掌握不同类型活动的组织形式和构思侧重点。如会议型活动,侧重会议环境和会议效率的构思;庆典型活动,侧重喜庆的构思;展示型活动,侧重于视觉传播的效果。

7.1.1.4 按公关活动的规模分类

(1)小型专题活动:以公共关系主题传播为目的,有计划、有步骤地组织目标公众参与的集体活动。往往在某个机构场所和人员范围内举行,人数一般在100人以下。

(2)大型专题系列活动:一个或多个机构,以同一目标为出发点,组织众多人参加的内容、形式、场所不同的多项活动。

(3)大型专题活动:以公共关系传播为目的,有计划、有步骤地组织众多人参与的协调的社会活动。

大型专题活动包括三层意思。

(a)公共关系大型活动以公关关系传播为目的。例如,某企业用巨资赞助2008年北京奥运会,其目的是传播该企业的良好形象。

(b)众多人参与的社会活动是大型活动定义的基本条件。称得上是大型,要有两个基本条件:一是活动社会化;二是活动参加人数多。

(c)活动是有组织、有计划、有步骤地协调行动。假如不是协调的行动,再多人参与也不能算是大型活动。

7.1.2 公共关系活动的特点

公共关系活动,尤其是大型活动,有以下特点。

1. 目的性鲜明

大型活动强调目的性,原因在于由于投入更大量的人力物力,所以要求投入的效果。再者,它社会影响面大,如果目的性不强,反而会造成负面影响,不利于组织形象建设。

2. 社会传播性广泛

大型活动具有广泛的社会传播性,其原因在于它有许多公众参与,会产生强烈的社会震撼性,加上大众传播媒介的宣传,其影响力就更大。

3. 操作性严密

大型活动牵涉的人很多,牵涉社会因素很多,稍有疏忽,就会导致难以预料的后果。如某市举办的元宵灯会,由于忽略了安全措施,结果人流过于拥挤,造成多人伤亡的惨剧。所以大型活动严密的操作性,可以用一句通俗的话来注释:机会只有一次,无论是成功与失败的机会只有一次。

4. 投资规模大

被称为大型活动的项目,费用开支动辄以数百万计。一般情况下,投入的费用与活动规模是成正比的。虽然说要节约开支,力争少花钱办大事,但开支仍然是大型活动的一般特点。

7.1.3 公共关系活动的作用

7.1.2.1 公关活动的基本作用

1. 集中传播公共关系活动的主题

公关活动的内容和形式都是围绕一个主题展开,公关活动的实施过程就是集中传播主题的过程。

2. 推进公共关系计划的目标管理

现代公共关系管理,实行目标管理的原则,即一个组织在制定公共关系计划时,要有一个总目标,然后围绕总目标制定一系列的分目标,总目标的实现,有赖于分目标的完成。而每一项分目标,实际就是一项公关活动,所以,公关活动推进了公共关系计划的目标管理。

3. 创造一个传播媒体

一项公关活动,把许多目标公众集中在一起,有目的地向参与者实施传播计划,把信息传达给每一个活动的参加者。这项公关活动,就像报纸、电视一样,成为一个传播媒体。假如公关专题活动再通过报纸、电视台的报道，它的传播作用就更大了。

7.1.2.2 公共关系活动的社会作用

公关活动，尤其大型活动，会产生一定的社会作用。

1. 产生强烈的社会传播效果

大型活动往往参加人数众多，所以场面壮观，气氛热烈，感染力强，因而产生极大的社会影响力，形成强烈的社会宣传效果。

2. 促进社会文化发展

大型活动是为社会公众而设计的，它存在于社会，影响社会，它通过策划者精心的策划，演绎为丰富多彩的企业文化、商业文化和社会文化，有力地推动了社会文化的发展和进步。

3. 促进公共关系专业技术提高

在大型活动的策划和实施管理过程中，需要综合应用公关理论和公关操作技能。可以说，大型活动是重要的公共关系实践活动，人们通过不断实践，不断总结，有效地促进了公共关系专业技术进步，尤其是成功的大型活动案例，更能为丰富公共关系专业理论作出贡献。

7.1.4 公共关系活动策划的原则

策划原则是策划人员在策划过程中用于观察问题、分析问题、解决问题的准则。

公共关系活动的策划，尤其是大型活动和大型系列活动的策划，要遵循以下原则。

1. 社会性原则

任何公关活动都存在于社会，受社会因素制约，又反过来影响社会。社会性原则即大型活动要符合社会综合因素的要求，包括政策的要求、传统习惯的要求、伦理道德的要求等。总之，社会性的要求是很广泛的，适者生存就是这一原则最好的注脚。

2. 公众利益优先原则

公共关系策划，在考虑组织自身利益与公众利益关系时，始终要把公众利益放在首位，时时处处为公众利益着想。只有这样，才能赢得公众的好评与社会的支持。

3. 科学性原则

这里所说的科学性，包含两种意义：一是策划要符合科学的原理；二是策划时要充分应用现代科学技术的成就。

4. 系统整合原则

进行公共关系策划时，应将公共关系活动作为一个完整的系统来考虑，用系统的观点与方法进行谋划与运筹。要做到全面、周到、细微。即使是一个小环节、小问题，也要将它放在策划的整体方案中加以考虑。公共关系策划工作，追求的是整体效益。

5. 实效性原则

高额投资是大型活动的特点之一，投入了当然希望产出。因此，对于大型活动而言，讲求实效具有更重要的意义。

在策划过程中，策划者往往着意追求形式美和创新性，容易忽略实效性。其实它们本来就是一组矛盾，当这一组矛盾解决之时就是策划成功之时。在策划过程中，不同的时期可以有不同的侧重点，前期应当侧重形式创新，后期则侧重实效，这样既不泯灭创新的理念，又可以做到讲求实效。

6. 创新性与可操作性相结合原则

创新性就是提出创造性的意见，必须是一次创造性的劳动，应该产生与众不同特色。只有具备创新性，才能使公关活动策划具有生命力。

创新性固然重要，但是一个有新意的策划方案，可能会受到诸多因素的制约而难以实施，所以策划要有可操作性，这样才能比较圆满。

7. 计划性与灵活性相统一的原则

公共关系策划方案确定后，就是指令性计划，不能轻易改变。然而，组织的主客观条件处在不断变化之中，应对策划方案留有一定的余地，以应对可能发生的变化，使方案执行时有一定的灵活性。

7.2 公共关系活动策划的技能

7.2.1 公共关系活动策划的程序和具体内容

公关活动的策划，一般可以分为五个阶段，即立项、调研、策划、方案论证、方案决策，按这样的步骤列成程序。如图7.1。

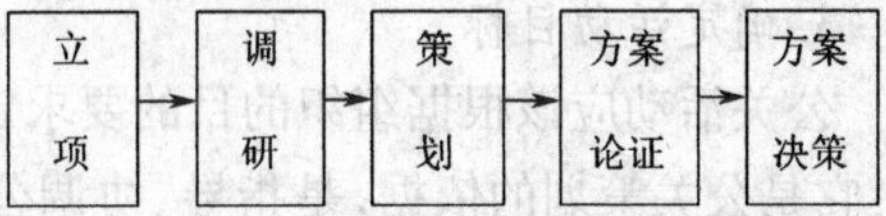

图7.1 公关活动策划程序图

7.2.1.1 立项阶段

立项是指某个公关活动被正式确立为可以进行的项目。只有项目确定，才能展开策划的工作。立项是由策划的主体或公关活动的主办机构执行的，影响立项的因素主要有以下几个方面。

1. 主体的迫切性

公关活动立项的标准，既要符合组织总体形象建设需要，又要是近期工作急切需要解决的问题。

2. 立项经费情况

任何一项公关活动，都需要一定的经费。有足够经费支持的公关活动，才可以立项。

3. 项目进行的可行性

项目进行是否具有可行性，主要视项目实施的基础条件是否完备。例如，某企业开业庆典活动，其基础条件就是这个企业能够开工生产，否则，就是基础条件不具备，就不能进行开业庆典活动。

7.2.1.2 调研阶段

调研阶段是进行项目策划前的调查和研究分析阶段。主要是收集资料、分析研究组织形象的现状及其存在问题的原因。它的重要性在于:为策划和决策提供各种必要的科学数据;有助于公关策划的成功;是撰写公关活动策划文案的第一个步骤。这里要强调的是,公关活动的调查必须要有活动现场的实地调查。

7.2.1.3 策划阶段

策划阶段是策划的主体工作阶段。主要考虑以下一些因素。

1. 确定公关活动策划方案题目

公关活动策划方案题目的拟定有多种方式,仅举几例。

(1)单位名称 + 活动内容 + 策划方案。例如:××大学迎新春长跑活动策划方案。

(2)活动内容 + 策划方案。例如:"迎奥运讲文明树新风"摄影比赛策划方案。

(3)活动内容或主体为主标题,再用副标题加以说明。例如:人人健康 天天健康 ——××医药公司"全民健身知识大奖赛"策划方案。

2. 活动背景分析

公关活动策划,要以充分的调查为依据。公关活动的背景分析,就是以调查材料为依据,说明开展公关活动的必要性和可能性。

3. 确定活动目标

公关活动应该根据组织的目的要求定出恰当的目标。确定活动目标的重要性在于:它是公关策划的依据,是指导、协调公关工作的依据,是评价公关活动效果的标准,是提高工作效率、实现公关活动价值的保障。

目标要明确、具体,具有可控性和可行性。

可控性,即在制定目标时保持一定的弹性,留有余地,以备出现特殊问题时能应变处理。

可行性,即目标能测量,具有现实性和激励性、挑战性。激励性、挑战性意思是目标不能定得太高或太低,要适当。

目标有两种类型。一种是预告性的目标,是预告活动实施之后,将会产生一种什么样的效果。例如,2008 年北京奥运会主题推广活动之后,要使多少人了解北京奥运会主体的内容。另一种是促进性的目标,这一类目标简明扼要,比较数据化,易于衡量。例如,通过此次公关活动,促使 50% 的人提高了对北京奥运会主题的理解程度。

影响目标确立的因素主要有两个:一是经费的因素,一般说来,投入的经费和产生的效果是成正比的。当然,能够花小钱办大事更好。二是时间的因素,公共关系传播是一种双向的沟通传播,要力促公众接受某一信息或新的概念,则需要一定的时间。

4. 设计活动主题

主题，是一项大型公众活动向公众诉求的中心思想，是主宰活动的灵魂，是活动成功的基础。任何一项公众活动都必须鲜明地确立主题。主题设计是大型活动最重要的环节之一，是影响公众活动成效的重要因素。

主题是按一定目标要求，通过活动的各项内容所表达并予以传播的活动中心思想。例如，北京奥运会的目标是“让世界了解中国，了解北京”，根据这一目标确立的主题是把北京奥运会办成“绿色奥运、科技奥运、文明奥运”。主题具有意识形态的属性，感觉很抽象。其实，主题是参加活动的人都能够感受得到的，因为主题是通过活动的各项内容表达出来，并且通过活动而传播出去的。北京奥运会的会徽——舞动的北京，是一个中国印，它将中国与奥林匹克、体育与文化艺术紧密地联系在一起，特别突出了以人为本的人文奥运的内涵。北京奥运会火炬设计也体现了北京奥运会的主题。

小资料

火炬设计理念

北京奥运会火炬设计理念来自“渊源共生，和谐共融”的“祥云”，希望通过传达“天地自然，人本内在，宽容豁达”的东方精神，借祥云之势，传播祥和文化，传递东方文明。

“祥云”火炬的主题元素包括代表中国四大发明的纸、作为华夏文化符号象征的云纹、承载千年中国印象的漆红。整体简约而生动的造型曲面，也结合了中国四大发明之一的“纸”在受力变形后的韧性和张力感。在颜色的选择上，祥云火炬的中国漆红，饱满而富有力度、热烈而稳重，与北京奥运会的主景观保持了完美一致。红色的祥云图纹精雕细琢在银色的基底上，从炬身正中部向上升腾，强烈地体现出中国传统艺术与现代设计的交融。而正中部的融合设计，恰恰符合了中国传统文化的重要理念——持中。

——资料来源：编者根据有关资料改写。

一个优秀的主题设计应符合下列基本要求。

1）主题与目标相一致

广州举办第六届全运会尚属首次，迫切需要一个文明礼貌的社会环境。此时开展主题为“微笑在广州”的文明礼貌活动，目标与主题不但一致，而且符合社会所需。

2）主题富于特色

特色是鲜明的个性，是本次活动有别于其他活动的特性。如果主题千篇一律，就不会有成功的策划。大型活动应该以其创新性主题来定位。北京奥运会的主题“绿色奥运、科技奥运、文明奥运”，既继承以往奥运会的成果，又突出北京奥运会作为一届人文奥运会的特色,使北京的申办一开始就带有自己的特色,收到独树一帜的效果。

3)主题既要适应公众心理,又要促进公众心理提升

适应是基础,在适应的基础上,应着意加入促进公众心理提升的动力。只有这样的主题才有意义,才能促进社会进步。1986 年第六届全国运动会在广州举行,为提高市民的文明素质、迎接第六届全运会,一个名为"微笑在广州"的主题活动轰轰烈烈开展起来。希望有一个文明礼貌的广州,是多少年来公众的热切追求,"微笑在广州"的文明礼貌主题活动,就给这种追求以动力,对公众起着引导和促进作用。

4)主题要易于传播

主题的表现形式是多种多样的,可能是活动的名称,如"教育基金万人行活动",旨在唤起社会关心教育、支持教育,主题鲜明,贯穿于整个活动过程。主题的表达,可能是一句口号,如"争当企业英雄";可以是一段精辟的文字、经营理念;也可以隐寓在活动之中,通过活动的各项内容表达出来。主题还可以通过吉祥物、标志、主题歌、标语等多种有形或无形的方式表现出来。但无论什么形式,一个精彩的主题,必须具有易于传播的特性。主题是策划者所要陈述的思想,制定主题的目的是要诉求公众,而大型活动不同于书面语言,可以让人再三阅读,大型活动的公众广泛性及其表现形式的不可重复性都要求主题必须易于传播。

小技巧

选择主题

在实际策划构思过程中,可能有多个主题可供选择,首选,以主题的急切性为标准。

所谓急切性,就是现实所急需的。这里有两层意思:一是时间概念,即当选主题在策划时间内是适合的;二是主题内容的适时性。

主题的急切性,要求选题时要善于捕捉时机。公关活动可利用的时机很多,如重大节日,组织周年活动,开业、扩业、动工、新址落成、重大项目投产等大事件以及某些突发性事件等。

5. 确认目标公众

确认目标公众又称确立公共关系对象,即这项活动要将信息传达给谁。有的项目可能是针对一般公众,例如,治理大气污染的计划,目标公众是全体居民。有的项目可能只是针对一个层面的公众,例如,大学生就业教育,其目标公众是确立在大学生的范围内。只有这样,才能把有限的传播经费运用在目标公众身上,实现有效的传播。

确认目标公众主要通过定性调查和定量调查两种方法。定性调查是根据公众的不同特性对公众进行分类分析的一种方法。比如按照人口特征,要考虑情绪、行为、生活形态和价值观。定量调查主要是利用问卷调查等方法,对上述特征进行量化的

一种方法。值得注意的是,目标公众表现形态是不断变化的,这会增加准确界定目标公众的难度。

6. 确定活动内容

公关活动内容,要根据活动目标、主题和客观条件来确定。

7. 确定活动时间

一般来说,根据组织不同发展时期的具体情况和需要,公关活动可以选择以下时间。

(1)组织开业或新产品、新项目、新服务、新技术推出之时。

(2)组织更名、转产或与其他组织合并之时。

(3)组织获得荣誉、引起关注时。

(4)组织遇到某种偶发事件、发生某种失误或被公众误解时。

(5)重要的节日、发生了重要的事件时。

小资料

蒙牛借机而上

中国乳品业的蒙牛品牌,非常善于抓公关活动的时间点,从而树立起一个具有民族内涵的大品牌形象。

2003 年,蒙牛公关事件回放如下。

(1)2003 年 3 月,伊拉克战争期间,蒙牛集团率先进行事件营销。此后,他们与中央电视台协商建立了一个应对突发新闻事件的快速反应机制,以确保蒙牛广告能在第一时间赢得商机。

(2)"非典"期间,蒙牛集团加大广告投放,并增加了公益广告的力度。

(3)10 月份,蒙牛利用获得"航天员专用牛奶"称号这一机会,进行大规模"举起你的右手,为中国喝彩"的公关活动。

(4)11 月,蒙牛夺得中央电视台的广告标王,再次成为社会关注的焦点。

2005 年"蒙牛酸酸乳超女"一飞冲天,红遍全中国。蒙牛集团利用超级女生演唱比赛进行公关宣传,大获成功。

——资料来源:编者根据有关资料改写。

8. 确定活动地点

地点选择是否恰当与公关的费用及传播的效果密切相关。确定地点需考虑以下几个方面。

(1)需要选用什么样的场地和多大范围的空间,要由目标公众的活动空间来确定。

(2)应根据不同的公关项目内容来确定。有些活动项目只适宜在室内进行,如一些需要设备较复杂的影视教育和宣传演出活动等，而有些项目则更适宜在户外进行，如野餐联谊活动，对野外作业的工人进行现场调查、现场慰问等。

(3)还要根据经济条件来决定开展活动的范围与租用场地的档次。公关工作是以智能取胜的工作，有时布置环境新颖别致、朴实无华，往往会收到意想不到的效果。当策划一些临时决定的聚会，如突发事件的记者招待会等，如果一时公众数目难以确定，应在会场安排上留有一定的余地，或者在附近准备一个备用地点，以防万一。

(4)根据自然条件是否允许来确定。如某世界著名啤酒品牌打入北京市场时，请了某外国公司精心策划，准备在北京国贸大厦广场做2 000人的露天烧烤活动，意欲破吉尼斯世界纪录。该活动准备了100个新烤炉，也备好了乳猪、鸡腿，请了上百个厨师，却没有注意天气预报。活动当天下了一天雨，室内又无法烧烤，使活动无法进行。显然这是策划的失误。

9. 确定实施计划

实施计划主要考虑以下几点：①实现方案的措施；②确定传播策略、选择媒体；③场地布置等。

10. 活动效果预测

公关活动效果预测，就是以公关活动目标为导向，通过对公关活动内容和实施计划的分析评估，事先判断公关活动可能取得的成果。如果达不到目标要求，对公关活动的内容和实施计划就要进行修改。

11. 编制活动预算

1)公关活动预算的作用

(1)有利于计划开支。

(2)有利于成本控制。

(3)有利于活动结束时的评估。

(4)有利于对实施工作进行计划管理。预算表一定程度上起着工作计划表的作用。

2)编制公关活动预算的条件和原则

编制公关活动预算的条件如下。

(1)公关活动必须是一个既定的项目，然后才可以去编制预算。

(2)对公关活动可能获得的资源和费用进行预测和估算。

(3)充分调查了解市场的行情。包括物资、劳务等价格。

编制公关活动预算的原则。一是编制预算要实事求是，不要人为作高或作低；二是编制预算力求准确。

3)公关活动预算的项目

公关活动预算项目一般有：项目开支(包括交通运输费、差旅费、办公费等行政性开支或代付费用)、承办费、劳务费、保安费、餐饮费、礼仪费、物资费、场地费、宣传费、不可预算费(又称机动费，占总预算的5%～10%)。

4)编制预算书

预算书一定要准确，要关注市场价格的变化；预算书要具体，一项一项列清楚。

样式如图 7.2 所示。

序号	项目	规格	数量	单价/元	金额/元
1					
2					
3					
4					
5					
合计					元

图 7.2 预算书样式图

12. 设计活动的评估标准

设计公关活动的评估标准要依据公关活动目标，遵循客观性、明确性、准确性的原则进行。

(1)客观性，是指评估结果的真实性。

(2)明确性，是指评估的标准有明确的定量或定性的衡量指标。

(3)准确性，评估的结果是准确的统计结果。

不同组织的不同内容和形式的公关活动策划，基本上都是围绕上述方面进行的，最后形成的策划方案，就是这些要素的表述和演绎。

7.2.1.4 论证阶段

论证阶段是对策划方案进行预测性评估的工作过程。这一过程既要听取专家的意见，又要听取参与活动公众的意见，从各个不同的角度论证策划方案实施的可行性，并进行反馈调整。方案论证包括：①对目标进行分析；②对限制性因素进行分析；③对潜在问题进行分析；④对预期结果进行分析。

小技巧

策划方案“发表”

把拟定的策划方案拿出来与有关领导、专家和实际工作者见面，征求意见，谓之策划方案“发表”。

策划方案“发表”前，要了解听众情况；布置“发表”场所。

策划方案“发表”时，“发表”者要服饰整洁，挺直胸膛，手交握在前面，浅含微笑，适当运用手势。谈到关键问题作适当提示；对承诺的可行性找出令人信服的依据；回答要全面；对没听清楚的问题不予回答或问清楚后再回答；对于意见及时作详尽记录；要把握“发表”的目的和时间。

7.2.1.5 决策阶段

经过充分论证的策划方案经由决策人审定，方案就可以正式确定，这个过程称之为决策阶段。

策划程序是一个循序渐进的过程，而5个阶段的工作更是一个规范的工作程序，缺少了任何一个阶段的工作都会影响策划的成功。

7.2.2 公共关系活动策划的模式、方法和会议组织

7.2.2.1 群体组合策划模式

1. 群体组合策划是现代策划的重要特征

现代策划已经从经验策划转向科学策划，从个体单一完成转向集体共同完成。这是因为现代策划需要多学科共同合作，需要多方面的知识，任何个人所具有的知识都难以胜任，只有多种人才组合才能完成。

2. 策划小组的组建

策划小组要有一个召集人，他同时又是策划项目带头人。

策划小组由多学科成员组成，他们要有较高素质，尤其要具有高水平专业知识，熟悉及了解情况，有逻辑概括能力、较好的表达能力和创新意识。成员中还应有经验丰富的一线工作者。这样，有利于知识、信息互补，有利于思维激荡。

3. 策划小组工作步骤

策划小组工作步骤即策划小组成员进行创意思维的步骤。

(1)分头调研。小组成员分头去获取资料，进行研究。

(2)共享信息。小组成员将个人所获取的资料和研究的初步结果，向策划小组的其他成员通报，形成第一个信息冲撞效应。

(3)独立思考。小组在相互交换资料和信息的基础上，再次独立思考研究。

(4)小组讨论。小组成员把自己思考的结果在会上交流，进行脑力激荡，以求产生好的创意。如果讨论不出结果，还要开会讨论，直至有结果。

(5)专人提炼。一个或多个人分头把策划小组讨论研究的成果加以整理，形成可用来比较的多个方案。

小常识

创意的特征

创意是对表现主题、实现目标具有创造性的主意。

它的主要特征有：①与策划的基本要素相适应；②是对主题创造性的发展；③是吸纳、提炼的创造性劳动过程；④具备鲜明的个性。

7.2.2.2 创造性构思的方法

大型活动策划构思过程，是一个艰苦的脑力劳动过程。这里仅介绍两种比较实用的构思方法。

1. 头脑风暴法

头脑风暴法是用联想进行构思的方法。头脑风暴法的核心是高度自由的联想。所谓头脑风暴法,原来是精神病理学上的用语,系指精神病患者头脑中短时间出现的思维紊乱现象。1939 年美国创造学家奥斯来将这一词语引入创造学,命名他所发明的一种创造技法。这种技法一般是通过一种小型策划会议,让与会者毫无顾忌地提出各种想法,彼此激励,诱发联想,导致产生新的构思的方法。

2. 案例排列法

案例排列法也是通过联想方式进行构思的方法。这类策划会议主要由与会者将与会题相同的过去的同类案例排列出来,通过对过去案例的回顾而激发新的构思。

小常识

联系思维的类型

(1)接近联想:时间或空间上的接近可以引起不同事物之间的联想。

(2)相似联想:外形或性质、意义的相似引起的联想。

(3)对比联想:由事物间的对立或差异引起的联想。

(4)因果联想:由事物间存在的因果关系引起的联想。

(5)渐进式联想:即隶属关系、部分与整体关系、作用与效果关系联想。

7.2.2.3 策划会议的组织

1. 预算策划会议的成本

策划会议的成本是昂贵的,会议要讲究效率。日本学者列出的一张会议成本清单为

$$会议成本 = 2A \times B \times C$$

式中:2——与会者中断工作的损失;A——全体员工工资的三倍;B——出席人数;C——会议时间。

2. 做好会前准备

会前的准备工作是策划会议成功的基础和关键因素。

(1)会议的组织者要确立会议的目标、议程,拟定出席人员名单,印发议程,提前发出会议通知。同时,要为与会者提供应有的参考资料。与会者要认真阅读有关资料,带着意见与会。

(2)会议地点应选择安静而不受外界干扰的场所。切断电话,谢绝会客。会场布置以圆桌会议形式为好,方桌也可以。场内设置板书工具。恰当选择好会议直观材料。必要时设置幻灯、投影、录像等设备。

3. 策划会议的实施

(1)与会人数以 5 ~ 7 人为宜,人数多了不能充分发表意见。

(2)会议有1名主持者,1~2名记录员。

主持人在会议开始时简要说明会议目的,要解决的问题或目标,宣布会议遵守的原则和注意事项,鼓励人人发言并鼓励一切新构想,注意保持会议主题方向,发言简明、气氛活跃。

记录员要记下提出的所有方案、设想(包括平庸、荒唐、古怪的设想),不要遗漏。会后协助主持人整理各种设想。

(3)会议一般不超过1小时,最佳时间为半小时左右。时间长了脑子容易疲劳。

(4)与会人员必须遵守的规则。

(a)禁止批评。在会议中,绝对禁止批评或评判别人的想法,即使是对幼稚的、错误的、荒诞的想法,也不得批评。如果有人不遵守这一条,会议主持人将提出严厉的警告。这一原则又称保留判断原则。

(b)自由畅想。思考越狂放、构想越奇特越好,有时看来很荒唐的设想却是打开创造大门的钥匙。敞开思想自由联想,看起来容易,实行起来难。

(c)多多益善。新设想越多越好,数目越多,可行办法出现的概率越大。

(d)借题发挥。巧妙地利用他人的想法,在其基础上提出更新更奇的设想。与会者必须善于利用别人的想法来开拓自己的思路。

4. 开好策划会议的经验

(1)确定好讨论题。讨论题很重要,出题不当则头脑风暴法难以成功。这里要特别注意以下几点:①是讨论题要具体、明确、不要过大,尤其是大问题可分解成小问题逐一讨论。如讨论改善机械装置设计问题时,可划分为如何增加效率?如何操作方便,如何节省燃料,如何延长使用寿命等。②是讨论题也不宜过小或限制性太强,例如以"目的是……怎么办才好"出谈论题,不要说:"达成目的有A与B,请讨论哪个好?"因为也许还有更好的C与D没想到。③是不要同时将两个或两个以上问题混淆讨论。④是主持人要逐一使那些首次参加策划会议的成员尽快熟悉这一会议的特点,因此,在会议开始时,主持人可以先提出一些极为简单的问题作演习。⑤是会议的基本目的在于收集大量不同的设想,以便使问题的解决找到许多可行的"答案",不适于解决那些需要判断的问题,如"教育改革好不好?"等。

(2)"行—停"。即3分钟提出设想,5分钟进行考虑,接着用3分提出设想……这样三五分钟反复交替,形成有行有停的节奏。

(3)"一个接一个"。即与会者按照座位顺序轮流发表构想。如果轮到的人当时没有新构想,可以跳到下一个人。在如此巡回下,新想法便一一出现,直到会议完全结束为止。根据研究表明,运用"一个接一个"的技巧,会议效率高。

(4)在会上,不允许私下交谈,以免干扰别人的思维活动。同时,每个人发表的意见必须让参加会议的人都知道。

(5)参加会议的成员应定期轮换,应有不同部门、不同领域的人参加。因为长期在一起工作的人可能会形成一种固定的思维,以致使每个成员几乎可以估计到另一些成员对问题的反应和看法。

(6)一些经验表明,会议参加者有男有女会促进讨论。妇女企图胜过男人,而男人则想超过妇女。这种因素在组内引起的一种额外争强好胜心,会刺激人们提出大量设想。

(7)实践经验表明,领导或权威在场,常常会使一般成员不敢"自由"地提出设想。当然,在充分民主的气氛下,并不一定要排除领导或权威的参加,因为上述问题已不复存在。

(8)为使气氛自由愉快、轻松自如,可先热身活动一番。譬如让大家说说笑话、吃点东西、猜个谜语、听段音乐等。

(9)主持人应按每条设想提出的顺序标出序号。这样可以随时掌握提出设想的数量,并且可以启发与会人员说:"再提出10条设想。"或者"我们争取提出100条设想。""会议结束之前,我们大家力争每个人再提出一个设想。"这种鼓励常常能使人们提出一些新设想。

(10)会议一般分为两个阶段:第一阶段为发散性思维阶段,与会者自由畅想,发表意见;第二阶段以有一个基本认定的构想为前提,相对集中地再广泛发表意见。

对最后的提案,要有一个评价的过程,一方面是尽可能完善既定的提案,另一方面尽可能运用系统的、科学的分析方法进行严密的评价。基本的评价方法:①以社会制约因素去审核,排除法律上、道德上不允许的因素;②对其中表达的概念再三论证;③效果评价;④可行性评价;⑤以一定的逻辑概念审视整个构想的排序。

小案例

给猫带上铃铛

在一座古老的城堡里,生活着一群快乐的老鼠。他们在这里谈情说爱,安居乐业,过着神仙般无忧无虑的日子。一只有学问的老鼠感叹说,这里简直就是咱们的天堂。忽然有一天,尖利的猫叫打破了老鼠天堂的宁静。一只流浪的黑猫来到这里,给老鼠们带来了朝不保夕的恐惧和灾难。于是,老鼠们聚在一起召开动脑会议,商量怎样对付这只可恶的黑猫。老鼠们纷纷哭诉黑猫的残暴,一个又一个提出逃避猫爪的办法,后来,那只有学问的老鼠摸了摸胡须,说:"我有一个主意,只要在猫的脖子上挂一个铃铛,就万事大吉了。这样,每当猫儿走近,我们就能听到铃铛的响声,及时地逃之夭夭。""这个主意太好了!"全体老鼠欢声雷动。可是,另一只老鼠疑惑地问道:"怎么才能将铃铛挂到猫的脖子上去呢?"刹那间,所有的老鼠都闭了嘴。沉默片刻,老鼠们又想出一个个怎样给猫带上铃铛的办法。

——资料来源:编者根据《伊索寓言》和有关资料改编

上面这个寓言故事,也可以称之为老鼠以头脑风暴法进行的策划会议。

7.2.3 公共关系活动方案的呈报和审批

一个公关活动方案正式确定之后，就要呈报有关部门审批。审批程序是必要和必须的。这样的一个工作过程可以看成是一个宏观可行性研究的环节。

(1)审批过程是行政管理的法定措施。各种公众活动开展，应该履行一个必要的审批制度，以保证社会的有序管理。如何履行审批程序，不同规模的活动要求不一样。在机构内部进行的小型活动，只需要机构负责人或主管职能部门审批即可，大型活动则要向行政主管部门呈报。

(2)审批过程是将策划方案放入全局环境中进行宏观的可行性研究的过程。一个人、一个部门策划的公关活动，未必能够完全符合全局的需要。

(3)审批过程是政策把关的过程。一个策划者，未必能够全面理解行政管理中的各项政策法规，为了减少策划的失误，有必要请主管部门把关。

案例分析

案例

某音响公司公关部拟借中华人民共和国建国六十周年的时机，策划一个公共关系大型活动，旨在传播该公司形象和产品形象，策划方案如下。

一、题目

某音响公司传播形象活动策划方案。

二、背景分析

(1)建国60周年，举国同庆，又值“十一”放长假，可以举家出行，参观浏览。

(2)某音响公司在社会上影响力有待提高，A型新产品尚需要推出。

因此拟举办“十一”大型花卉展览，吸引公众参观，其间用A型新产品奏乐，树企业形象，推销新产品。

三. 策划要点

1. 目标

(1)通过举办大型花卉展览，提高公司在音响界的知名度。

(2)推出A型新产品。

2. 方案

①主题：某公司A型音响伴您一生快乐。

②时间：10月1日~10月7日，每日8:00~18:00

③目标公众：本市市民和外地游客。

④地点：市中心广场。

⑤活动内容。

(a)在市中心广场举办大型花卉展览。

(b)有隆重的开幕式。有关领导出席、剪彩。

(c)请省市报纸、电台、电视台和专业报纸《花卉报》记者参加活动。

(d)每天参观前,有扭秧歌活动助兴。

(e)展览会会场、扭秧歌的奏乐,全用A型产品。

(f)设立咨询、销售服务台。

⑥效果预测。

(a)社会上对此展览会有强烈反响,可提高企业和产品知名度、美誉度。

(b)到场公众中,95%以上公众会对企业和产品留下美好印象;20%左右公众有要买A型产品的意想;1%左右的公众可当场购买A型产品。

四、实施计划

1.实现方案的措施

(1)与市政部门和中心广场管理处联系,征得同意、支持。

(2)由公司领导出面请市有关领导参加开幕式、剪彩。

(3)联系秧歌队。

2.传播策略

(1)派专人拜访省市电台、电视台、报社,请派记者出席开幕式,并采访、报道。

(2)在展览会上散发企业、产品资料。

3.场地布置

(1)布置花卉展览现场,用花卉摆出各种图案。主图案是:"某音响公司与国庆节"。

(2)各处配置好音响设备,让A型新产品响彻场内外。

(3)布置好咨询、展示、销售服务台。

五、费用预算(见下表)

费用预算表

序号	项目	规格	数量	单价	金额/万元
1	场地费				20
2	用品费				30
3	宣传费				15
4	礼仪费				5
5	劳务费				15
6	保安费				5
7	不可预测费				10
合计	100万元				

六、评估标准

1. 制作成果的评估

评估分四个等级(包括会标、场地布置等):优、良、满意、不满意。要求达到良以上。

2. 大众传播媒介报道效果的评价

要达到省市电台、电视台、报纸最少各报道一次。

3. 信息传播效果的评估

(1)全市70%以上的公众知道企业和该产品。

(2)到场公众中,95%以上对该企业、产品有美好印象;20%左右公众有购买A产品意愿;1%左右公众当场购买A产品。

(3)活动参加人数评估:大约有20万人参观此展览。

——资料来源:编者根据有关资料撰写。

分析

此策划方案写得简练,而且比较全面、具体,在格式上符合要求。

实训

1. 请对图7.3中第三层次的各项内容进行具体说明。

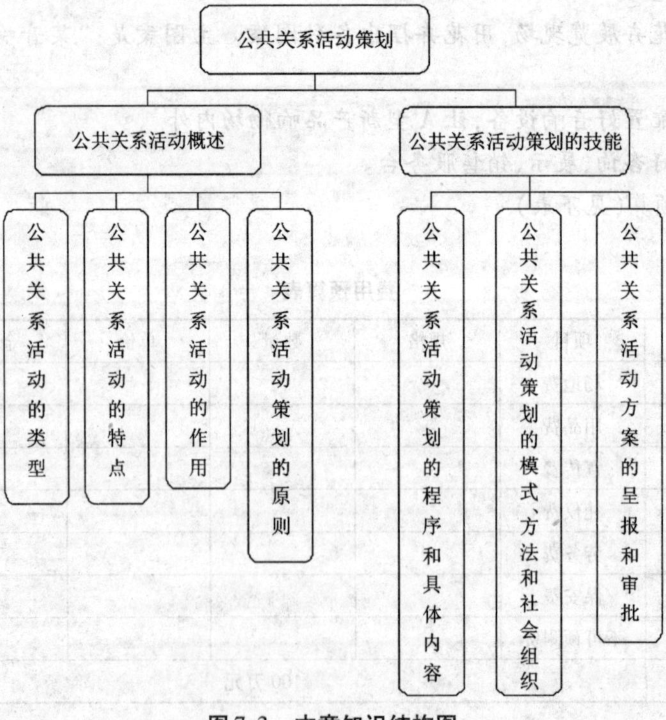

图7.3 本章知识结构图

2. 案例分析。

阅读下列材料，对案例进行分析，点评其成功之处(至少涉及3点成功之处)

国际咖啡组织是与联合国紧密合作的一个国与国之间的非赢利机构。促进全球咖啡消费是该组织的一个非常重要的宗旨。为推动咖啡在中国的消费，伟达公司于2001年再次策划组织第四届国际咖啡节。这次活动的目标受众包括：①消费者，有能力或者潜力消费，并容易形成新的消费习惯的受众——定义为18~35岁的年轻人，包括学生、白领；②在中国经营的国际及国内咖啡公司、咖啡店。

咖啡节的活动分为以下两部分。

1. 节前活动

(1)启动"咖啡·时尚"立体作品设计大赛。以咖啡和时尚为题，广泛征集立体艺术作品。针对美术系或设计系学生和老师张贴和分发比赛启示，并联络部分院校老师鼓励学生踊跃报名参赛，邀请知名的服装设计系教授和时尚评论家组成评委会，并给予参赛作品指点。向咖啡公司征集有关咖啡的材料，例如海报、产品包装、咖啡杯等，为咖啡公司争取宣传和亮相的机会。

(2)与e龙网站上海站合作，创立"2001年国际咖啡节"专栏，跟踪报道和记录咖啡节活动的全过程，使公众可以查阅组委会提供的特殊材料的具体细节。同时与上海最畅销的周报《申江服务导报》合作，设计了名为"咖啡·时尚"的描述专版。

(3)以国际咖啡组织的名义，向各咖啡公司发出邀请信，邀请他们参加本年度咖啡节，同时向他们提供一些特殊材料，如咖啡产品的包装盒/袋，咖啡豆、咖啡机等，供参赛者使用。

2. 2001年国际咖啡节正式启动——开幕仪式暨"咖啡·时尚璀璨秀"

(1)"咖啡·时尚璀璨秀"定在4月10日，选择在具有上海石库门建筑风格的"新天地"展示厅内举行。厅内在古色古香的老家具的衬托下充满了和现场制作的香醇浓郁的咖啡香味。底楼作为主要区域，以供模特走秀、嘉宾发言等，二楼则被布置成咖啡的展示区。以国际咖啡组织的名义，邀请了6家咖啡公司进行现场展示。

(2)当名模们身着决赛服装穿梭于人群中的时候，所有来宾的目光都凝聚在这些构思独特的作品上。他们展示的是咖啡与时尚的完美融合：有的是用咖啡外包装盒巧妙拼接而成的高贵晚装；有的是用上百颗咖啡豆穿成的典雅头饰、项链等饰品；有的是用咖啡海报剪裁而成的具有地中海风情的休闲服。

(3)来自北京、上海、广州、天津、成都、南京等地的近60家媒体的70位记者应邀参加了国际咖啡节开幕式暨"咖啡·时尚"璀璨秀活动，11家电视台对活动进行了报道。

——资料来源：选自国家中级公关员试题。

参考答案

1. 公关目标：扩大中国的咖啡市场

(1)保持更多的目标受众和媒体对咖啡的兴趣，尤其是保持年轻人的兴趣。

(2)促进及加强中国的咖啡公司与国际咖啡组织的联系和合作。

(3)提供有关咖啡的知识,指导目标受众如何品尝咖啡。

2. 目标受众

(1)消费者:有能力或者潜力消费,并容易形成新的消费习惯的受众,尤其是年轻人,包括学生、白领。

(2)行业:在中国经营的国际及国内咖啡公司、咖啡店。

3. 目标媒体

(1)年轻人喜欢看的时尚、生活类媒体,包括报纸、杂志和电视媒体。

(2)商业、综合性大众媒体。

4. 传播主题

咖啡是时尚生活、时尚文化的一部分。

8

公共关系活动实施和评估

学习目标

1. 了解公共关系活动实施和作用；
2. 掌握公共关系活动实施的原则、程序、要点；
3. 能够制定公共关系活动的预算；
4. 了解公共关系活动评估的作用与内容；
5. 熟悉公关评估活动的作用、程序、标准和方式；
6. 能够制定公关活动评估方案和撰写评估报告。

案例导入

目标：建立雄厚的工业设计社会基础

背景

广州过去曾以消费品而颇负盛名，其所拥有的“广货”以高品质和有创意的设计风行一时。然而近年来，“广货”没有很好地随着工业制造领域最新的科技发展潮流而提升自己的产品层次，导致了“广货”在消费者日益增长的期望中错失良机。

调研

首先进行了广泛的有关海外工业设计活动的文献调研。访问了广州市主要的工业企业，发现广州的企业并未把工业设计作为一种必要的生产手段，缺乏与工业设计相关的社会和文化基础，工业设计在本地未形成足够的认知程度。

经过调研，我们得出如下结论：在工业设计方面，广州所缺乏的不是专业知识，而是缺少使这些专业知识得以发挥作用的坚实社会基础。这需要组织一个较长期的活动，才能达到使人们理解和应用工业设计的目的。为此，我们计划发起一个长达10个月的系列活动。

策划

为促进工业设计在广州制造领域的积极运用，并建立起一个对这项专业持续发展有益的社会环境，我们采用了系列活动的策略方式，并确认了四类目标公众：设计者（包括服务性的专业人员、业余设计人员和工业设计专业及相关专业的学生）；企业家；政府主管部门和一般公众。针对四类公众在3个认知层次上的具体目标如下。

目标公众	三个认识层次上的目标		
	认知	态度	行为
设计者（专业人员、设计人员、学生）	使其获知工业设计方面的最新信息和出版物，并告知必要的技能	激起他们的愿望和热情	使优秀、实用的工业设计出现，促进企业的工业设计发展
企业家	认同良好的工业设计在表现产品附加值方面的重要作用	促进和培养在生产过程中运用工业设计的自觉性	在生产过程中运用工业设计
政府主管部门	接受振兴广州工业的关键是使工业品现代化的观点	认识到：鼓励工业设计的运用必须开展有组织的活动	运用系统的协调方式推广工业设计
一般公众	理解什么是工业设计，并且建立对良好设计的认知	接受这样一个观点：创新的能力不是可有可无，而是对社会有益的、应加以珍视的方面	成为对良好的工业设计有辨别力的消费者

活动从1997年6月15日开始到1998年4月15日结束，前后持续10个月，包括10个相关的活动。活动的高潮是焦点性的事件“广州工业产品设计大奖赛”。把“提升产品文化，创意现代生活”作为一个口号，将一系列的活动内容联系在一起，成为统领性的中心主题。

实施过程

（1）宣传。向各企业和目标公众展开宣传攻势。

（2）专业活动。为了宣传必要的有关工业设计的知识，每两个月出版一期专题刊物，由知名的本地和海外专家学者及从业人员撰写论文，寄送重点目标公众。另外，还针对不同目标公众如媒体、专家学者、政府主管部门及企业家，分别举办了四次专题研讨会。还为大赛的参赛者举办了有关工业设计理论和实践的五次公开讲座。

（3）大型活动。为了把工业设计的概念传给更广泛的公众，组织了两次大型的公众参与性活动，即广州市有史以来第一次有关工业设计问题的“咨询会”和工业设计专题书市。

(4)工业产品设计大奖赛。共有270件参赛作品,最后有34件作品获奖,其中4件获得金奖,10件获得银奖,20件获铜奖。

(5)圆满成功。颁奖典礼标志着这个历时10个月活动的圆满结束。主管经贸和工业的副市长主持了颁奖仪式。

活动评估

本次系列活动得到媒体的广泛报道。在广东华南和香港的18家主流报纸、电台和电视台的节目中有66篇(次)的相关报道。另外,还刊出16篇有关专业人士和教授学者的专访。

本次活动最直接的收益是涌现出了一大批以高品质的材料、完善的工业设计、强烈的视觉冲击力为主要特色的优秀实用的设计作品。一些获奖作品被用于规模生产。

这次活动的信息得到了广泛传播。除了重点目标公众得到了细致的引导外,其他各项大规模的活动如书市、咨询会、展览会和颁奖典礼所参与的总体受众达到100万人次。

本次活动的宣传还影响到香港、澳门和整个华南地区,重新激起了人们对"广货"的兴趣。此次活动对学术界和企业界人士,甚至政府的决策者们产生了很大的影响。

——资料来源:选自国家中级公关员试题

以上是一个大型系列活动的案例。

对于一个公共关系人员来说,不仅要会调查、策划,还要能够实施和评估。实施是公共关系"四步工作法"中重点的一步,评估是公共关系"四步工作法"中最后一步,也是承前启后的一步。

8.1 公共关系活动实施

8.1.1 公共关系活动实施概述

8.1.1.1 公共关系活动实施的作用

1. 公共关系活动实施是公共关系计划实现的保障

公共关系计划靠公共关系实施来完成,否则公共关系计划就是一纸空文。

2. 公共关系活动实施的结果是制定后续公关方案的重要依据

制定公共关系活动计划,必须了解组织的现状情况,前一个公关方案实施的结果,必须反映现状,制定后续公关方案时,必须对其加以考虑。

8.1.1.2 公共关系活动实施的原则

1. 目标导向原则

在公共关系活动实施过程中,要利用目标对整个实施活动进行引导、制约、促进,不断将实施结果与目标要求相对照,保证实施活动不偏离目标。

2. 整体协调原则

在公共关系活动实施过程中,要使各项工作之间达到和谐、合理、配合、互补和统一的状态。公共关系活动实施是一项系统工程,各项工作只有相互有机配合才会达到整体最佳。

3. 控制进度原则

在公共关系活动实施过程中,要按照实施方案的要求检查各项工作的进度,及时发现滞后或超前的情况,搞好协调与调度,使各项工作按计划协调、平衡地进展,并确保按时完成。

4. 反馈调整原则

在公共关系活动实施过程中,应通过监督,及时发现实施中的偏差、错误,并及时进行调整与纠正,保证公共关系活动计划得以正确执行。

5. 选择时机原则

有的公共关系活动计划在时间要求上有一定的弹性,因此在实施时要选择最佳时机,争取事半功倍。

8.1.1.3 影响公共关系活动实施的因素

1. 沟通障碍

(1)地域差异。不同的地域有不同的文化习俗,在实施公共关系计划时,一定要入乡随俗,考虑地域特点,否则将遭致失败。

(2)观念差异。由于观念不同,实施公共关系活动计划时,不要对所有的人都唱同一首歌。

(3)组织自身问题。如由于组织的机构庞大、臃肿,致使信息传递与沟通出现误差。

2. 目标不恰当

公共关系活动计划中所确定的目标不切合实际,或不具体,都会给公共关系实施造成困难。

3. 突发事件影响

不论自然灾害还是人为纠纷,其突然的发生,都会从物质上、精神上给公共关系活动计划的实施造成影响,并进而影响实施的进程。

8.1.2 公共关系活动实施的技能

8.1.2.1 公共关系活动实施的程序

公共关系策划方案确定以后,公共关系活动就进入实施工作阶段。策划程序和实施程序同样都是一个规范化的工作流程。但二者的区别在于:策划程序是一个主动的工作过程,策划人员主要以脑力去进行创造性劳动;而实施工作过程是一个执行的过程,是一个被动的工作服从,实施工作人员要忠实执行策划方案。实施的程序可分为三个阶段:制定实施方案(实施操作设计)、筹备工作、活动进行。如图 8.1。

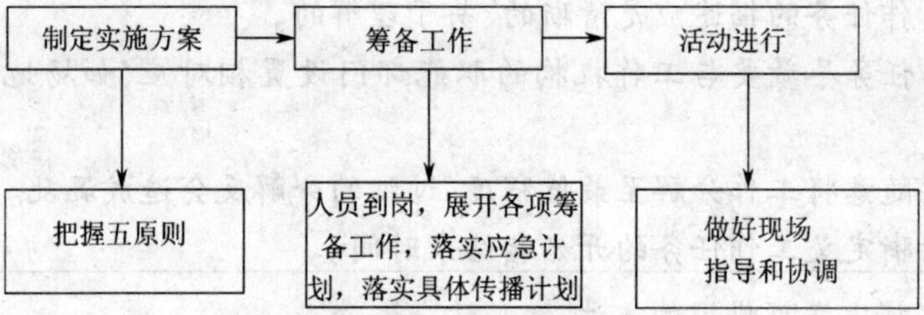

图 8.1　公共关系活动实施的程序

1. 制定实施方案(实施操作设计)

制定实施方案,又称实施操作设计。公共关系活动的实施操作是一项复杂的系统过程,有其特殊性。一是时间高度集中,事件纵横交错;二是公共关系活动实施的机会只有一次,不像生产管理,出了废品可以重做。因此,公共关系活动只有一个策划方案是不够的,还必须有一个实施方案,即对整个实施操作过程的先后顺序、人力安排、物品使用等作出周密的安排。

实施操作设计必须要在活动正式实施前就完成,而且正式付诸实施前要经过再三审核论证,谨防挂一漏万。

实施设计要把握好下面五个原则。

(1)各项工作要全面纳入计划管理,保证每件事有责任人负责。

(2)各项工作要分门别类地划分管理。

(3)做计划的时候,要全面协调好时间进程与事项进程。

(4)制定现场工作计划时,要注意平衡每个工作人员的劳动负荷。同时要注意不要安排一个人在同一时间同时负责两个工作项目,或一个人同一时间负责两个不同空间的工作。

(5)制定现场工作计划时,时间要安排到最小的单位为止。

小常识

公关活动工作项目的分解工作

合理的工作分解对项目成功至关重要,能减轻管理上的负担。

(1)公关活动的分解工作就是将整个项目按照可以控制和交付执行的原则进行不断分解,直至分解成可以充分控制项目进度、成本、质量的程度。

(2)进行分解工作的工具叫做工作分解结构,就是把项目的工作按一定的要求分解成特定的工作任务,或者特定的“工作包”。“工作包”是工作分解结构最低层次的项目,在制定项目进度计划时,它可以进一步分解。

(3)分解后的工作任务是可交付执行的工作任务。

(4)对工作任务的描述应是清晰的、易于理解的。

(5)工作任务尽量要与工作机构的职能部门设置相对应,如场地管理、会务管理等。

(6)不要随意将工作分解至最低程度,过细的分解反会造成混乱。

(7)应清晰定义工作任务的开始和结束时间。

2. 制定实施方案可借用的方法

1)坐标式推展法

坐标式推展法是一个时间进程与事项进程协调的方法。它以时间进程为纵坐标,以事项进程为横坐标,根据时间和事项进程的要求来制定实施工作的具体计划。如表8.1所示。

表8.1 某奠基礼活动坐标式推展法示意

序号	时间	程序	各组工作安排									备注
			指挥组	接待组	布置组	保卫组	少先队	舞狮组	航模组	礼仪小组	管乐组	
1	2:40	准备工作全面就绪,工作人员各就各位	检查各项工作落实情况;司仪与程序配合彩排;升气球落实	全面检查接待环境;安排签到各种事项;设立签到处;放置排位卡	检查各种道具就位情况;主席台布置到位	放置车辆导流标志;停车场对外封闭;警卫岗位就位	进场就位	进场表演准备	进场就位	进场就位	进场就位	
2	2:45	仪仗队彩排	组织彩排	协调接待工作事务		按原方案进行	夹道欢迎彩排;嘉宾引导彩排;整体配合彩排	整体配合彩排		剪彩奠基彩排;嘉宾引导彩排;整体配合彩排	整体配合彩排	
3	3:00	来宾进场				疏通道路	夹道迎宾	舞狮子迎宾		引导人座		
4	3:05	航模表演							表演			
5	3:20	管乐团表演									表演	台上

续表

序号	时间	程序	各组工作安排									备注
			指挥组	接待组	布置组	保卫组	少先队	舞狮组	航模组	礼仪小组	管乐组	
6		主礼嘉宾入场	现场协调再次检查上场各队伍准备工作	将准备介绍人名单送主持人手上	维持道路顺畅	维持道路顺畅	鼓号齐鸣礼仪组引导嘉宾进场;其余队伍尾随嘉宾队伍进入会场指定位置	群狮夹道起舞;放置点睛用品	直升机升空盘旋撒纸花	礼仪小组引导主礼嘉宾	奏欢迎曲	
7	3:45	介绍到会主礼嘉宾	再次检查上场各队伍准备工作									
8	3:50	宣布广场奠基礼正式开始	同时第一发言人准备,以后循序渐进安排少先队献花		放鸽子	按原方案进行	鼓号齐鸣	群狮起舞	发射火箭	列队鼓掌	奏乐	鸣狮鼓,放彩球,彩鸽

——资料来源:李兴国:《公共关系实用教程》,北京,高等教育出版社,2000。

2)甘特图

甘特图以发明者甘特命名,又称展开图、线条图、横线工作法,实际上是一种工作计划进度日程表。它在纵轴上列出计划项目,横轴上列出时间刻度,纵轴与横轴的交叉点上用直线或箭线表示两者关系。工作项目要分类依次排列。分类,是按一定的管理机构划分;依次,是按时间顺序排列。此图表绘制的要素是序号、工作项目、时间刻度、责任人和备注。它绘制简便,操作简便,展示了计划的递进性,适用于具体实施计划的管理。见图8.2。

序号	工作项目	日期							负责人	备注
		1	2	3	4	5	6	7		
1	选定会址	—	—							
2	邀请来宾			—	—					
3	布置会场					—	—			
4	开　会							—		

图8.2　××会议甘特图示意

3)鱼刺图

鱼刺图原来是全面质量管理中运用的一种因果分析图,这里应用为具体的项目计划图。它简单明了,又有利于项目实施计划的分析。首先将计划项目连接一条箭线,再把项目的关键要素在箭线上下两端以分箭线画出,然后,将关键要素所属的小要素连接一条小箭线,分别列在分箭线两边。如图 8.3 所示。

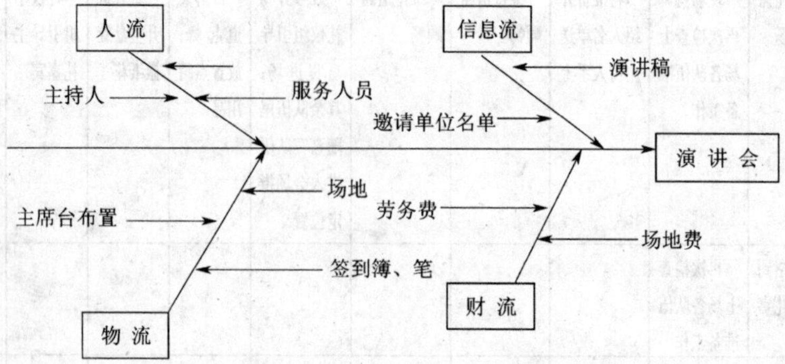

图 8.3 ××演讲会鱼刺图示意

4)网络图

网络图是一种图解模型,是对一个大型工作项目策划实施的计划图表。网络图由箭线、结点、路线、工作项目名称及时间指示等因素组成。箭线是指一项工作的过程,箭尾表示工作开始,箭头表示工作结束。结点是指一项工作的开始或结束,图中用"○"表示,是两条或两条以上箭线的交结点。路线是指自网络始点开始,顺着箭线的方向,经过一系列连续不断的运行,直至网络终点的通道。在网络图中有很多条路线,其中最长的路线称为"关键路线"(关键路径)。关键路线上的工作项目称关键项目。除关键路线外,其他的路线统称为非关键路线。关键路线并不是一成不变的,在一定的条件下,它与非关键路线可以互相转化。工作项目和时间指示标于图中适当处。如图 8.4 所示。

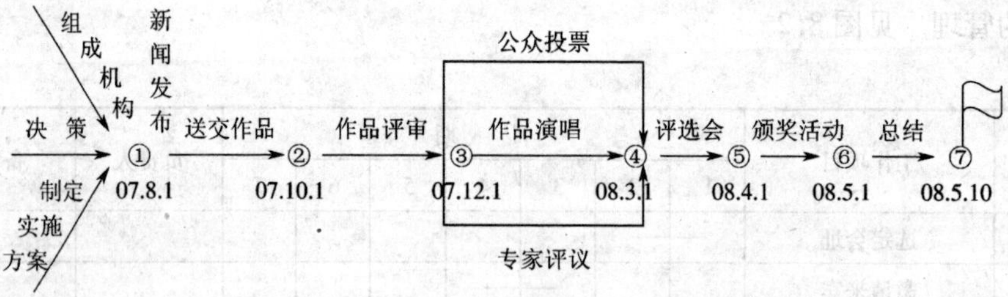

图 8.4 2008 年北京奥运会歌曲征集大奖赛网络计划图示意

3. 筹备工作

公共关系活动的筹备工作阶段是最忙碌的工作阶段。这一阶段主要有 4 方面的工作。

1)工作人员到岗

公共关系活动的实施,需要一批积极能干的工作人员,尤其需要一个统领全局工作开展的项目负责人,由他指挥整个工作的开展。这些人必须在筹备工作一开始就上岗到位。

2)全面展开各项筹备工作

公关活动筹备工作纷繁复杂,项目负责人首先要善于将工作分类整理成一项一项具体的工作,然后分工落实到每一个工作人员,以保证各项工作的落实。同时项目负责人还要随时监控各项筹备工作的质量,力争各项工作的高质量。

3)拟定应急计划

筹备公关活动必须考虑可能出现的危机以及如何化解危机。如户外的活动,应该考虑到下雨时的应急方案。假如解决危机的办法已明了于心,早有准备,那么现场即使出现危机也能够迅速解决。

4)拟定具体传播计划

公关活动主要是执行一项传播计划。在公关活动筹备工作阶段必须要突出具体的传播计划的落实,以保证活动取得良好的传播效果。传播计划做得很具体,包括传播内容、传播媒介、传播方式等。

4.活动进行

活动进行是最紧张的工作阶段。前一阶段所有的准备工作成果在这一阶段全部都表现出来了,往往活动准备工作时间很长,活动进行时间却相对很短,所以这时候是工作最紧张的环节,也是工作人员投入最多的环节。活动进行的关键是做好现场指挥和协调。要做到有条不紊,需要优秀的综合管理能力。

8.1.2.2 公共关系活动实施的要点

在公共关系活动的实施中,工作千头万绪,各项工作都要抓好,但是要特别注意以下几项工作。

1.进行人员培训

进行人员培训,就是要求全体工作人员理解策划方案精神,熟悉策划方案要求,掌握实施方案的工作步骤、方法和技巧。人员培训的意义有三点。

(1)共享信息。这是一种内部的公共关系行为,即让实施策划方案的参与者掌握总体的策略以及各个部分的策略。所谓知情出力,首先要知情,然后才能出力。

(2)明确责任。进行人员培训,也是一个工作分工安排的过程。一项公关专题活动,就是一个组织工作的系统工程,分工、协调、综合,有赖于一个严密的工作体系,培训的目的,就是建立这样的一个工作体系。

(3)对实施操作的研讨。工作任务摆在桌面,大家会对实施操作过程作再三分析和酝酿,这无形中是一次实施工作研讨会,有利于进一步完善活动方案。策划方案培训是实施工作的第一步,是全面实施的动员会,是优质高效工作的前提,是现代科学管理所要求的培训上岗的落实。

2. 策划方案的执行

执行策划方案是公关活动实施过程最重要的中心工作。

(1)要深刻领会策划方案的内容。一个完整的策划方案会将公关活动的目的、意义、活动时间、地点、活动参加人、活动的内容和形式、活动的程序、准备工作的要求、经费开支计划及有关重点提示都表达清楚。

(2)要制定一份具体的执行工作时间表。时间表要有完成任务的时间界限。例如一个新闻发布会,在时间表上必须清楚列出何时落实会议场地,何时发邀请,何时准备好新闻发布稿和模拟回答记者的问题,何时进行新闻发言人的演练,何时落实记者出席的情况等等。这样一分解,一个看似简单的新闻发布会就会划分出许多项具体的工作。

(3)要设立一个策划方案执行的工作检查制度。定期检查各项工作执行的情况,及时根据检查结果,调节进度计划。

3. 拟定财务开支计划

策划方案中已有一个公关活动的经费预算,但那必竟是"预算"。在拟定实施方案时,要认真了解现实的市场状况,列出一个更为准确的财务开支计划,以控制资金的使用。一旦发现实际开销与预算不相符,应尽快采取补救措施,或增加经费投入,或减少开支。

4. 活动场地的布置

活动场地是公关活动必不可少的基本要素之一,对活动的成功举办和传播起着重要作用。

1)场地布置原则

作为公关活动场地布置,应该与戏剧舞台布置原则一样,没有用的物品在舞台上一件都不出现,凡是舞台上出现的物品一定是有用的。现场布置应该把握以下原则。

(1)要与活动主题一致。这是场地布置最重要的原则。所谓有用、无用,鉴定的标准就是是否与主题相一致,与主题相一致的是有用的,反之则是无用的。

(2)要与活动所在地的人文习俗相一致。不同的地区有不同的人文习惯和风俗,例如我国喜事习惯用红颜色,所以喜事又称为红事,而丧事习惯用白颜色,所以丧事又称为白事。而在西方国家外国人则没有这样的习俗。

(3)要充分利用地形地物。对于每一处活动场地,只要认真观察,一定会发现有其自身的特点,所以在场地布置时,要注意发挥场地特点的作用,利用地形地物,使之更能体现主题。

(4)坚持安全性原则。安全性原则也是场地布置重要的原则之一。场地所有布置物是否合乎安全规范、设施是否可靠、安装过程是否安全,都是安全性原则所要求的。

2)场地布置的工作程序

场地布置是一项规范的工作,应该遵循以下工作原则。

(1)领会策划方案意图和了解人文习惯。这是场地布置的前提性工作,一般说来,策划方案基本都有场地布置的要求,关键是要能够深入领会。

(2)场地考察。场地布置不能想当然,必须深入现场,认真考察,充分观察地形地物的特点。

(3)绘制布置图。场地布置图是场地布置的实施工作图。常用的场地布置图有两种:一种是平面布置图,主要是从空中俯视场地布置的平面效果;另一种是立体效果图,立体效果图是主视图,主要展示场地布置的实际效果。

(4)制作和准备现场布置物。当布置方案确定以后,就可进入场地布置物的准备工作。

(5)现场布置。一定要按场地布置图要求落实布置方案。

(6)安全检查。安全检查包括物品放置的牢固性、防火安全性、用电安全性及治安的安全性等。

案例分析

案例

壳牌公司赞助出版《中国司机公路行车地图册》

中国经济日益发展,机动车的数量不断增加,同时,跨省市的高速和高等级公路渐趋完善,跨省市的经济性交通活动与日俱增。但是,中国的司机,尤其是长途货运司机们手头没有一本资料新而内容翔实的全国地图册。作为世界领先的石油化工公司,同时也是最大的油品和润滑油供应商,通过遍布世界的近5万个加油站,壳牌公司每天为成千上万的驾车人士提供燃油。壳牌公司高品质的沥青则为世界各地的公路建设者垂青。在中国,已有30多条高速公路的建设者使用了壳牌沥青。不仅如此,壳牌公司在世界上许多国家都有为驾车人士出版地图的做法,如美国、巴西、南非和欧洲诸国。和他的油品一样,壳牌公司出版的地图同样以其高质量、信息新受到驾车人的欢迎。

1996年夏,测绘出版社参加了在德国举办的世界图书博览会,并拿到了壳牌公司在德国出版的行车地图。新颖而先进的设计及鲜艳精美的印刷深深吸引了测绘出版社的两位年轻人。回国后,争得出版社的同意,他们与壳牌(中国)有限公司取得联络。双方从1996年下半年开始协商有关事宜。

1. 项目策划

20世纪80年代初,壳牌公司重新进入中国后,业务的发展经历了从贸易到投资建厂阶段,大部分油品项目在1997年陆续投入生产并开始市场营销等工作。如前所述,润滑油、沥青等产品已在市场上有一定的知名度。如果能针对这些产品的用户或受益者做一些公益活动,不仅能宣传公司的形象和品牌,还能对市场营销起到推波助澜的作用。基于这种考虑，由公共事务部协调，赞助出版《中国司机公路行车地图册》一事很快得到了公司管理层的首肯和支持，同时，像对待任何一件赞助事宜一样，壳牌公司的参与不仅仅只是资金，壳牌公司希望和合作伙伴一道努力，出一本高质量的地图。在策划阶段，公共事务部和品牌推广部与测绘出版社共同商讨，对地图的封面、内文、插页进行了各种方案的比较，最后决定地图册的封面采用壳牌专色——红、黄、灰，内文各行政区分隔页（6页）的壳牌产品广告设计要有主题，但又不突出广告的商业性，前言部分有壳牌公司的简介，附录有全国的主要授权壳牌润滑油经营商。

值得一提的是，由壳牌公司提议并提供资料，在地图册中特别加入了有关安全行驶、急救等常识，又一次体现了壳牌公司关注安全的公益指导思想。

2. 项目实施

为了保证该项目的顺利实施，着重计划了下列事项。

（1）出版时间。在策划阶段，壳牌公司已得知重庆将划为直辖市，香港在1997年7月1日回归祖国。因此，为了突出地图新的特点，将出版时间定为1997年8月（即香港回归后1个月）。

（2）首发式及新闻发布会。为了向大众告知这本地图册的出版，由壳牌公司公共事务部策划组织了首发仪式和新闻发布会。

（3）确定参加人员。参加人员确定为交通部领导、壳牌公司及测绘出版社的领导和相关（主要是与汽车相关）的媒体记者。

（4）新闻稿及地图册发给到会的记者和未到会的外地记者。

（5）在首发仪式上，由壳牌公司向交通部赠送100本地图册，加强壳牌公司与相关政府部门的联系。

（6）首发式和新闻发布会于8月22日在北京京伦饭店举行，有关领导及媒体记者共60人出席。

（7）向测绘出版社推荐并提议在图书订货会上推出海报，宣传这本地图册，建议被测绘出版社采纳，效果良好。

（8）由测绘出版社出面，请中国道路运输协会会长、原中华人民共和国交通部副部长王展意为该地图册题词："持司机图册，行神州大地"。

3. 项目评估

该地图册的首次印刷和发行取得了巨大的成功。体现在地图册的销售量远远超过预期的估计。原计划该地图册在3年内出版20万册，因此，在1997年首印时只印了80 000册。据测绘出版社从8月至12月份短短5个月的发行情况，首印80 000册的销量很快告罄。

壳牌公司知名度高，又由于这本图书设计新颖，装帧考究，很多图书零售商在订货时，已称该书为"壳牌"地图。

与壳牌公司合作，测绘出版社学到了不少新东西，如办事效率、公关意识等。一般来说，出版同等信息量的地图册需七八个人工作一年多，可是这本地图册只有三四个人花了半年时间。同时，由于采用了计算机辅助设计，质量上乘。

媒介的反应强烈，到会的各报纸、电台和电视台都做了报道。同时，外地的媒介也争相报道，都对地图册的销售起到了促进作用。

——资料来源：范立荣、范慰慈：《公关员》，北京，中国劳动社会保障出版社，2003。

分析

壳牌公司赞助中国测绘出版社出版《中国司机公路行车地图册》，是其开展的若干社会公益性活动之一。赞助出版地图册，表面看起来无太大的场面，又无喧闹的气氛，但其以静制动的力量却是潜在而巨大的。从活动效果的评估反应来看，本次活动是非常成功的。分析原因，主要有两点。

(1)赞助活动项目的策划出发点是积极、健康且有很强的针对性。壳牌公司的主营项目是油品，因此把本项公关活动的受众目标指向这些产品的用户，特别是驾车人士。尤为关键的是对整个地图册的设计工作特别精心，壳牌公司与被赞助方共同商讨、修订与地图相关的每一个细节，确保本项活动的良好效果并使壳牌公司的爱心能得以完美展现。

(2)整个赞助活动的实施过程用心良苦，以致结果相当完满。特别是根据当时重庆、香港的新变化，将出版时间定为 1997 年 8 月。在地图册的首发式上，既邀请来了自政府交通主管部门的领导，同时又吸引了大批新闻记者参与。向交通部门捐赠地图册则更进一步彰显了壳牌公司的无限爱心，这对于壳牌公司良好组织形象的塑造具有重要意义。

8.2 公共关系活动评估

8.2.1 公共关系活动评估概述

8.2.1.1 公共关系活动评估的作用

公共关系活动评估是根据特定的标准，对公共关系活动计划、实施及效果进行检查评价和估量，以判断其优劣的过程。它是公共关系“四步工作法”的最后一步，但它贯穿于公共关系活动的全程，监督、控制着公共关系实践的每个环节，具有承前启后的作用。

公共关系活动评估的重要作用有以下三个方面。

(1)是改进公共关系工作的重要环节。公共关系活动评估对一个社会组织的公共关系工作具有“效果导向”的作用。任何一项公共关系计划在实施后都面临着两种结局：成功或失败。无论是成功还是失败，其经验与教训都将成为下一个公共关系活动或环节改进的基础。

(2)是开展后续公共关系工作的必要前提。没有对原有公共关系工作的评估，就不可能制定新的公共关系计划。这是公共关系工作连续性的一种表现。

(3)能够有效地鼓舞士气。开展评估工作,使组织内部的一般员工和领导者看到开展公共关系工作所取得的成绩和效果,以利于增强信心,鼓舞斗志,从而更加重视公共关系工作。

8.2.1.2 公共关系活动评估内容

公共关系活动评估的主要内容包括如下几点。

(1)对公共关系活动准备过程的评估。包括开展公共关系活动前是否认真地进行了调查研究、公共关系计划的制定是否合理等。

(2)对公共关系活动实施过程的评估。包括计划实现的程度、范围是否达到了预期目标,计划实施的程序、方法是否需要调整,计划所需资金是否充足等。

(3)对公共关系活动效果的评估。包括计划实施的效果如何、哪些实施方法最有效等。

8.2.2 公共关系活动评估的技能

8.2.2.1 公共关系活动评估的程序

(1)将评估工作纳入公共关系计划之中,并得到组织最高管理者的首肯。评估不是公共关系计划的附属品或计划实施后的事后思考和补救措施,而是整个公共关系计划的有机组成部分。

(2)在公共关系部门内部取得对评估工作一致的意见。

(3)制定统一的评估目标。目标即为参照物和依据,有此,才能对公共关系工作进行评估。

(4)尽量把评估目标具体化、明确化和准确化。

(5)设计适度的评估标准。

(6)确定搜集证据的最佳途径。获取评估证据的途径和方法可通过访谈、抽样调查、查阅活动记录等获得。

(7)保持完整的计划实施记录。这些资料能够充分反映公共关系计划的可行性程度以及公共关系人员的工作方式和工作效果等。

(8)使用评估结果。评估的结果不能束之高阁,而要让以后的公共关系工作来借鉴,使每一项新的公共关系工作比上一次干得更成功。

(9)将评估结果向组织管理者报告。这可以保证组织管理者及时掌握情况,有利于工作的协调。同时,也可以进一步发挥公共关系活动在实现目标过程中的重要作用。

8.2.2.2 公共关系活动评估的标准与方法

1. 公关活动准备过程的评估标准与方法

(1)背景材料是否充分。检查在调查与策划阶段是否充分占有资料和分析判断的准确性。重点是及时发现在分析中被遗漏的、对项目有影响的因素。

(2)信息内容是否准确充实。主要分析策划方案中公共关系活动准确的信息资料是否符合问题本身、目标及媒介的要求,沟通活动是否在时间、地点、方式上符合目标公众的要求,是否有对沟通信息和活动的对抗性行为,是否有制造事件或其他行动配合这次公共关系活动。

(3)信息的表现形式是否恰当。应该检查有关信息传递资料及宣传品设计是否合理、新颖,是否能达到引人注目、给人以深刻印象的要求。具体包括文字语言的运用,图标的设计、图片展示方式的选择等等。

(4)为完成任务,人员与预算资金是否充分。

2.公共关系活动实施过程的评估标准与方法

评估不仅仅是对公共关系活动效果的评估,更主要的是在公共关系活动的实施过程中发挥其监控、反馈的作用。公共关系活动实施过程的评估,又称公共关系项目工程的评估,它包括制作成果评估、报道工作评估、大众传播媒介报道效果、成本评估和活动参加人数评估。

1)制作成果评估

大型活动有许多制作项目,例如,会场布置可以有舞台、背景板、标语、彩球等,还有整体的效果布置如现场总体气氛、音响效果等,有关此类制作项目的评估可以将各个制作项目按优、良、满意、不满意4个等级去评定,同时把制作项目的数量、完成时间等量化的标准一并列出,合成一份制作项目评估书。然后在项目制作完毕检查时,请主办单位或客户评出档次。

2)报道工作的评估

即检查发送信息的数量。包括组织在实施公共关系活动中所进行的电视广播讲话次数,发送信件、其他宣传材料,以及新闻发布的数量以及其他宣传性工作如展览等进行与否及其努力程度。

3)大众传播媒介报道效果评估

(1)媒介报道的成果评估,即检查信息被传播媒介所采用的数量。报刊索引和广播记录一直被用来作为检查对传播媒介采用新型资料数量的依据。如有多少媒介作了报道,要按剪报要求整理好,加上说明。

(2)公众接触信息的成果评估。公众接触信息的成果评估是统计媒介信息展现给公众的情况。

计算标准是:大众传播媒介刊出信息次数×可能接触的人数的总和

假设:中国青年报发行68万份,发稿两次,每份有3人阅读。

68万×2(次)×3(人次)=408万(人)

即公众接触信息人数为408万人。

4)大众传播媒介报道成本评估

报道成本一般是以千人成本计算的,即让1 000人知道一个信息,要花费多少钱。

5)活动参加人数的评估

有的活动评估,可以用直接的数字统计来评估。例如展览会、演讲会、产品说明会等,只要统计出活动的出席人数,就可以确定活动策划是否成功。有的活动要求参加者回函的,也可以根据回函数字进行评估。

3. 公关活动实施效果的评估标准与方法

实施效果的评估是一种总结性的评估。评估内容如下。

(1)了解信息内容的公众数量。公共关系活动的目的之一是为了增加目标公众对组织的认识、了解和理解。公众没有了解或没有完全了解都会影响他们对组织的观点和行为。

(2)改变观点、态度的公众数量。这是评估实施效果的一个更高层次的标准。

(3)发生期望行为和重复期望行为的公众数量。

(4)达到的目标和解决的问题。

(5)对社会和文化的发展产生的影响。这种影响同其他各种因素共同起作用,并在比较长的时间里以多种形式表现出来。如表8.2所示。

表8.2 公共关系活动评估标准一览表

评估阶段	评估标准与方法
准备阶段	背景资料是否充分 信息内容是否准确 信息表现形式是否恰当 人员与预算资金是否充分
实施过程	制作结果是否优良 报道工作中发送信息的数量 大众传播媒体报道成果(信息被采用的数量、公众接受信息的数量) 大众传播媒介报道成本 活动参加人数
实施效果	了解信息内容的公众数量、改变观点、态度的公众数量 发生期望行为和重复期望行为的公众数量 达到的目标和解决的问题 对社会和文化发展产生的影响

8.2.2.3 公共关系活动评估的方式

公共关系活动评估的方式有:专家评价、公众意见征询、组织活动记录、实施人员评估等。

具体到公关活动实施的评估方式有三种。

(1)评估人员直接观察。这种直接观察可以由评估人员参与实施过程,进行实地考察,记录各个环节实施的状况和顺序以及进展情况。

(2)向实施者和实施对象进行调查,再把二者的资料进行对比分析。

(3)分析汇报资料。从不同渠道汇报上来的各种资料,如数据、图表报告等是评估的重要依据。

以上这三种方式一般是综合运用,通过几种方式相互比较,相互引证,得到一个全面的、综合性的评估结论。

8.2.2.4 公共关系活动评估方案的制定

评估方案的内容主要包括:①确定评估的目标;②确定评估程序;③确定评估标准;④安排评估人员;⑤分析评估环境;⑥整理评估资料;⑦撰写评估报告;⑧反馈核查等等。

8.2.2.5 公共关系活动评估报告的撰写

公共关系活动评估报告书是对公共关系工作进行评判而提出的书面报告。

1. 评估报告的功能

评估报告,最重要的是说明"做得怎么样?""为什么这样做?"它应当精确地描述整个公共关系活动过程,间接地概括活动所取得的主要结果及其存在的不足,科学地预测尚未解决的一些问题在今后的发展趋势,并提出相应的解决办法,为决策者把评估分析用于组织战略决策提供充分的信息依据。

2. 评估报告的内容

略。

小常识

常规的评估内容

(1)对活动策划和准备阶段的评价。如:这一项目的确立是否必要?其依据是否科学?这一活动的策划是否富有创意?准备工作是否充分?参加这一活动的人员是否完全理解这项活动的意义?是否投入了足够的力量?

(2)对活动实施阶段各项工作的评价。如:整个活动的实施是否到位?有哪些不足之处?为什么会出现这种情况?

(3)对活动结果的评价。如:活动的短期目标和长期目标是否得以实现?活动的实施是否导致了舆论和行为模式的改变?策划者所考虑的其他目标是否达到?

(4)对活动经费使用情况的评价。如:经费的使用是否合理?整个活动费用是否超出了预算?

(5)其他特定内容。如品牌、无形资产、人员素质等相对静态的项目评估以及广告效果、销售额等动态项目的评估。

总之,公关活动目标越具体,对它的结果进行评估就越容易。

案例展示

案例

“记者卖菜”活动

1996 年,上海某副食品公司策划实施了一个“记者卖菜”的广告活动。

“记者卖菜”这一点子,本是上海某大报一位记者和该公司有关人员的一个创意。后来,他们特意邀请了几位新闻界朋友和公关策划专家,召开了两次专题策划会议,就活动方案本身的可行性和诸多实施细节进行认真推敲。大家认为,如果这一活动既塑造企业形象,同时也树立起新闻传媒的崭新形象,将其作为企业和新闻界联手推出、共同获益的一项活动,就一定能调动双方的积极性,并取得较好的宣传效果。

适逢其时,中央领导人向新闻工作者发出了“要打好群众观点根底,发扬实事求是的作风”的号召。许多新闻单位闻风而动,纷纷考虑有所行动。该副食品公司领导和企划人员当机立断,立即组成专门班子,抓紧落实各项准备工作,于 1996 年 9 月 ×日正式推出了这一活动。

活动当日清晨,公司就在所在区的主要街道上打出了“欢迎本市各报刊记者来×××公司当一天营业员”的横幅。活动现场——该公司下属的某副食品商场门前则是大红灯笼高悬,五色彩旗飘扬,并通过海报向人们告示了参加这一活动的新闻单位和记者名单,引起了社会公众的极大兴趣。

清晨 6 时,来自新华社上海分社、解放日报、文汇报、新民晚报、新闻报、劳动报、上海经济报、上海商报、消费报、东方城乡报、上海食品报、虹口报、上海人民广播电台、东方广播电台等新闻单位的 14 名记者如约赶到现场,站上蔬菜柜台,当起了营业员。附近街区的居民都被这一活动所吸引,纷至沓来,这时整个副食品商场比平时热闹许多。有的消费者一边选购蔬菜,一边向记者们反映对改善副食品供应的种种意见和建议,也有不少消费者买好菜仍然不肯离去,站在一旁观看。上海市政府副食品办公室和公司所在区财贸办公室的负责人都亲临现场。人民日报社华东分社、上海电视台、东方电视台、有线电视台等未直接参加“卖菜”行动的新闻单位也派出了强大的采访队伍,在现场进行跟踪采访。

作为“记者卖菜”活动的延续,各个新闻单位的记者们从柜台上下来后,又和社区的消费者代表们举行了座谈,进一步倾听了社区居民们对政府“菜篮子工程”的意见和建议,使这一活动画上了一个圆满的句号。

这一活动,赢得了政府部门和社会各界的普遍赞赏。上海市政府的一位领导得悉“记者卖菜”活动消息后,立即对这一活动作了高度评价。公司所在地区的区委、区政府领导亦对这次活动的成功表示满意,并要求区属企业在企业形象建设上向该公司看齐。新闻界的反响更为积极。活动还在进行中,两家广播电台就先后播发了记者从活动现场发回的报道。当天晚上,上海电视台、东方电视台、有线电视台均以较大篇幅报道了这次活动。中央电视台也转播了有关这一活动的报道。从第二天,上海各报刊的报道文章接连不断。据统计,各新闻传媒就这一活动播发的报道共达30余篇(次)。

该活动由于使用的是公司属下的副食品商场,因此所投入的经费很少,全部宣传和劳务费用总计为人民币8 000余元。

——资料来源:选自国家中级公关员试题。

评估报告

"记者卖菜"活动的评估报告(纲要)

1996年,上海某副食品公司实施的"记者卖菜"的公共关系活动很成功。取得成功的原因主要有以下几方面。

1. 准备过程成功

(1)准备充分。为了进行这次活动,公司、新闻界朋友、公关策划专家两次开会研究策划,对其可行性和诸多实施细节认真推敲。为实施这项活动,组建专门班子,抓紧落实各项准备活动。

(2)活动策划新颖,富有创造性。通过"记者卖菜"活动,要达到既塑造企业形象、又树立新闻传媒的崭新形象的目的,可谓"一石二鸟"。

(3)活动时机抓得好。在中央领导人向新闻记者发出"要打好群众观点根底,发扬实事求是的作风"号召的时候,在各级政府抓"菜篮子工程"的时候,推出"记者卖菜"活动,正逢其时,易得到有关方面的重视和支持。

2. 实施过程成功

(1)实施过程中,各项具体工作按要求落实。如场地布置、宣传资料准备、人员到位等项,一一按时完成。其中活动用品的制作,如横幅、大红灯笼、五色彩旗、海报等都符合要求。

(2)巧妙地利用新闻传媒。一方面有14个新闻单位的记者参与了这项"卖菜"活动;另一方面又吸引来未直接参加"卖菜"行动的4个大型新闻单位派人现场跟踪采访。一些记者当"演员",另一些记者当宣传员,激活了新闻媒体的积极性,扩大了影响力。

(3)参加这项活动的公众踊跃。不仅有此副食品商场的常客,还吸引了附近街区的居民,形成"公众纷至沓来,热闹非常"的场面。另外,市、区有关部门的负责人也亲临现场观摩。

(4)进行面对面的沟通。一方面,在购菜过程中,消费者向记者反映意见和建议;另一方面,记者走下柜台后,与社区的消费者代表座谈,听取关于"菜篮子工程"

的意见和建议。让记者得到了第一手资料。

3. 实施效果良好

在活动进行时,有两家广播电台播发了记者从活动现场发回的报道。

当天晚上,上海电视台、东方电视台、有线电视台均以较大篇幅报道了这项活动。中央电视台也转播了有关这一活动的报道。从第二天起,上海各报刊的报道文章接连不断。

据统计,各新闻传媒就这一活动播发的报道共达30余篇(次)。

这次活动赢得了政府部门和社会各界的普遍赞赏。如上海市政府的领导,公司所在地区的区委、区政府领导,都对活动非常关注,并作了高度评价。

4. 经费开支节约

这次活动做到了"少花钱,办大事"。活动投入的经费很少,全部宣传和劳务费总计人民币8 000余元。

实训

1. 请对图8.5中第三层次的各项内容进行具体说明。

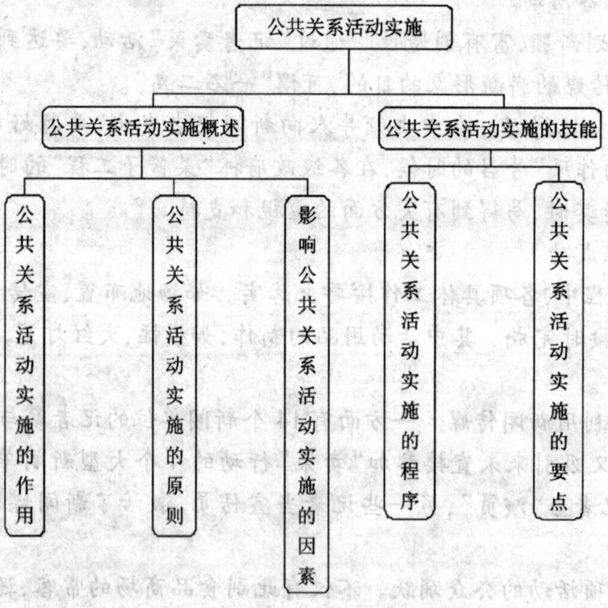

图8.5 公共关系活动实施的知识结构图

2. 请对图8.6中第三层的各项内容进行具体说明。

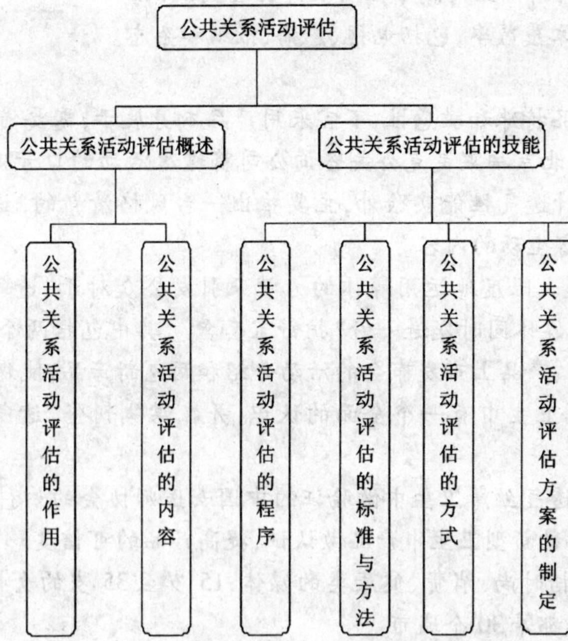

图 8.6 公共关系活动评估的知识结构图

案例分析

请对案例中的公共关系活动的实施和评估进行分析。

"护舒宝"——可呼吸的卫生巾

——保洁公司新产品推广活动

保洁公司生产的"护舒宝"是全球最大的卫生巾品牌，在中国先后推出了"护翼卫生巾"、"丝薄卫生巾"。但长久以来，由于卫生巾不能透气而给经期妇女带来皮肤不适或过敏的问题一直困扰着消费者。为了解决这一问题，1999 年保洁公司研制成功专利透气材料，并推出最新一代产品——护舒宝透气丝薄卫生巾。受保洁公司委托，北京王井府饭店举办了大型产品上市发布会。

1. 公关计划

1）公关目标

(1)传播保洁公司奉行"生产世界一流产品，美化您的生活"的宗旨，宣传保洁公司一贯关注妇女健康，尽心尽力、不断创新、为妇女提供高质量保健品的承诺。

(2)准确传播新产品——护舒宝透气丝薄卫生巾的优越性：透气性材料是获得专利的材料；能有效排除闷热、潮湿，提供干爽、舒适的保护；是中国市场上首次采用透气材料制成的卫生巾;新产品得到中国女医师协会的认证。

(3)取得广泛的媒体覆盖率,包括电视、广播、报纸和杂志。

2)公关策划的内容

(1)鉴于卫生巾产品特殊和敏感性,不宜采用产品本身展示,需要借用能展示产品良好透气性的方式。北京福莱灵克公关咨询公司将这次活动的口号定位于"透气保护,时尚潮流",除设计透气性能实验外,主要推出一台风格清新的"透气"时装表演,为媒体报道提供丰富生动的内容。

(2)产品上市前,最大限度地运用媒体的力量来引发公众对于"透气"这个话题的兴趣。向全国100家媒体同时发送一份"护舒宝套盒",其中包括两个护舒宝透气丝薄卫生巾的小实验品、产品上市发布会的活动介绍和两包新产品,使媒体对于即将上市的护舒宝透气丝薄卫生巾有一个全面的认识,并在媒体刊登"透气"话题的报道。

(3)邀请为护舒宝透气丝薄卫生巾做验证的中国女医师协会的妇科专家参加活动,从专家的角度,对这种新型卫生巾产品做认证,提高产品的可信度。

(4)对象选择。包括时尚、消费、健康类的媒体;15岁至35岁的女性消费者;广州、上海、北京、江苏、成都等30个城市。

2. 公关计划的实施

整个活动从策划到实施,历时3个月时间,集中体现在8月18日产品上市发布会上。无论是在产品上市前的预备阶段还是在上市发布会之后,都密切地同相关媒体保持联系,使媒体充分地参与活动,并为媒体的报道提供了详尽的参考资料。活动结束以后,电视台和电台等媒体的覆盖率为100%,报纸、杂志等媒体的覆盖率为76%,取得了非常好的效果。

1)调动媒体与公众兴趣,做好上市准备

(1)所有被邀请参加活动的记者,在产品上市发布会之前,都收到一份精美的"护舒宝套盒"。盒内有3个信封,内容分别是"护舒宝透气丝薄卫生巾的秘密在哪里?""护舒宝透气丝薄卫生巾吸收力大挑战"和"护舒宝透气丝薄卫生巾隆重登场"。信封内还有即将举行的护舒宝透气丝薄卫生巾产品上市发布会的活动简介。记者同时收到的还有两包新的护舒宝透气丝薄卫生巾产品。

(2)这个小小的"护舒宝套盒"引起了媒体广泛的兴趣,尤其是装在"护舒宝透气丝薄卫生巾透气的秘密在哪里?"这个信封中的两只分别用普通材料和透气材料制成的手套,让记者对"透气"材料有了一个亲身体会。信封中所附的调查表,90%反馈给了福莱灵克公司,媒体普遍反映这种实验方式非常独特,且具有说服力。

(3)产品上市之前,在全国19家时尚、健康和消费类的媒体刊登了关于"透气"给人们带来的益处,并引发公众联想到曾经风靡一时的"透气"运动服装和"透气"运动鞋等,激发出对于"透气"这个话题的极大兴趣。

2）在北京举行产品上市发布会

(1)产品发布会于1999年8月18日，在北京王府井饭店水晶厅举行。为了突出"透气保护，时尚潮流"这个主题，500平方米的大宴会厅被装点得清新时尚，主色调是蓝白两色，给人以清爽剔透的感觉。大到背景板，小到接待台用以盛放名片的托盘，无一不透出组织者的精心安排，为产品的上市发布会营造了一个非常好的氛围。

(2)为了使与会记者更加了解护舒宝卫生巾这个品牌，在会议厅外的走廊上，还搭建了一个护舒宝展区，并邀请受过专业培训的护舒宝产品推广小组当场为大家演示有关护舒宝透气丝薄卫生巾的实验，并邀请记者参加。同时，把在"透气"时装表演中演示的30套"透气"时装制成精美的照片陈列在展板上，供记者评选出最受欢迎的一套"透气"时装。

(3)邀请全国百余名记者参加了护舒宝透气丝薄卫生巾的产品上市发布会，20家电视台和4家电台对活动进行了报道。有2/3的记者在产品上市发布会结束之后，采访了保洁公司大中国区副总裁、中国女医师协会的妇科专家和北京医科大学人民医院妇产科教授等人，历时两个小时。

(4)当来自中国新丝路模特公司的15名靓丽的模特身着著名青年设计师孙俭设计的"透气"时装出现在T形台上时，无数个闪光灯聚焦在这些代表浪漫优雅的蓝色、清新时尚的绿色的"透气"时装上，整个会场的气氛达到了高潮。护舒宝透气丝薄卫生巾的特点"透气、时尚"被这些优秀的模特生动地演示出来。

3）公关计划实施的效果评估

(1)产品上市发布会的成功举行，引起媒体广泛的报道，取得了轰动效应。全国20家电视台、4家电台给予专题报道，截至1999年11月末，全国省市97家报刊包括香港大公报、文汇报报道了此次活动，报刊的媒体覆盖率达76%。在产品上市发布会前，全国19家时尚杂志及重要报刊上刊登了宣传透气时尚的文章，旨在宣传透气是一种健康的时尚潮流。产品上市发布会后，有关活动的报道有87篇。

(2)丰富多彩的产品展示形式。本来卫生巾产品单一而敏感，很难在公众面前充分展示，但福莱灵克公关咨询公司没有就产品论产品，而是围绕新产品的主要特点"透气"两字做文章。发布会前通过媒体广泛宣传"透气"的重要性，发布时不仅营造会场的清新透亮的氛围，而且通过"透气"小实验、专家论证，尤其是一台独特的"透气时装表演"，吸引了媒体的兴趣。媒体通过这些展示形式，可以写出生动报道，如将新闻标题写为"可呼吸的卫生巾"等。全国各地电视台主要通过"透气时装表演"来报道，有的电视台报道长达15分钟。

(3)通过此次活动，许多记者了解到护舒宝品牌为中国女性所做出的贡献，其中包括自1997年同教育部合作开展的"护舒宝品牌青春期教育"活动，目前已经有120多个城市的1 300多万中小学女生参与了这个教育项目。

——资料来源：范立荣、范慰慈：《公关员》，北京，中国劳动社会保障出版社，2003。

分析

1. 这次公关活动在实施方面的成功之处

(1)实施工作围绕改革目标进行,符合目标导向原则。公关目标旨在宣传新产品的"透气性",所以在实施中,通过"透气"手套、"透气"时装表演、"透气"实验等,体现这个目标。

(2)实施工作是分步进行的,符合整体协调和控制进度的原则。公关活动分两步进行:新产品上市前的准备和举行新产品上市发布会。有先有后,衔接自然,配合密切。

(3)实施中注意排除传播沟通的障碍。卫生巾是妇女的特殊用品,具有一定的敏感性,不宜展示产品本身。所以在实施中,借用其他的物品,如"透气"手套等来说明卫生巾的"透气性",排除了传播沟通障碍,取得了很好的宣传效果。

(4)实施中的场地布置与主题互相一致。产品发布会在北京王府井饭店水晶厅进行。厅的名字"水晶",加之厅的蓝白两色的布置,还有背景板、小托盘等等,都给人以清爽剔透的感觉,与活动的主题"透气保护、时尚潮流"正相吻合。

(5)实施中紧紧抓住媒体,使其为活动服务。

媒体的参加与报道,是活动成功的关键。为此,在实施中,想方设法吸引媒体,如产品准备上市阶段,送记者"护舒宝套盒",让他们获得感性认识;在发布会上,"透气"时装表演,又给记者提供拍照的机会,使之获得大量新闻报道材料。

2. 对这次活动的评估

1)准备阶段的工作做得充分

(1)活动策划得好。活动策划目标明确,主题鲜明,特色突出,项目内容具体可行,目标公众选择准确。

(2)产品上市前,充分调动了媒体与公众的兴趣。通过实物媒介——"护舒宝套盒"和详尽的新产品文字材料,调动了媒体的积极性。全国 19 家时尚杂志和报刊登载了宣传"透气"的文章。通过媒体的刊登关于"透气"给人们带来的益处,激发了公众对"透气"这个话题的极大兴趣。

2)实施阶段的工作做得圆满

产品发布会开得新颖,内容丰富,效果良好。

(1)制作项目完成得好。如会场上的背景板、表演用的"透气"时装、送给记者的"透气"手套、搭建在会议厅外走廊上的展区等等。

(2)传播媒体广泛报道,取得了轰动效应。有来自全国的百余名记者参加了产品发布会,20 家电视台和 4 家电台对活动进行了报道,有 2/3 的记者采访了保洁公司大中国区的副总裁和国内妇科专家,97 家报刊报道了这次活动,发表文章 87 篇,报刊媒体的覆盖率达 76%。

3)实施效果良好

通过这次活动,"护舒宝"的知名度、美誉度大幅度提升,许多公众和记者了解到护舒宝品牌为中国女性所作出的贡献。

通过这次活动,把此前已展开的"护舒宝青春期教育"活动,扩展到120多个城市的1 300多万中小学女生中。

9

公共关系危机管理

学习目标

1. 了解危机的基本概念、特点和类型；
2. 掌握危机处理的意义、原则和程序；
3. 掌握危机管理计划的制定；
4. 掌握危机管理过程中的协调、对策和答复；
5. 掌握危机处理过程中的新闻发布。

案例导入

化危机为商机

中美史克天津制药有限公司是一家现代化合资制药企业。其代表产品康泰克在中国已家喻户晓。

美国一项研究表明，PPA（即苯丙醇胺），会增加患出血性中风的危险。2000 年 11 月 16 日，中国国家医药管理局（SDA）发布了《关于暂停使用和销售苯丙醇胺（PPA）药品制剂的通知》。在 15 种被暂停使用和销售的含 PPA 的药品当中，就包含了中美史克天津制药有限公司生产的康泰克。

中国 SDA 通告一出，顿时引起社会的极大关注。媒体争相报道，经销商纷纷来电，康泰克多年来在消费者心目中的优秀品牌地位陷入危机之中，中国环球公关公司受中美史克天津制药有限公司的委托，迅速启动危机管理工作系统。

11 月 17 日（星期五）中国环球公关公司即开通了媒介咨询热线，统一接听和处理媒体来电,解答所有来自全国各地的媒介咨询电话。

2000 年 11 月 20 日中国环球公关公司在北京国际俱乐部饭店召开恳谈会,来自中国 56 家媒体参加了会议,其中文字媒介共 47 家、电子媒介共 7 家(包括 CCTV 东方时空等 8 个栏目)。会议重点向舆论媒介传达了这样的信息:史克公司视消费者利益为上,视中国人民健康为上,坚决支持中国政府主管部门的决定,立即停止生产和销售康泰克。

会后中国环球公关公司又通过制作 CCTV 新闻、举办座谈会、组织专访、继续开通咨询热线等形式,保持与媒体的密切联系和积极沟通。

通过实施危机期间的媒体关系管理方案,中国环球公关公司有效控制并处理了由 PPA 事件引发的重大危机,有效保护了品牌,更为史克重返感冒药市场奠定了良好的舆论基础。2001 年 9 月 3 日(PPA 事件 289 天后),同样在北京国际俱乐部饭店,中美史克召开了"新康泰克(不含 PPA)上市北京新闻发布会"。发布会后,中国环球公关公司又鼎力协助史克公司在上海、广州和成都召开了记者招待会。招待会的目的不仅仅在于为新康泰克的上市发一则消息,而主要是与媒体进行面对面的交流与沟通。自 2001 年 9 月 3 日,新康泰克已陆续出现在全国各大药店,并取得了难得的销售业绩(SDA 发出通告后至新康泰克上市前史克公司康泰克销售降至零)。

——资料来源:选自国家中级公关员试题。

天有不测风云,人有旦夕祸福。社会组织在其生存发展过程中,往往都会遇到意想不到的危机事件,这些事件处理得当,使组织化险为夷;处理不当,能使组织蒙受巨大损失,甚至遭到灭顶之灾。如何处理危机事件,是公共关系人员必须回答,而且必须答好的问题。

9.1 公共关系危机管理概述

9.1.1 公共关系危机管理的基本概念

1. 公共关系危机

危机一词有两种意思:一是指潜伏的祸患,二是指严重困难或生死成败的紧要关头。危机是一个不稳定时期,是一个新局面的开始,是一个转折点,含有"危险才有机会"的道理。面临危机,必须马上对事情作出决定,尽管决定的结果可能会好,也可能会坏。

公共关系危机,专指灾难或危机中的公共关系,是公共关系在危机中的开发和应用。它有两层意思:一方面,当危机或灾难发生时,组织的方方面面都会受到影响,当然也会波及组织的传播沟通管理活动,使组织的公共关系状态处于危机中;另一方面,当危机或灾难发生时,运用公共关系的理论和手段化解危机,拯救组织于危难之际。

请注意,这里的公关危机≠公共关系界的危机。公共关系界的危机也时常简称

“公关危机”。主要是指由于公关队伍的结构不合理、急功近利以及庸俗化倾向等引起的公共关系界形象和声誉欠佳，使人们对公共关系本身失去信任。

在危机或灾难出现的过程中，公共关系方面大体有三大任务，即预防、准备和供应。所谓预防就是要防患于未然，做到居安思危，“任何事情都可能发生”是危机的法则；所谓准备，是指成立一个“危机管理小组”，拟定面临危机的沟通计划；供应，是指向传播媒介人士提供和发布与危机有关的公共关系信息。

2. 公共关系危机处理

公共关系危机处理，是指在公共关系理论和原理的指导下，公关从业人员运用公共关系的策略、措施与技巧，来改变因突发性事件而造成的公共关系主体所面临的危机局面的过程。它强调的是一种行动过程，一种结果。

3. 危机管理

危机管理有广义和狭义之分。广义的危机管理是指公共关系从业人员在危机意识或危机观念的指导下，依据危机管理计划，对可能发生或已经发生的公共关系危机事件进行预测、监督、控制、协调处理的全过程。狭义的危机管理通常与危机处理的概念一致，指对已经发生的公共关系危机事件的处理过程。

4. 危机管理计划

危机管理计划是指特定企业或社会组织为了预防危机的发生或在危机发生时尽可能减少损失而制定的较为全面具体的关于危机事件预防、处理、控制的书面计划。该计划明确包括了危机管理的责任、具体的运作方式和注意事项等，并以书面的形式表现。危机管理计划是制定危机管理手册、开展危机管理教育的基本依据。

9.1.2 公共关系危机的特点

1. 突发性

突发性又称偶发性。公共关系危机事件大多是在人们毫无察觉或准备的情况下偶然发生的。它让人们既感到意外、吃惊，又感到恐惧、害怕，并给组织带来一定程度的混乱。

2. 难预测性

难预测性又称未知性或潜伏性。即指公共关系危机包含许多未知因素，具有不可预测的特点，它往往呈潜伏状态。比如，空难事故，就是人们不可预知的。

3. 关注性

危机事件常常成为社会舆论关注的焦点和热点。它往往是新闻传播媒介最佳的新闻素材和报道线索。正如国外危机管理专家所指出的，每一起意外事件不尽相同，相关机构的应变态度也颇见差异。但有一件事是无疑的：当悲剧发生的时候，群众和媒体的注意力一定集中在出事的公司。有时，危机事件不仅引起国内各界公众的关注，而且还会引起世界各国的关切和注意。

4. 危害性

危机事件一旦发生，涉及面广，影响巨大，公众受到严重损害，也造成组织多方面的损失和伤害,甚至使组织遭到灭顶之灾。

5. 普遍性

危机的发生带有普遍性。大到一个国家,小到一个企业,都可能遭到灾难和不幸事件。很多美国企业家认为"企业发生危机如同死亡和税收一样,是不可避免的"。

6. 复杂性

公共关系危机有比较显著的复杂性。一旦发生危机,无论是处理危机、控制危机,还是协调与危机有关的方方面面,都非常复杂。往往涉及比平时更多的人、投入更大量的钱财和物资。通常,一个企业发生灾难事故,又造成人员伤亡的话,其涉及的单位、部门多达10多个甚至几十个。

9.1.3 公共关系危机的分类

准确认识和判断公共关系危机的类型,是成功地进行公共关系危机处理的一个必不可少的重要前提。从不同的角度划分,公共关系危机有如下不同类型。

9.1.3.1 一般性危机和重大危机

从危害的程度看,公共关系危机可划分为一般性危机和重大危机。

1. 一般性危机

一般性危机,主要是指常见的公共关系纠纷。对一个企业来说,常见的公共关系纠纷主要有:内部关系纠纷、消费者关系纠纷、同行业关系纠纷、政府关系纠纷、社区关系纠纷等。从某种意义上说,公共关系纠纷还算不上真正的危机,它只是公共关系危机的一种信号、暗示和征兆。只要及时处理,做好工作,公共关系纠纷就不会向公共关系危机发展,以至于造成危机局面。

虽然并非所有的公共关系纠纷都会转变为危机,但它带来的危害是不可忽视的。公共关系纠纷对企业的危害,轻则降低企业的声誉,影响产品销售,造成形象损失;重则可能危及企业的生存和发展。

2. 重大危机

所谓重大危机,主要是指组织的重大工伤事故、重大生产错误、灾害造成的严重损失、突发性的商业危机、大的劳资纠纷等。它是公共关系从业人员面临的必须及时处理的真正的危机。

9.1.3.2 内部危机和外部危机

从空间位置看,公共关系危机可分为内部危机和外部危机。

1. 内部危机

发生在组织内部的公共关系危机称为内部公关危机。这种危机的发生主要是由该组织成员直接造成的,危机的责任主要是由该组织内部的成员承担。

2. 外部危机

外部危机是与内部危机相对而言的。它指发生在组织外部,影响多数公众利益的一种公关危机。本组织只是受害者之一。

从这一角度具体划分公关危机的类型时,内部和外部是相对的。因为有些公关危机的发生,内部和外部原因都有,所承担的责任大小相差不多。故对具体公关危机的划分与处理必须具体分析,恰当处理。

9.1.3.3 有形危机和无形危机

根据危机给组织带来危害的表现形态看,公共关系危机有两种,即有形危机和无形危机。

1. 有形危机

这种危机给组织带来直接而明显的损失,凭借肉眼即可观测到这些损失。如房屋倒塌、爆炸、商品流转中的交通事故等造成的人员伤亡或财产损失。

2. 无形危机

给组织带来的损失表现得不明显的危机,称为无形公关危机。给任何一个组织的形象带来的危机,皆属于无形公关危机。

9.1.3.4 人为危机和非人为危机

根据危机产生的主客观原因分,公共关系危机可分为人为危机和非人为危机。

1)人为危机

由人的某种行为引起的危机称为人为公共关系危机。

2)非人为危机

非人为公共关系危机主要是指不是由人的行为直接造成的某种危机。如地震、洪涝灾害、风灾、雹灾等自然灾害。

9.1.3.5 显在危机和内隐危机

根据危机的显露形态,公共关系危机可分为显在危机和内隐危机。

显在危机是指已发生的危机或危机趋势非常明朗,爆发只是个时间问题。内隐危机指潜伏性危机。与显在危机相比,内隐危机具有更大的危险性。

除上述公共关系危机的类型外,还可以依据公共关系危机的性质,将它分为灾变性危机、商誉危机、经营危机、信贷危机、素质危机、环境危机和政策危机等。

表 9.1 公共关系危机的主要类型

分类标准	公关危机类型
从危害的程度分类	一般性危机
	重大危机
从空间位置分类	内部危机
	外部危机
从危害的表现形态分类	有形危机
	无形危机
从主客观原因分类	人为危机
	非人为危机

续表

分类标准	公关危机类型
从显露形态分类	显在危机
	内隐危机

9.1.4 公共关系危机处理的作用

1. 重塑组织的良好形象

公共关系危机的实质就是形象危机和声誉危机。对于任何一个组织来说，无论由何种因素或事件引发的公共关系危机，都会不同程度地影响组织在公众心目中的良好形象。通过公共关系处理这种形象危机，能使组织已受到的形象损失不再继续，能控制事态的进一步发展，使形象损失降低到最低限度，并且还有可能塑造比危机前更佳的形象。

2. 减少经济损失

给组织带来直接或间接的经济损失是公共关系危机的后果之一。及时并认真地处理公共关系危机，可以尽可能降低或挽回经济损失。

3. 协调组织与公众的关系

组织的良好形象得益于和公众关系的协调与和谐。当面临公共关系危机时，组织与公众的关系就处于不协调的状态，对公共关系危机进行认真的处理，目的在于协调组织与公众的关系，形成组织发展的良好环境。

认识公共关系危机处理的意义，还在于能够消除侥幸心理，使企业决策层不仅识危，而且防危、治危。

9.1.5 公共关系危机处理的原则

公共关系危机处理的总原则是真实传播、挽回影响、减轻损失、趋利避害、维护声誉。具体原则如下。

1. 及时性

处理公共关系危机的目的在于尽最大努力控制事态的恶化和蔓延，把因危机事件造成的损失减少到最低程度，在最短的时间内重塑或挽回组织原有的良好形象和声誉。为此，危机一旦发生，不仅公共关系危机管理小组的成员，而且组织的所有成员都应立即投入紧张的处理工作。赢得时间就等于赢得了形象。有专家说："高效率和日夜工作是做到快速反应不可缺少的条件。"

2. 镇定性

公共关系危机发生后，处理人员应冷静、沉稳和镇定，不要因为头绪繁多、关系复杂的事件使自己变得急躁、郁闷、信口开河等等。只有在遇到危机时冷静、沉稳和镇定，只有积极的心理，才能在处理危机事件的过程中应付自如，左右逢源。

3. 全面性

公共关系危机事件涉及或影响组织内部和外部的诸多方面。在处理具体的公共关系危机时，应遵循全面考虑的原则。既要考虑内部公众，又要考虑外部公众；既要注意对公众现在的影响，又要注意对公众未来的或潜在的影响，等等。

4. 准确性

危机事件发生后，特别是在事件初期，由于种种原因，传播的信息容易失真，为了防止公众的猜测、误解和有关危机事件的谣言，公共关系危机管理小组选出的发言人不仅要及时传递有关信息，而且还要使传递的信息十分准确，不隐瞒或省略某些关键细节。

5. 公正性

要公正处理与受到危机事件影响的公众之间的关系。要排除主观情感的因素，公平、正确、坦诚地对待受损害的公众。

6. 客观性

遵循公正性原则的同时，还要讲客观。处理公共关系危机事件的客观性原则包含了很多方面的内容，如事实的真实性、评估的客观性、传递的准确性等。

7. 灵活性

由于公共关系危机事件随着情况的发展而会不断地发生变化，可能原定的预防措施或抢救方案考虑不太周全，因此，为使组织的形象和声誉不再继续受到损害，处理工作必须视具体情况灵活地运作。要随客观环境的变化而有针对性地提出有效的措施和方法。

8. 公众性

灵活性不是随意性，它要以公众原则为前提。既要考虑组织自身，又要考虑公众的利益。在公共关系实务中，往往容易考虑组织自身的利益，忽视公众的利益。为此，要强调公众性的原则，把公众利益放在首位。

9. 针对性

公共关系危机具有不同的类型和特征，即使类型和性质相同或相似，所面临的环境也是不同的。因此，提出的解决措施、处理程序应具有较强的针对性和适应性，使提出的措施、方法符合危机事件的类型、性质和特征以及不同的环境要求。

10. 人道主义

在多数情况下，危机会造成生命财产的损失。因此，危机处理中首先要考虑人道主义的原则。抢救和安置灾民放在第一位，就是人道主义原则的高度体现。

11. 维护声誉

有危机管理专家指出，公共关系在危机管理中的作用是保护组织的声誉。这是危机管理的出发点的归宿。在危机管理的全过程中，公共关系从业人员都要努力减少对组织信誉带来的损失，争取公众谅解和信任。

9.2 公共关系危机管理的技能

9.2.1 公共关系危机处理的基本程序

危机过程,可视为公共关系危机处理的分期。了解危机过程,才能正确掌握公共关系危机处理程序。

小常识

危机过程

1. 危机初期

危机发生的初期,组织和有关的公众对信息模糊不清,所得到的信息可能前后矛盾。这些前后矛盾的信息容易引起社会公众对组织的误解、偏见,甚至敌视。这时公众还没有行动表现。公共关系人员也没有介入具体的危机抢救工作。

2. 稳定期

这个时期,组织或社会公众已较清楚地了解到底发生了什么事情。有关当事人介入行动,同时安排抢救工作。这时,组织已经开始发布一些正式的消息,许多谣言不攻自破,公众情绪渐趋稳定。

3. 抢救期

抢救期是危机发展到顶峰时期,抢救工作进入关键阶段。在此时期,公关机构设立信息中心,按时把抢救工作的最新消息传送给媒介人士。抢救期短则一两天,长则持续几个星期或更长时间。在发布各种消息时,一定要坚持"公开事实真相"的原则,以避免新闻媒体和社会公众的猜疑、质询。

4. 危机末期

危机末期是指调查工作开始,抢救工作告一段落。在这一时期,除着手准备详细的调查报告外,主管部门和公关部门都还需要做一些具体的事,妥善处理危机后期工作,安顿人心,提出防治危机重演的管理计划。同时,还要提出重返市场、恢复声誉、建立新的良好形象的计划与具体措施。

小常识

危机处理急需的资料

(1)危机事故现场的有关资料。

(2)反映危机发生、发展过程的资料。

(3)与危机相关的个人在危机过程中的表现及其相关言论。

(4)危机处理过程中相关团体的反应等。

危机处理的基本程序如下。

1. 迅速反应,成立危机处理组织

这是危机发生后,组织要做的第一件大事,是有效处理危机事件的组织保证。危机处理组织,或称危机处理小组,或称危机事故处理委员会,其成员有组织领导、有关部门负责人(包括公关部负责人)、新闻发言人和有危机处理经验的人员等。

2. 深入现场,了解真相

危机发生后,组织最高层领导应第一时间亲临现场,查看情况,指挥抢救,并责成专业人员调查危机事件,进一步确切地弄清危机事件发生的时间、地点、原因、人员伤亡、财产损失等等,并根据情况作出相应决定。

3. 控制事态,减少损失

危机发生后,要迅速采取一切措施,控制事态,减少损失。损失是多方面的,要全面认识,既要看有形的,又要看无形的;既要看眼前的,又要看长远的。

4. 研究情况,制定对策

这是危机处理的关键。组织在对危机事件有了比较全面、清楚的了解之后,要分析研究情况,制定对策、措施。这些对策中,既要有对危机本身的处理,又要考虑危机涉及的各方面关系,更要考虑抓住危机蕴含的机遇,恢复名誉,重返市场。

5. 举行新闻发布会,发布正式信息

在制定初步对策以后,组织要尽快举行新闻发布会,向新闻界介绍危机的有关情况和组织采取的措施,恳请新闻界予以配合,防止不利的消息和舆论。在举行新闻发布会时,组织要有专人作为新闻发言人,“以我为主”发布信息,保证信息传递口径统一。一般情况下,新闻发布会要召开多次。

6. 组织力量,积极行动

这是危机处理的中心环节之一。公众、媒介不仅要看组织在新闻发布会上的宣言,更要看组织的行动。危机往往涉及面广,仅靠公关从业人员的力量是远远不够的,因而需要组织领导人亲临第一线,亲自组织和协调。

7. 高度负责,做好善后工作

对客户和消费者来说,善后工作包括赔偿、安慰、关怀等。对于组织来说,包括搜集、整理、分析媒体对危机事件的报道以及危机处理的效果调查等。

8. 认真总结,吸取教训

危机管理小组应对危机处理情况作全面调查、评估,并将结果向组织决策层、公众和报界公布。有些重大事故也可采取刊登广告的形式检讨自己。同时,通过总结检查,改进组织在危机管理方面存在的薄弱环节,将一些经验教训写成书面教材,教育组织的员工,并注意修正危机管理的计划,唤起全体员工对危机的重视。

请注意

危机处理,其侧重点是面对正在发生的危机。专家认为,必须从更高的全过程管理的角度来看待危机,组织应该从以治疗危机为重点转向以预防危机为重点。从这个意义上讲,危机管理比危机处理似乎更高一个层次。

9.2.2 公共关系危机管理计划的制定

9.2.2.1 制定危机管理计划的目的和作用

1. 制定危机管理计划的目的

危机管理计划是组织为了预防危机的发生或在危机发生时尽可能减少损失而制定的、较为全面具体的关于危机事件预防、处理和控制的书面计划。

制定危机管理计划的目的如下。

(1)预防危机发生。现代企业或社会组织面临着日益复杂的国内和国外环境。环境越复杂,风险就越大。为了防止危机在组织中发生,给组织措手不及的打击,制定危机管理计划是非常有必要的。

(2)减少危机损失。任何企业或社会组织的预防工作无论有多么的完备、细致,企业或社会组织也可能因为自己无法控制的因素造成危机局面的出现。如果没有危机管理计划,要在最短的时间内作出迅速的反应是十分困难的。为了减少损失,许多企业或社会组织都比较重视危机管理计划的制定。

(3)使危机事件处理工作高效有序。危机管理计划将危机处理工作基本程序化、明晰化。当危机发生时,组织的公共关系人员、危机管理小组成员均知道自己应该做什么,都会在自己的岗位上有条不紊地工作。

(4)维护形象,抓住机遇。危机发生时,它会给组织带来损失,但同时为组织带来机遇。通过制定危机管理计划,在尽可能地维护组织形象的同时,自觉地抓住有利机遇,组织将会重塑良好形象、重返市场。

2. 危机管理计划的作用

(1)危机管理计划是组织高层领导危机管理意识的反映。是否制定危机管理计划,是组织最高层领导的危机管理意识强弱的具体反映。一个具有较强危机管理意识的领导集体,会全面准备、随时应对可能发生的各种危机。

(2)危机管理计划是组织的员工迅速而正确地处理危机事件的依据。危机来了怎么办?危机管理计划有比较明确的规定。即使组织的领导不在组织内部或本地,其他的员工仍然会照“章”行事,为组织取得危机处理的主动权,防止损失扩大和声誉继续下降。

(3)危机管理计划是组织印制危机管理手册的依据。印制和发放“危机管理手册”是危机管理过程中不可缺少的一项重要工作。通常,危机管理计划和危机管理手册没有区别。危机管理手册比管理计划更详细些。

(4)危机管理计划有助于培养全员危机管理意识。组织要防范危机、正确处理危机,必须建立全员危机管理意识。即让每个人都了解危机管理的意义,知晓危机处理的程序和技巧,成为不带标签的危机处理行家。危机管理计划的制定、危机管理手册的发放以及通过媒体和物品的宣传,可以引起员工的重视,让全体员工都树立危机管理意识。

(5)危机管理计划能够强化和规范危机管理工作。制定危机管理计划的过程,也是检查组织危机管理工作是否有漏洞、有死角的过程。在这一过程中,通过多角度的讨论和论证,将规范或强化危机管理工作。

请注意

当提倡制定危机管理计划时,有人反对。这些持反对意见的人有一种理由:危机管理是与无法预见的事情打交道。既然是与无法预见的事情打交道,危机管理计划就没有必要制定。认为制定危机管理计划是浪费时间和钱财。这种认识是极端错误的。

制定危机管理计划的真谛不是为了要去处理危机,而是要尽可能不让危机发生。如果有危机有灾难才去制定计划,那么,无论怎样努力,多多少少都会造成损失。通过制定危机管理计划让危机不发生或不再发生,才是危机管理的最高境界。

9.2.2.2 危机管理的分类

制定危机管理计划是必须的。要制定符合组织实际的计划,需要了解危机管理计划的类型,以便确定要制定什么样的计划。

1. 危机应急计划和危机传播计划

依据内容或工作的侧重点来看,危机管理计划分为危机应急计划和危机传播计划。

1)危机应急计划

危机应急计划是组织在全面分析预测的基础上,针对出现概率较大的危机事件而制定的有关工作程序、施救办法、应对策略等书面计划。危机应急计划的侧重点在于:具体危机出现后如何施救处理。

危机应急计划的有效性取决于对危机预测的准确性。预测危机应由组织的领导主持、公共关系专家参与,对企业或社会组织某一可能出现的危机进行全面分析、预测,并就危机出现后的对策进行详细讨论、确认,然后以书面的形式发出并遵照执行。

请注意

由于危机应急计划的有效性取决于危机应急计划的准确性，因而反映出危机应急计划有其自身的局限性。如果预测准确，危机应急计划就会产生良好的效果。如果预测失当，危机应急计划就是无效的，甚至投入的时间、精力和人财物都会浪费。因此，组织必须听取专家意见，全面分析，确保准确预测。

2)危机传播计划

针对组织出现声誉、形象受损以及伤亡事故等制定的旨在维护声誉、消除误解、告知大众的书面计划，称为危机传播计划。

危机传播计划的侧重点是危机事故发生后的新闻传播、信息控制。

危机传播计划的目的是在距危机事件发生的最短时间内作出反应，以控制或减少不利于组织的消息、传闻、报道等流言，争取公众及有关方面的同情、支持，为组织顺利处理危机提供一个良好轻松的舆论环境。

危机传播计划是危机管理的重头戏。在国外，危机管理的概念几乎等同于危机传播。许多专家认为，危机管理在相当程度上就是危机传播管理。

请注意

无论危机应急计划还是危机传播命名计划，都是全面危机管理计划的一部分，一般不会单独出现。即使单独出现，其命名仍然是以全面危机管理计划的面貌出现。

2. 短期计划、中期计划和长期计划

从时间性来看，危机管理计划主要分为短期计划、中期计划和长期计划。

危机管理计划的时间性包含两层含义：一是指危机管理计划的时间长短，比如是一年还是五年计划；二是指危机管理预测分析和应对的有效时限。

1)短期计划

一般来说，涵盖时间较短的危机管理计划称为短期计划。短期计划的重点是仅就近期危机事件进行预测，并提出相应的对策、措施。通常，这类计划的涵盖时间为1年。一旦接近计划涵盖的期限，就需要调整或重新制定计划。比如突发性事故的预防和施救，多数在短期计划中出现。

2)中期计划

中期计划是指组织根据自己的中期发展战略来制定的危机管理计划。根据组织的有关实践来看，中期计划的涵盖时间通常为1年以上3年以下。中期计划的侧重点是围绕组织的短期或中期发展战略来预测、预防危机事件。

3)长期计划

长期计划是指组织根据自己的中期或长期战略来制定的危机管理计划。长期计划的涵盖时间一般在3年以上5年以下。长期计划的重点主要是依据组织的长期发展战略来预测、预防危机。无论短期、中期或长期危机管理计划，其时间划分都是相对的。应当说,根据组织的实际情况,短期、中期或长期危机管理计划还没有统一的规定和界定。

9.2.2.3 危机管理计划的主要内容

危机管理计划是危机处理的纲领性文件,它是危机管理工作的全面反映。

一个比较完整的危机管理计划的主要内容应包括如下几点。

1. 领导关注

最高领导层的关心和支持,是公关部门搞好危机预防的重要保证。如果组织的最高领导层对公共关系理解和重视,他们就会给予公共关系部门人员经费、权力等方面的关心和重视,就会提醒公关人员注意消除可能给组织带来的各种隐患。有关专家建议:"所有高级主管都应共同思考企业可能遭遇的问题,并有充分理由支持应当由公关经理人主持的工作"。不用说,最高层领导的重视,无疑会促进各级领导和全体职员重视危机管理工作。

2. 危机预测

公关事件的预测质量直接影响和制约着整个危机公关的实务水平,加上预测本身具有不确定性和风险性的特点,决定了危机预测的重要性和困难性,因此,预测要注意科学性。

小技巧

公共关系危机预测的科学程序

(1)搜集信息,了解组织过去和现在在生产、经营、管理等方面的信息以及社会环境方面的信息。

(2)通过分析研究,确定可能发生的危机问题或事件。

(3)分析可能引起危机的原因。

小常识

危机预测方法

预测的关键是认识事物发展的趋势与规律。其方法有四种。第一,直观预测法。它是建立在专家们的知识、经验和综合分析能力基础之上所进行的预测。第二,探索预测法。它是假定未来仍然按照过去的趋向发展,即对未来的环境作具体规定的一种预测方法。第三,规范预测法。这种方法是把未来的状况作为限制条件,并与目前的现实状态进行比较,从而推测未来的方法。第四,反馈预测法。把探索预测法和规范预测法结合起来,使两者相互补充,让它们处于一个不断反馈的统一体中。

3. 建立专门组织

建立公共关系危机管理组织是危机管理的组织保证。公共关系危机管理组织的名称,因组织形式的不同而有所不同,比如有的称为某某小组,有的称为某某委员会。

公共关系危机事件涉及组织内外的各个方面。要处理好危机,需要有关部门和公众的全面合作与支持。公共关系危机管理组织的建立,一方面能够集各专业的长处,恰当地处理问题,协调各部门之间的关系;另一方面可使预防措施得到贯彻执行。建立公共关系危机管理组织,并使它发挥正常的作用,主要应考虑如下方面。

1)规模和编制

对任何一个组织来说,危机管理组织都可以是兼职的,不必设立专职的危机管理行政机构。但在具体任务的落实过程中,还必须有明确的责任人。为此,要确定编制的规模。

危机管理组织的规模和编制,国内外都没有明确统一的规定,有5人的,有7人的,也有10~20人的。规模和编制取决于组织面临危机时的复杂环境以及必须参与的人员机构。一般来说,编制应比实际需要量大一些。因为它的成员在危机发生的时候,因各种原因不可能在组织内,这就要求公共关系危机管理组织还应有明确具体的"后补队员",以便于随时替补,不误工作。

2)成员构成

首先,应该有一个以上的负责人。其次,要有组织的资深主管和各部门的负责人。资深主管和部门负责人必须具备市场推销、业务推广、售后服务、人事管理技术、法律以及沟通等方面的特长。成员组成的原则是领导主持,专家依据需要参与,优势互补,配合默契。

3)明确任务

危机管理组织建立后的任务主要包括以下几点。

(1)选择处理危机事件的办公地点。国外专家建议,办公场地应比办公室大两倍以上。危机事件处理办公室应设两处,以防火灾等不测因素影响危机救急。

(2)配齐办公地点的必要硬件设备和有关资料。这些硬件设备包括复印机、传真机、能够收发电子邮件的电脑、连通内线和外线的多部电话机、移动电话、电脑摄像机及其空白影带、录放机及其空白磁带等。准备的资料包括组织的历史、发展、生产等背景资料、各种媒体的通讯录、危机管理组织成员的通讯录等等。

(3)编印危机管理手册。此手册发给危机管理小组成员保存。每位成员应把手册放在自己能够迅速取阅的地方。

(4)建立危机管理组织成员(包括后补成员)下班后的通讯联络方式。比如电话、家庭住址、电子邮件地址以及与他们联系密切的亲属的地址、电话等。

(5)预测和评估有可能发生的危机。

(6)准备危机处理的相关资料。比如发生几率较大的危机问题的背景资料、分析材料,并把这些资料作为备份多处保存。特别是要存储在电脑或内部网络中,以便及时修改和取用。

(7)确定并训练发言人。一旦公关危机发生,发言人应代表组织对内对外介绍事件的真相和正在做出的努力,以防止各种谣言的传播,缓减危机事件给人们心理上造成的紧张与恐惧。为了维护组织的良好形象,理想的新闻发言人应是高素质的,让记者一看就产生信任感。如果选定的新闻发言人唯唯诺诺,形象不佳,就会失去作用。为了防止意外,应同时训练几个发言人,有备无患。

(8)培训员工,使其明确在危机事件中的权利和义务。将组织危机管理手册的有关内容印发给员工,并组织形式灵活多样的学习讨论,使他们知道在危机中自己应该怎么办。

(9)组织危机预演,发现问题,修正计划。由于危机不会经常出现,所以对多数人员来说,对危机处理是没有经验的,通过模拟演练来积累危机处理的工作经验,是较为可行的方法。

(10)及时了解组织变化。即使没有危机发生,也要按时修订危机管理计划,根据情况及时删除或增加内容。

4)确定共同遵守的准则

危机管理计划要包括危机发生时大家应共同遵守的准则。

小常识

遵守准则举例

危机发生时尽量不要混淆事实真相;不要作无谓的争论(包括与记者的争论),救人要紧;事情未弄清楚之前,不要随便归罪于别人;不要小题大做;在实行沟通计划时不要偏离组织的政策;不要一边向记者发表敏感言论,一边又强调不要记录,等等。

5)明确工作步骤和责任要求

在危机管理计划中,要突出危机预防和危机处理过程的主要工作步骤。必须设定多种方案。这些工作步骤要在专家的指导下设定,使工作步骤符合科学要求。对于危机管理组织成员的责任要求也要明确具体。

6)对策与预演

对策与预演是紧密相连的。一方面,危机并不经常发生,为了提高急救水平,需要进行预演练习;另一方面,组织对可能遇到的危机需要提出相应的对策,这些对策是危机管理计划不可缺少的内容,需要通过预演来强化员工对特定危机处理对策的理解和修正。

7)监督执行办法

危机管理计划还必须包括危机管理的监督执行办法。仅有计划是不够的,计划中还应写明检查、评价、监督等等。否则,可能会出现"计划完美,落实无着"的情况。

除上述主要内容外,依据组织的特定情况,就危机预防、处理、善后工作等与危机有关的工作安排,都可以作为危机管理计划的内容。

表9.2 危机管理计划的主要内容

序号	内容
1	领导关注
2	危机预测
3	建立专门组织:确定规模和编制、成员构成并明确任务。 其中明确任务包括:①确定办公地点;②配齐办公设备;③编制危机管理手册;④建立成员通讯网络方式;⑤预测、评估危机;⑥准备危机处理资料;⑦确定、训练发言人;⑧培训员工;⑨组织危机预演;⑩及时了解组织变化
4	确定共同遵守的准则
5	明确工作步骤和责任要求
6	对策与预演
7	监督执行办法

9.2.2.4 主持危机管理计划的制定

主持制定危机管理计划的工作主要体现为组织工作。危机管理计划的组织工作主要包括如下几点。

(1)确认危机管理组织的领导人、负责人、专业成员和相应的骨干力量。

(2)聘请危机管理专家或行家培训危机管理组织全体成员,强化危机管理意识,统一认识。

(3)根据组织成员的工作经历、经验或特长进行分工,明确责任。

(4)危机管理组织负责人或领导人委派组织成员开展调查,分析预测可能出现的危机,并写出分析报告;如果需要,同时还可以请危机管理组织以外的人开展危机调查和预测。

(5)检查、审核分析报告,或对比两份分析报告。

(6)召开危机管理组织成员和专家会议,反复论证、分析危机处理的程序和对策。

(7)达成基本一致的意见后,将危机管理计划写成书面计划。

(8)将书面计划初稿印发给危机管理组织成员,再次阅读和修改。

(9)形成正式的危机管理计划,以组织文件的形式印发执行。

请注意

(1)主持制定危机管理计划的负责人或领导人,在工作的每一个阶段,必须提出明确的时间要求、质量要求和有关的注意事项。最好选择有组织管理经验、协调能力和语言能力强的人来担任负责人或主持危机管理计划的制定。

(2)在制定危机管理计划的过程中,要多了解国内外同类企业或社会组织已经发生过的危机及其处理情况,借鉴成功的经验,汲取失败的教训。如果没有可参考的,必须对本单位深入了解、仔细推敲、全面分析,力争万无一失。

(3)在讨论制定危机管理计划的过程中,负责人必须每次都安排专人作会议记录,避免丢失、遗漏有价值的建议或意见。记录人员使用的笔记本应该统一,便于装订和作为档案保存。

(4)危机管理计划制定的过程中,负责人必须正确对待提反对意见或不同意见的人。如果有不同的意见,至少表明两点:其一,计划本身确实可能存在不足,但还没有被多数人发现、理解;其二,如果计划本身没有问题仍然有不同意见,说明参与危机管理计划制定的人要么认识不到位,要么理解不深入,存在认识上的问题。对此,必须再反复推敲、耐心说服。切忌嘲笑提反对意见的或持不同意见的人。

(5)在制定危机管理计划的过程中,要对事不对人,要以理服人,切忌将个人感情带入讨论之中,引起不必要的纷争;更要防止以"团结"为名,一团和气,个人说了算。

9.2.3 公共关系危机管理过程中的沟通协调

任何组织都生活在一个不断变化的环境当中。组织适应不断变化的环境就是在不断地调整和调适方方面面的关系。从这种意义上讲,组织开展危机管理,其实质就是与自己面临的各种公众进行沟通协调。

9.2.3.1 沟通协调对象

发生危机时,凡是能够理解、帮助和支持的朋友都是危机管理过程中沟通协调的对象。以企业为例,这些对象可以分为内部和外部两大方面。

需要沟通协调的企业外部公众主要有:伤亡人员的亲属、顾客、地方各级政府官员、环境保护机构、新闻界、社会团体和社区意见领袖、金融机构、部队、医院、警察、消防部门、航空部门等。在社区公众中,意见领袖是沟通协调的首要对象。

需要沟通协调的企业内部公众主要有:领导、股东、职员、危机管理小组成员、发言人、公共关系部成员、电话接听答复人员等。

9.2.3.2 沟通协调要点

危机管理工作分为危机来临前、危机处理中和危机后期3个阶段。在不同的时段,沟通协调工作的要点不同,技巧有别。

1. 危机来临之前

(1)注重平时。危机来临之前的沟通协调工作要遵循重在平时的原则,目的是为危机发生后的沟通协调做准备。组织必须事先与那些一旦出现危机需要进行沟通的关键集团、组织、政府部门建立沟通网络或桥梁。

(2)为“战时”做好相应准备。比如,要有对方的单位地址、电话、传真、电子邮件地址、重要人物的家庭住址等记录。要进一步确认在特殊情况下与谁联络。

(3)切忌仅仅与个人联系。平时的沟通协调要以组织为重点,不要只与个别人保持联系。组织的力量远远大于个人的力量,一旦危机发生,组织提供的帮助往往是决定性的。

2. 危机处理过程中

国外危机管理专家曾总结出5项适用于各种危机的沟通原则。这些原则也适合我国企业或社会组织开展危机处理以及沟通协调工作。

(1)控制事态。危机发生时,必须尽早在物质上和精神上控制住问题的进一步扩展。物质上的控制通常是头等大事。

(2)开诚布公。要做到坦率、忠实和直率。要告诉人们事实真相。如果能做到坦白地向人们说明真相,那么就能尽快地摆脱困境。应该少用一些具有保护性的法律用语,例如,“在调查没有完全完成之前,我们不作任何评论”。以免让公众感觉这是隐瞒错误,缺乏感情。

(3)勇于承担责任。在危机处理过程中要勇于承担责任,不要企图回避问题、推卸责任或者闪烁其词。要依据法律条款进行认真权衡。有时出于法律上的原因,可能不承担全部责任,但仍然可以说:“某组织承担主要责任,我们将……(进行全面调查,与有关部门合作,或者做其他能办到的事情)”。

(4)表示同情与关心。不要漠视那些受到危机影响的公众,要表示出真诚的关心和同情。要利用简短而有效的、持积极态度的声明来表示关心和同情。

(5)采取积极行动。组织发生危机应采取一系列积极的补救措施,告诉公众准备如何就发生的事件采取行动。不要重复过去发生的事情,要向前看,大部分人都希望了解组织现在和将来的反应。

3. 危机后期

(1)迅速通过适当的方式和渠道传递采取行动之后的效果,尤其是好的效果。

(2)通过具体的行动,继续表示对受害人及其亲属的关心、同情、安慰、帮助。

(3)危机管理小组成员总结、交流对危机的处理情况。

(4)与专业人员、专家交流,评估危机处理的得失。

(5)搜集所有反馈信息,为协调和沟通措施提供依据。

9.2.4 公共关系危机中的公众对策

运用科学有效的调查手段,查明情况,判断危机事件的性质、后果及影响,分析所涉及的公众对象及其关系,制定出不同的公众对策。

9.2.4.1 组织内部对策

(1)迅速成立危机事件的专门机构。这个专门机构的领导应由组织负责人承担。公关部的成员必须参加这一机构,并会同有关职能部门的人员组成一个有权威性、有效率的工作班子。

(2)了解情况,进行诊断。专门机构应迅速而准确地把握事态的发展,判明情况,确定危机事件的类型、特点,确认有关的公众对象。

(3)制定处理危机事件的基本原则、方针、具体的程序与对策。

(4)急告求助的部门,共同参加急救。

(5)把制定的处理危机事件的基本原则、方针、程序和对策,通告全体职工,以统一口径,统一思想认识,统一行动。

(6)向传媒人士、社区意见领袖等公布危机及事件的真相,表示企业对该事件的态度和通报将要采取的措施。

(7)危机事件若造成伤亡,一方面应立即进行救护工作或进行善后处理;另一方面应立即通知其家属,并尽可能提供一切条件,满足其家属的要求。

(8)如果是由不合格产品引起的危机事件,应不惜代价立即收回不合格产品,或立即组织检修队伍,对不合格产品进行逐个检验。还应通知有关部门立即停止出售这类产品。

(9)调查引发危机事件的原因,并对处理工作进行评估。

(10)奖励处理危机事件的有功人员;处罚事件的责任者,并通告有关各方。

9.2.4.2 受害者对策

(1)认真了解受害者情况后,诚恳地向他们及其亲属道歉,并实事求是地承担相应的责任。

(2)耐心而冷静地听取受害者的意见,包括他们要求赔偿损失的意见。

(3)了解、确认和制定有关赔偿损失的文件规定与处理原则。

(4)避免与受害者及其家属发生争辩与纠纷。即使受害者有一定责任,也不要在现场追究。

(5)组织应避免出现为自己辩护的言辞。

(6)向受害者及其家属公布赔偿方法与标准,并尽快实施。

(7)应由专人负责与受害者及其家属慎之又慎的接触。

(8)给受害者安慰与同情,并尽可能提供其所需的服务,尽最大努力做好善后处理工作。

(9)在处理危机事件的过程中,如果没有特殊情况,不可随便更换负责处理工作的人员。

9.2.4.3 新闻界对策

(1)向新闻界公布危机事故,应事先达成共识,统一口径。

(2)成立临时记者接待机构,专人负责发布消息,集中处理与事件有关的新闻采访,向记者提供权威的资料。

(3)为了避免报道失实,向记者提供的资料应尽可能采用书面形式。介绍危机事件的资料应简明扼要,避免使用技术术语或难懂的词汇。

(4)主动向新闻界提供真实、准确的消息,公开表明企业的立场和态度,以减少新闻界的猜测,帮助新闻界做出正确的报道。

(5)必须谨慎传播。不进行任何推测性报道,不轻易地表示赞成或反对的态度。

(6)对新闻界表示出合作、主动和自信的态度,不可采取隐瞒、搪塞、对抗的态度。对确实不便发表的消息亦不要简单地“无可奉告”。而应说明理由,求得记者的同情和理解。

(7)不要向记者一边发表敏感言论,一边又强调不要记录。

(8)注意以公众的立场和观点来进行报道,不断向公众提供他们所关心的消息,如补偿方法、善后措施等。

(9)除新闻报道外,可在刊登有关事件消息的报刊上发歉意消息,向公众说明事实真相,并向公众表示道歉及承担责任。

(10)当记者发表了不符合事实真相的报道时,应尽快向报刊提出更正要求,并指明失实的地方。向该报刊提供全部与事实有关的资料,派重要发言人接受采访,表明立场,要求公平处理。特别应注意避免产生敌意。

9.2.4.4 上级领导部门对策

(1)危机事件发生后,应以最快的速度向组织的上级部门实事求是的报告,争取他们的援助、支持与关注。

(2)在危机事件处理过程中,应定期汇报事态发展的状况,求得上级部门领导的指导。

(3)危机事件处理完毕后,应向上级领导部门详细地报告处理的经过、解决方法、事件发生的原因等情况,并提出今后的预防计划和措施。

9.2.4.5 有业务往来单位的对策

(1)危机事件发生后,应尽快如实地向有业务往来的单位传达事故发生的消息,并表明组织对该事件的坦诚程度。

(2)以书面形式通报正在或将要采取的对策和措施。

(3)如果必要,还可派人直接到各个单位面对面的沟通、解释。

(4)在事故处理的过程中,定期向各界公众传达处理经过。

(5)事故处理完毕,应用书面形式表示歉意,并向理解和援助的单位表示诚挚的谢意。

9.2.4.6 消费者对策

(1)迅速查明和判断消费者的类型、特征、数量、分布等等。

(2)通过不同的传播渠道向消费者发放说明事故梗概的书面材料。

(3)听取受到不同程度影响的消费者对事故处理的意见和愿望。

(4)通过不同的渠道公布事故的经过、处理方法和今后的预防措施。

9.2.4.7 消费者团体对策

(1)所有的对策、措施,都应以尊重消费者为前提。

(2)热情地接待消费者团体的代表,回答他们的询问、质问。

(3)不隐瞒事故的真相。

(4)及时与消费者团体中的领导以及意见领袖进行沟通、磋商。

(5)通过新闻媒介向外界公布与消费者团体达成的一致意见或处理办法。

9.2.4.8 社区居民对策

(1)社区是组织生存发展的基地,如果危机事件给居民带来了损失,应组织专员向他们致歉。

(2)根据危机事件的性质,也可派人到每一户家庭分别道歉。

(3)在全国性的大报和有影响的地方报刊上发布谢罪广告。主要内容包括:公众想了解的事项,明确表明组织敢于承担社会责任、知错必改的态度。

(4)必要时,应向社区居民赔偿经济损失或提供其他补偿。

除上述关系对象外,还应根据具体情况,分别对事件有关的交通、公安、市政、友邻单位等公众采取适当的传播对策,通报情况、回答咨询、巡回解释、调动各方面的力量,协助组织尽快渡过危机,使组织的损害控制在最低限度。

9.2.5 公共关系危机处理中的答复

在危机事件中,询问来自方方面面,要根据不同的情况予以答复。

小技巧

员工亲属询问的回答

(1)接电话一定要礼貌,言辞要准确。

(2)切勿出于好意与询问者探讨有关情况。

(3)危机期间所有的沟通交流必须通过组织的正式途径。打给组织的电话都应该转由公共关系人员或危机处理小组成员接听处理。

(4)当现场人员无法承受大量电话询问的压力,或询问的电话在危机处理小组尚未到位就打进来时,必须告诉对方稍过些时候再打来,以便有关人员就位。

(5)接电话一定要注意礼貌和策略,以免引起任何猜测。

(6)回答过程中一定要表示对受害人及亲属的同情、安慰和关心。如果一时无法向他们提供确切的信息,也要让他们感到没有被“欺骗”。因为当信息缺乏时,员工亲属们会焦虑不安,进而导致他们向政府有关部门反映或与媒体接触,容易造成组织对员工不负责任的印象。

媒体询问的回答

危机刚刚发生,组织无法召开新闻发布会,记者们出于职业的敏感或为了抢头条新闻,往往要通过打电话来询问,有些记者甚至会迅速地直接到现场进行采访。回答记者询问时要注意下述问题。

(1)要以诚恳的态度和语言请他们支持、配合组织的工作。

(2)感谢他们对危机事件的关注和关心。无论从哪个角度看,他们的工作都是在促进组织的进步与发展。

(3)向记者们提供真实的新闻信息。如果不能提供完整的信息,一定要告诉他们在什么时间什么地点如何取得最新的信息,或让他们什么时候来。

(4)不要向他们提一些不合理的要求。

(5)平时应准备一份应急新闻稿,留出空白,以便危机发生时直接补充并发给记者们。

(6)恳请新闻媒介的记者朋友务必从危机处理新闻中心获取有关信息。

(7)切忌“无可奉告”之类的言辞。这只会表明组织想隐藏什么,并刺激人们的猜测。

(8)把他们的问讯记录下来,对一些问题提供有准备的有效答复。

小技巧

一般公众询问的回答

(1)迅速区分询问电话是事务性的还是非事务性的,并转到适合的部门进行处理。

(2)对于无明显利害关系的询问,比如表示一下公众的同情等,应该非常礼貌地接待并表示谢意,同时做好相应记录。

(3)对于政府、警察、环境保护机构、能源部门等的询问,应请组织高层领导接听。高层领导要用简短的语言来介绍危机处理的进展和控制情况。

9.2.6　公共关系危机处理中的新闻发布

9.2.6.1　危机期间新闻发布的侧重点与必要性

危机出现后召开的新闻发布会与通常意义所讲的新闻发布会没有多大的区别。在这里再次提及新闻发布会,是因为它还有些特别之处,即表现为:借助新闻媒介和应对新闻媒介。

所谓借助新闻媒介,是指组织通过发布与危机有关的信息,尽量减少损失,及早控制事件向不利的方向发展,稳定受害人员及其亲属的情绪。应对新闻媒介是指组织接受媒体的采访、提问等。应对新闻媒介的目的是统一信息口径，善待新闻界代表，防止不利于组织危机处理的报道。与没有危机情况下的新闻发布会比较，危机处理过程的新闻发布会侧重于媒体关系的协调沟通以及信息的主动控制。

在危机期间召开新闻发布会的必要性有以下几点。

(1)记者可能已经聚集在事故现场或组织总部外，要求获得更多的信息或进行采访。

(2)举行新闻发布会为组织提供了一个很好的机会，以对所发生的事故做出评述，并使媒体真正了解发生的事故以及组织正在采取何种弥补损失的措施。

(3)可以使组织有一个舞台来面对面地为其事故的发生表示关注及遗憾，而不仅仅是通过电话或报纸发布消息。

(4)可以使电视台和电台进行现场拍摄或录音，以便于新闻报道。

(5)举行新闻发布会最重要的一点是可以帮助组织把握主动权并直接控制有关事故的信息。

9.2.6.2 新闻发布的准备工作

危机发生后，一旦确定新闻发布会的时间，就要尽早通知，同时要迅速做好有关的准备工作。

危机期间新闻发布会与通常的新闻发布会在准备工作上基本相同，不过危机期间新闻发布会特别要注意以下一些方面。

(1)确定会议开多长时间。在危机期间，新闻发布会一般应在30分钟以上、45分钟以内。

如果低于30分钟，会令会议的价值受损并招致媒体的不满。

(2)准备好信息准确的新闻稿。

(3)准备好与危机有关的背景资料。如果还来不及准备危机的背景资料，可以将组织的总体介绍、历史发展等资料提供给新闻记者。

(4)准备好会议中需要展示并介绍的图片、模型、表格等。

(5)准备好回答记者有可能提出的问题的答案。

(6)准备好会议所需要的设备条件和记者发送信息所必需的设备条件。如扩音设备、传真机、电话、计算机、复印机、电源等设备条件。

(7)为连续作报道的记者准备好基本的工作条件，并提供基本生活保障。

(8)做好相应的其他准备工作，比如应熟悉媒体通常的工作时间，便于新闻发布会之后的信息传递。

9.2.6.3 新闻发布会中的基本技巧

危机期间新闻发布会与通常新闻发布会在技巧方面基本相同。危机期间新闻发布会特别要注意以下一些方面。

(1)介绍新闻发布会的目的，到会的主要宾客及其在危机处理中的作用。

(2)在会场中安排一些图片、模型以及其他工具。

(3)详细、准确地解释发生了什么事情,情形如何,已做了哪些工作,得到了哪些组织的配合。

(4)一定要对所发生的危机表示遗憾和关心,并对受害人及其亲属表示同情和安慰,语气要诚恳。

(5)控制会场秩序,让记者一个一个地提问。

(6)回答问题应尽可能让记者满意。发言人可以请同事做补充发言,也可以请组织的公关顾问帮助发言人回答一些疑难问题。

(7)当会议要结束时,要使用"请提最后一个问题"的提示。

(8)一旦会议结束,应该从另一个出口迅速离开会场,避免记者追逐并继续提问。

(9)如果还要召开新闻发布会,请明确告诉记者们下次信息发布的具体时间。

(10)向记者介绍危机新闻中心24小时开通以及获取最新信息的方式、电话号码等。

小常识

新闻发布会中牢记"八不要"

(1)不要推测危机的结果,特别是伤亡的人员及数量。

(2)不要使用行话,避免因别人听不懂,而花很多时间去解释。

(3)不要推卸责任,对责任的界定属于法院或仲裁机构。不要对记者说"无可奉告"、"请不要报道此事"或"此事可能是……"等。

(4)不要发布不准确的消息。

(5)不要要求记者一定刊登什么或不刊登什么。

(6)不要抱怨组织领导或同事以前如何如何等。

(7)不要指责临阵退却的同事,因为有更重要的工作需要去做。

(8)如果组织没有什么可以隐瞒的,不要轻易采取低姿态。

9.2.6.4 对危机期间新闻发言人的要求

危机期间,新闻发言人是组织确认的信息发布员,是组织的正式代表。由于经常面对摄像机镜头,应衣着整齐,精神焕发,冷静稳重,表达得当。

除此之外,危机管理专家提出以下要求值得借鉴。

小常识

专家对发言人的要求

(1)必须接受过专业训练。

(2)尽可能向媒体提供充分信息。即使不是很了解重大事件的始末,发言人也可以向记者提供有用的背景资料。这有助于获得记者的好感。

(3)应尽早确定和媒体相处的策略,并通知所有的高层领导。

(4)面对媒体,组织应当尽量争取各种可能的帮助,以处理好各种问题和多方面关系。

(5)掌握整体情况。只有这样,才能一一答复记者的提问。

(6)充分运用事先准备的资料。面对电视记者时,应灵活运用地图、照片、表格等辅助资料说明事件发生的情形。

(7)遵守所有对媒体作过的承诺。

(8)获得信息后应尽快告诉媒体,即使是片段的信息。

(9)掌握各种传递信息的方式。

9.2.6.5 新闻发布后的工作

(1)报道与事实不一致,应及时指出并要求更正。

(2)利用危机处理过程中的一些积极因素或结果,创造新闻由头,再次吸引新闻界来报道或邀请他们到事故现场参观后进行客观报道。

(3)危机基本结束之后的新闻报道,主要应该给公众形成一个印象:企业或社会组织采取的一系列行为是对社会负责,以增强公众对组织的信任。

案例分析

案例

金龙鱼上了"黑名单"之后

2004年12月27日,卫生部官方网站上发布了"2004年植物油国家卫生监督抽检情况通报",其中金龙鱼、福临门、金象3种食用油被列在黑名单中。翌日北京各大媒体和网站都在显著版面对该消息进行了报道,在广大消费者中引起恐慌。消息发布的当天,很多地方的"金龙鱼"就开始下架,情况十分危急。

在这样的危机面前,金龙鱼的品牌所有者嘉里粮油公司的唯一选择就是快速、全面作出反应,积极开展与各方面的沟通工作。公司当时制定的策略是:对卫生部,沟通而非对抗;对媒体,交流而非质疑;对消费者,本着高度负责的态度,进行召回产品,同时通过各种渠道答疑解惑、深度沟通;对内部员工,沟通情况、提高凝聚力和战斗力。

这些明确的危机处理原则是公司此次食用油风波的策略基础。

随后,公司采取了一系列危机公关策略和应急措施,打出了一整套公关"组合拳",尤其是本着对消费者负责的态度,不管产品是不是真的有问题,对卫生部通报的"问题产品"先行召回。

数据显示,危机出现后不到半个月,金龙鱼的销售量就上升到与去年同期持平,"金龙鱼"品牌在此次事件中受到的伤害甚小,消费者对金龙鱼的产品质量更加信任。

——资料来源:选自国家中级公关员试题。

分析

金龙鱼的品牌所有者嘉里粮油公司对这一危机事件的处理很成功,成功要点如下。

(1)面对危机,反应迅速。

(2)消费者利益至上,先行召回疑似问题产品是亮点。

(3)决策正确,内外沟通考虑到位。

(4)效果显著,品牌受损小,消费者信任未减。

实训

1. 请对图9.1中第三层次的各项内容进行具体说明。

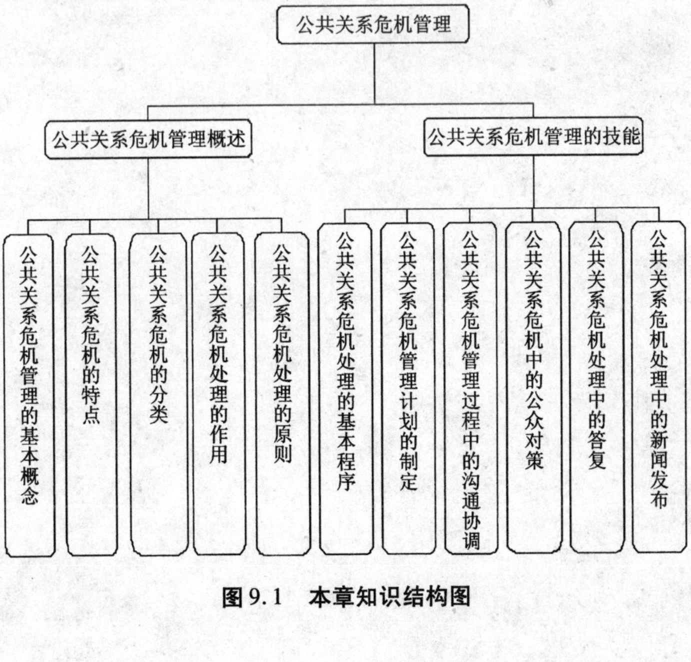

图9.1 本章知识结构图

2. 案例分析。

阅读下列材料,从危机处理对策和沟通协调原则分析此案的成功之处。

2002年,某企业的妇女卫生巾在四川某地被个别媒体宣传为传染病的载体。个别媒体并未对事件进行核实,也未和消费者协会沟通,就以连篇累牍的反面宣传为筹码,要求企业做十万元的广告。企业并未采取简单的"拿钱堵嘴"策略,而是冷静地分析了危机源的所在:一是对同批次的卫生巾在三级卫生检查机构做了检查,拿到了有利的证据;二是积极通过中消协以及省消协和消费者所在地县消协与怀疑卫生巾有问题的妇女直接见面,并请专家从理论上给予公开解释;三是从人道的角度看望并慰问这些妇女,从而得到了社会的理解和认可。源头堵住了,企图以报道换广告的那家媒体也就自动停止了继续宣传。据算,企业处理这起风波仅花几万元,且一次性地完成了所有善后工作。

——资料来源:选自国家中级公关员试题。

参考答案

(1)冷静分析危机源,主动与有关政府机构沟通,确认事实,拿到有力证据。

(2)寻求第三方帮助,通过各级消协和专家与消费者沟通,解惑释疑。

(3)表现同情心和人道关怀,看望、慰问消费者,争取社会理解和消费者认可。

(4)成功化解了个别媒体不合理的要求。

10

组织形象与机构管理

学习目标

1. 掌握组织形象管理的基本概念、内容和方法；
2. 能够分析整理社会舆论对组织形象的评论；
3. 熟悉公关机构的类型、职能和公关项目预算的基本方法。

案例导入

创名牌，塑形象

一个商品，要使之成为公众认同的名牌，除了它自身具备优良的品质外，还必须运用公关手段，借助传媒，将它介绍给广大的消费者。

这一点，金利来的创始人曾宪梓先生的体会尤为深刻。他曾经说过这样一句话："我的成功关键是创造了名牌，而创造名牌的关键则是宣传。"

创业之初，曾宪梓就懂得"货好还要会吆喝"这句俗话。他每天晚上和妻儿一起缝制领带，直至次日上午。午后便提着皮包，把制成品带到商店和百货公司去兜售。由于他的领带当时全无知名度，常常被拒之门外，尝尽了世态炎凉之苦。他不甘心：为什么自己的产品比舶来的名牌在品质上毫不逊色，但却总是不受青睐呢？他终于找到了原因，领悟到要使自己的产品获得公众的认同，依靠落后的手工业式的推介手段不行，必须仰仗现代信息传输手段大搞广告宣传。由这时起，曾宪梓开始逐步实施他的广告战略。

按照公关理论，企业的宣传推广不仅要鲜明地宣传企业的识别标志、品牌，更要宣传企业的市场定位;不仅要宣传商品的功效,更要宣传它对社会的贡献。金利来的策略正是如此。那句家喻户晓的广告词:“金利来,男人的世界”,就是从宣传金利来产品的市场定位出发构想的。大家都知道,庞大的服饰市场历来是女人世界,众多的制造商和经销商都把目光盯在女人身上,而冷落了占人口一半的男士。金利来独辟蹊径,在服饰市场打出一个“男人的世界”。这怎能不使备受冷落的男人深感温暖,使热爱自己的父亲、儿子、丈夫、男朋友的女人也备感兴趣,从而刺激起强烈的购物欲呢?

金利来的对外传播,从不自吹自己是名牌,也不夸大其词地推介自己,而侧重强调自己的诚心贡献。它的第一份广告由曾宪梓亲自设计,他巧选于父亲节在报章上刊出,以“谁人不在这个伟大节日向自己的父亲尽份心意呢?”这样的广告词牵动了千家万户做子女的人的心,引起了大家争买金利来领带,向父亲表达心意的强烈欲望。而近年出现在电视屏幕上的金利来广告,强调的则是向广大男士奉献爱心,希望能帮助他们把自己塑造成一个飘逸潇洒的男人、一个充满艺术气息的男人、一个知情识趣的男人……

有偿的广告重要,无偿的新闻报道更要重视。这些年来,金利来集团凡有大的动作,都通过传媒大力加以报道。曾宪梓艰苦创业的事迹,他回报祖国、奉献祖国的赤子心,更是传媒津津乐道的话题。多年来曾宪梓在大陆捐资兴建的项目早就超过了200个,金额达几亿元人民币。他积极参与政治活动,为香港回归祖国、平稳过渡作出了贡献的事迹,也常被媒体提及。事实证明,只重视宣传自己的利润指标的企业,常常会降低自己的形象。而经常宣传自己的社会责任心、政治参与热情和对社会多做贡献的企业,常常会获得社会的广泛赞誉,从而提高其公信力。

通过传媒宣传,金利来集团实现了创立名牌商品、塑造名流企业形象的意图,同时也积累了丰富的企业宣传推广技巧,这些技巧突出地体现在“四个追求”上。

(1)追求轰动效应。轰动效应是对外传播的最佳效果。要达到这个效果,必须善于选择时机。曾宪梓的系列宣传活动的推出,就曾巧选了中国乒乓球队首次访港表演这样一个时机。中国在体育竞技中以乒乓球首次获得世界冠军取得惊人的效应。处在这样的大背景下,中国乒乓球队访港,就成了本港万人瞩目、激动人心的轰动性时刻。选择这样的时机策划宣传活动,自然会祈祷风助火威、火趁风势的互动效果。果然,中国乒乓球队访港的轰动效应,带来了金利来企业宣传的轰动效应。包括广告在内的宣传活动推出后,订单犹如雪片般飞来,致使金利来当时的生产规模根本无法应对。从这件事,曾宪梓认识到在没有战争的情况下,重要的体育竞技活动,常常成为社会公众关心、瞩目的轰动事件。“好风凭借力”,为了获得宣传的轰动效应,他有意识地使金利来领带与体育竞技联姻。曾宪梓成了“超级足球迷”,赞助了无数次足球大赛,举办了“金利来杯”、“宪梓杯”足球邀请赛,多次以重金奖励在重要的国际比赛中夺冠的运动员、教练员。1984年奥运会上,中国队员所系领带,就是曾宪梓参与设计的绣有奥运会会徽的金利来领带。1993年他又发起“金利来”与“银利来”

偕百家名店支持北京申办2000年奥运会征集签名活动,发动1 000万人前来签名。由此可见,曾宪梓传播企业形象极善于把握时机。

(2)追求名人效应。美国总统尼克松访华,是举世瞩目的新闻事件。曾宪梓斥巨资赞助港台播映这位总统访华的实况。“尼克松访华也选中了金利来领带”的新闻不胫而走,大大提高了金利来的身价。用曾宪梓自己的话说,这次企业行为使“我们公司的领带,打破了以往外国名牌垄断市场的局面,奠定了金利来走向世界的路基。”名人效应还体现在金利来公司总部陈设布置上。当你走进金利来集团总部办公室的时候,映入眼帘的是中央领导人分别接见曾宪梓的巨幅照片。这也是“名人效应”宣传术。曾宪梓认为,服饰常能体现一个人的身份,外国人穿戴讲究绅士风度;中国人穿戴讲究上档次,以显示自己的身份;青年人仰慕明星,在穿戴上常常出现“追星热”。他们在宣传策划中,重视利用了这种心理。

(3)追求先行效应。金利来的宣传推广活动注重先声夺人的效应。中国刚实行改革开放政策不久,有中央领导人带头脱下了中山装,穿上了西装,系上了领带。曾宪梓看准了时机,在内地各大城市铺天盖地做起了广告。“金利来,男人的世界”这一广告词,不久便家喻户晓,深入人心。然而,在推出广告以后的整整三年时间里,市场上却买不到一件金利来的产品。人们先闻其声,未见其货。两年以后,正当人们望眼欲穿的时候,金利来产品以千军万马之势,一举进入了内地市场。这一“先声夺人”的广告策略,所取得的效果是惊人的:1991年其产品进入内地市场,当年的营业额就达1.15亿元人民币,1992年则上升为2.63亿元,1993年已超过了5亿元,之后便以更快的速度增长。

(4)追求频率效应。企业宣传推广并不总是立竿见影的,有时要持续很长时间才能见效,这叫做耳濡目染、潜移默化、积以时日、成效自见。金利来集团广告宣传不求急功近利,而是很有耐心地、持续不断地进行下去。曾宪梓每年花几千万港元的巨款(约占公司全年利润的百分之四五)大做宣传,从海岛到大陆,从城市到农村,从空中到地面,随处都能听到金利来的声音,随处都可见到金利来的商标。高频可以引起共振、共鸣。金利来成了大众的宠儿,而不是“养在深闺人未识的丽人”。

——资料来源:范立荣、范慰慈:《公关员》,北京,中国劳动保障出版社,2002。

公共关系最重要的职能是塑造组织形象并管理组织形象。创造名牌、管理名牌,就是塑造形象、管理形象。一个公共关系人员,应该学习金利来集团创始人曾宪梓创名牌、塑形象的经验,并在自己的实践中发扬光大。

10.1 组织形象管理

10.1.1 组织形象管理概述

10.1.1.1 组织形象的含义、分类和构成要素

1. 组织形象的含义和分类

组织形象是公众对组织的总体印象和综合评价。组织形象是根据主观愿望和客观实际来划分的,可分为:理想形象,即组织希望自己达到的形象;虚假形象,即组织主观上想象自己已有的形象;实际形象,即公众对组织客观上持有的印象和评价。它是组织形象有效管理的前提条件。理想形象是组织向往的目标;虚假形象是组织的一种自我感觉,它往往导致决策失误,给组织带来损失;实际形象才是组织真实的形象。因此,通常人们所说的组织形象是指实际形象,它是公众在和组织直接接触、交往,或通过传播媒介对组织有所了解后产生的印象和评价。

2. 组织形象的构成要素

组织形象包括三个要素。

1)知名度

知名度即组织名称流传的广度。知道组织名称的公众越多,组织名称流传的范围越广,组织的知名度就越高,反之就越低。

组织知名度的测算公式为:

$$N(\text{知名度}) = m(\text{知晓公众人数})/M(\text{公众总人数}) \times 100\%$$

2)美誉度

美誉度即公众对组织信任、好评的程度。对组织信任、好评的公众越多,组织的美誉度就越高,反之越低。

美誉分两个层次。其一,低层次的美誉,即产品信誉。它反映使用产品的公众对产品的信任、好评情况。其二,高层次的美誉,即组织信誉。它反映全体公众对整个组织的信任、好评情况。一个组织往往是在产品信誉的基础上获得组织信誉,由低层次的信誉向高层次的信誉发展。

知名度反映组织社会影响的广度,是评价组织名气大小的尺度,它主要显示舆论的数量。信誉度反映组织获得社会赞许程度,是组织名声好坏的尺度,它主要是显示舆论的质量。

组织美誉度的测算公式为:

$$B(\text{美誉度}) = m'(\text{称赞公众人数})/m(\text{知晓公众人数}) \times 100\%$$

3)认可度

认可度即组织的产品和服务让社会公众在观念上认同的同时转化为实际选择行动的程度。它显示公众从潜在公众转化为知晓公众后,又转化为行为公众的过程。组织的高认可度表明组织的形象最终被公众接纳的广泛程度。

认可度的测算公式为：

$$K(\text{认可度})=m''(\text{行为公众人数})/m(\text{知晓公众人数})\times 100\%$$

知名度、美誉度和认可度集中反映出一个组织的实际形象。但它们三者之间往往并不统一。高知名度不等于高美誉度和高认可度；同样，高美誉度也不意味着高知名度和高认可度。但一般来说，具有高认可度的社会组织，其知名度和美誉度这两项指标则相对较高。

10.1.1.2 组织形象的特点和重要性

1. 组织形象的特点

(1)组织形象是客观的。任何组织都处在一定的舆论环境之中，它的政策、行为或产品必然给别人留下某种印象，从而产生某种看法和评价。这些印象、看法和评价的总和，就构成一个组织客观的社会形象。公众舆论是反映组织形象的一面镜子。虽然组织形象的树立离不开传播，需要通过传播影响公众舆论，但传播只是“投影”的过程，“影象”的好坏，归根结底取决于组织自身的政策、行为和产品是否完善，组织自身完善，是良好形象的客观基础和基本内涵。

(2)组织形象是多维的。反映一个组织形象的角度不是单一而是多面的。不同的角度会对同一个组织得出不同的印象，不同的时期会对同一个组织产生不同的看法。而且，影响一个组织形象的自身因素也是多方面的，可以将一个组织的总体形象分解为各种形象因素。比如工商企业的良好形象，不仅取决于优质的产品和合理的价格，还取决于它的服务态度、经营方针、管理效率、人员素质、开发能力以及企业名称、徽记和店容厂貌等等，各种因素对组织的形象共同起作用。公众往往会根据不完全的证据如一个服务员的服务态度或一件商品的包装形成对组织的印象(特别是第一印象)。所以，公共关系工作不应忽略任何细节。任何一个方面不完善，都可能对组织形象产生不良影响。

(3)组织形象是相对的。一方面，组织所面对的公众广泛而复杂，不同的公众对组织有不同的需求和兴趣，与组织交往的角度和关系的深度也不同，对组织的看法和评价就必然存在着各种差别；另一方面，组织所树立起来的形象也不是一成不变的，会随着内外公众舆论环境的变化而变化，需要时时从各方面不断加以完善和创新。

2. 组织形象的重要性

(1)形象是无形的资产。资产可分为有形资产，如厂房、设备、资金等，还有无形资产，如形象、知识等。企业形象的代表是品牌，越是名牌，其含金量越高。至今，一些世界名牌商标的价值都在四五百亿美元左右。这证明形象含有巨大的物质力量。

(2)形象是生存发展的条件。许多企业由小变大，起死回生，许多地方由贫穷落后变得富裕发达，靠的就是“形象战”。张家港市注重抓形象建设，他们的口号是“打出形象牌，唱活经济戏”，短短几年，便由不见经传的县级小市变成举国瞩目的文明之城。美国可口可乐公司一任经理曾经说过，如果可口可乐公司在全世界的所有厂家一夜之间被大火烧个精光，那么第二天银行家会纷纷给予贷款。因为可口可乐这个牌子放到任何厂家，都会给它带来滚滚财源。这位经理说的“牌子”也就是形象。

组织具有良好的形象就能赢得公众的信任、肯定和支持,获得生存和发展的条件。

(3)形象是竞争的手段。在商品经济条件下,组织与组织之间存在着竞争。在商品经济初期,这种竞争主要表现为资金和技术,但是在现代信息爆炸的社会里,形象和信息已经越来越成为第一要素。那种"桃李不言,下自成蹊"、"酒香不怕巷子深"、"富在深山有远亲"的认识,并不能适应竞争、开放的社会。只有通过卓有成效的公共关系工作,树立良好的组织形象,才能使组织具有经久不衰的竞争能力。同是一类商品,有的堆积如山,有的被抢购一空;同是一类组织,有的人才趋之若鹜,有的人才避而远之。究其原因,乃是组织形象差异所致。

(4)形象是优化内外环境的良策和保证。组织具有良好的形象,对外会产生吸引力。当遇到棘手的问题时,能赢得理解、信任、支持、合作,"一路顺风","一路绿灯"。组织具有良好形象,对内会产生凝聚力。好的形象,会使组织成员产生自豪感、自信心,愿意在组织内工作,组织凝聚力增强,内耗减少,形成团结奋进的局面。

组织的良好形象能产生形象自律性和形象压力性。形象自律性,即组织成员自我约束自己,不辱没组织形象,维护组织形象。形象压力性,即组织成员相互帮助,相互监督,形成共同维护组织形象的舆论压力。由于这两性,就使组织内外环境的优化得到了保证。

10.1.1.3 组织形象管理的主要内容

组织形象的管理,就是对组织形象塑造、目标、资源、对象、传播、监控、评估等过程和基本要素的有效管理。它是现代组织管理活动和管理科学的一个重要组成部分。组织形象管理的主要内容有以下几点。

(1)管理组织形象的信息,即对事关组织形象建设的信息、数据等要素进行管理。从外部来说,组织形象管理应注意及时搜集政治、经济信息,尤其是社会舆论对本行业、本系统、本组织的各种反映,从中把握组织形象塑造的坐标点和组织形象宣传的最佳时机。从内部来说,则应充分掌握组织自身的全面运作情况,将其中有助于组织形象塑造的有关要素加以过滤、提炼、开掘和整理,不断找出组织形象的新的闪光点。

(2)管理组织形象的对象。即对组织形象传播的目标公众进行界定、细分、开发和监控。其中一些重要的目标公众,必须重点开发、及时分析并注意信息反馈,如政府公众、新闻媒介公众、社会公众、消费者公众等。

(3)管理组织形象的目标。即在确定组织形象建设总体目标的前提下,对未实现这一目标而策划、实施的各项工作和各种活动的统一管理,包括组织形象总体目标的分解,公关计划和活动方案的拟定及实施、公关工作和公关活动过程的监控等等。

(4)管理组织形象的传播。这里包括对组织形象传播渠道的管理和对组织形象传播行为的管理两个方面。

(5)管理组织形象的人力资源。即对和组织形象建设相关的各种人力资源的开发、运用和管理。这一人力资源,不仅仅包括组织自身或外聘的公关专业人员,还应包括组织内外一切有助于组织形象建设的相关人员。

10.1.2 组织形象管理的技能

10.1.2.1 确立以“形象力促营销力”的组织形象管理目标

组织形象管理是整个组织管理的一部分。对经营性组织来说,组织管理的目标最根本的一条就是降低成本和扩大市场占有份额。组织形象管理的目标是服从组织管理的总目标,为总目标服务。因此,通过组织形象管理,塑造良好的组织形象,提高自身的知名度、美誉度,争取消费者,扩大营销额,就被确立为形象管理的目标。现代全球许多成功的企业正是这样做的。它们采用整合营销传播的方法,把广告、直销、促销和公共关系进行整合,形成统一的组织形象,提高传播效力,促进营销力增长。

10.1.2.2 进行组织形象的准确定位

组织形象的准确定位,是组织在认清自我、理解对手、认识组织独特的事业成长点和对社会的贡献点的基础上,对自身个性形象塑造和宣传的主攻方向的确立,并把这一确立用概括、精准的语言表达出来。一些社会组织拟定的“形象口号”所表明的正是组织形象的这种定位。它将组织富于个性的形象传递给公众,给公众留下较为深刻的印象。同时,它也是组织在一定时期内形象建设所必需达到的目标。

10.1.2.3 进行组织形象的监控

1. 组织形象与公众之间诉求点的监控

(1)质量诉求,即通过强调产品的质量来反映组织的价值观和形象特点。

(2)服务诉求,即在提供优质产品的基础上,把组织形象进一步定位于服务来展示组织的风采。

(3)实力诉求,即通过这种实力的表述,逐步在消费者心中确立一个行业领先者的地位。

(4)开发创新诉求,即通过强调开发意识来表达组织精神,展示组织形象。

(5)社会责任诉求,即以担负社会责任作为组织形象的另一闪光点,表达这种对社会的使命感和责任感。

2. 组织形象的社会舆论跟踪和监测

1)公众舆论的跟踪和监测

公众舆论也称民意,是人们对于某一问题所公开表达的具有某种一致性的议论或意见。组织形象的公众舆论跟踪和监测,就是对某一组织的舆论倾向进行调查和测算,及时把握其变化的态势。

(1)公众舆论标志。人们对某一问题的议论和意见是公众舆论,将这种舆论具体表达出来的方式成为舆论标志。它表明各种公众意见在一定时间和空间所达到的规模及其发展趋势。舆论标志分为四个等级,即主导舆论、分支舆论、次舆论和微舆论。主导舆论是指在一定范围内有70%以上的人所坚持的共同意见;分支舆论是指同时存在的几种有相当数量的人赞成的一致意见;次舆论是指在某些局部地区有多数人坚持的但不具有全局性的意见;微舆论通常是指某种小社会环境下的群体舆论,舆论主体可能只有几十人或者上百人。

(2)舆论指标。舆论标志体现的是某种舆论在整体上的强度与量度,而这种标志是通过舆论指标体系反映出来的。舆论指标分为两类:一类是量度指标,另一类是强度指标。

舆论的量度指标包括舆论的公众数量和公众的分布。公众的数量是第一个量,公众的分布是第二个量。任何舆论测量都不能缺少这两个方面的量。作为客观存在的人群的集体意向,不仅表现为持某种意见人数的多寡,而且和公众的分布、类别有着重要关系。有些问题可能在某一类别公众中持肯定意见多,而在另一类别公众中则持否定意见多。所以,公众舆论调查在确定量度方面,必须兼顾公众的人数和分布种类两种量的平衡,不能舍弃一面而只顾另一面。

舆论的量度指标是公众人数和类别的乘积数。量度指标越大,表明公众舆论的影响越广,也越具有权威性。比如,某一组织在全社会的公众范围内进行公众舆论调查,选择调查的人数为 1 万人,选择测定的公众种类为 5 种,那么,舆论的量度指标则为(1 万人 ×5) =5 万人,即通过 1 万人的测定可以大致推算出 5 万人所持的态度。

舆论的另一指标是强度指标,即公众所表示的意见、态度、观点的强烈程度。调查对象在表达对组织的意见时,不同的调查对象具有不同的强烈程度,用指数体系表示出来,叫做舆论强度指标。比如:公众对组织某项决定的态度有十分赞成、赞成、比较赞成、无所谓、不够赞成、不赞成、极不赞成等 7 个级差,哪一级差的人数多,舆论强度的指数就大。

公众舆论始终处于不断变化之中。组织形象的舆论跟踪和检测,应该经常地定期地进行,并制定相应的图标模型,形象地展示公众舆论的变化态势,并以此来修正自己的工作。见表 10.1 所示。

表 10.1 舆论标志构成表

	舆论标志			
舆论标志等级 / 舆论指标构成	主导舆论	分支舆论	次舆论	微舆论
量度指标 （由公众的数量和分布构成）	一定范围的 70% 以上的人的共同意见	同时存在几种有相当数量的人赞成的一致意见	某些局部地区多数人坚持的但并不具有全局性的意见	某种小社会环境下的群体意见,舆论主体只有几十人或上百人
强度指标 （例如对某事的意见、态度、观点）	十分赞成 赞成 比较赞成 无所谓 不够赞成 不赞成 极不赞成			

2)公众态度和行为倾向的跟踪与监测

公众的态度其实是公众舆论的一部分,构成其核心的内容。它由公众的意见、观点、动机、情感与认知等因素组成。组织形象的跟踪与监测,必须注意公众态度的演变,因为态度直接与公众的行为倾向联系在一起。

公众的行为倾向,即指公众在认知和情感的基础上所作出的某种行为上的反应。如是否选择组织的服务,是否乐意购买组织的各种产品,乃至内部公众是否接受管理等等。比起一般的公众舆论,公众的行为倾向更为直接地影响着组织的生存和发展。

组织必须随时注意公众对组织的态度和行为倾向的变化,并通过适当的管理手段加以调控。有时可以采取"倾向强化"的方法,即通过积极的公关活动,强化组织的知名度、美誉度和认可度,不断巩固和促进处于争相状态的公众态度和行为;有时也可以采取"逆向转化"的方法,即通过主动性公关活动,迅速化解并消除某种逆向状态的公众态度和行为,使组织形象在公众心中始终保持积极肯定的状态。

3.传播媒介舆论的跟踪和监测

在现代信息社会中,各种传播媒介对社会舆论的影响力越来越大。本来,传播媒介舆论乃是公众舆论的反应,但它又往往反过来影响公众对某一组织或某一时间的态度,甚至直接影响公众的行为。所以对这种形象的有效管理,必须注重传播媒介舆论的跟踪与监测。

小资料

传播媒介舆论监测的形成

对传播媒介舆论的跟踪和监测,始于第二次世界大战期间。当时,美国的情报机构通过分析所有能找到的德国报纸的内容来获得有关德国的各种情报,并在此基础上作出判断。20世纪60年代中期,随着美国未来学家奈斯比特在芝加哥成立"都市研究公司"并对206种大都市报纸进行系统的内容分析,传播媒介舆论的跟踪与监测已发展成一种正式的、程序化的方法。

——资料来源:郭惠民、居易:《公关员》,上海,复旦大学出版社,1999。

传播媒介舆论跟踪与监测的范围,可视组织的不同性质而定,一般是指在活动区域范围内较有影响力的大众传播媒介以及组织所在行业的一些专业性媒介。跟踪与监测的内容则包括可能和组织形象有关的所有方面,尤其是传播媒介舆论所折射出来的公众对本行业、本组织的反映,以此来调整组织的公共关系计划。凡传播媒介上出现的对组织的负面舆论(如刊登了不利于组织的报道或读者投诉),应立即采取各种补救措施,及时控制并消除其负面影响。当然,最好的办法是能够通过对传播媒介舆论的长期跟踪与监测,深入把握各种传播媒介的运作特点,防微杜渐,把一些不利于组织的负面舆论消弭在萌芽状态。

10.1.2.4 进行组织形象的测定

1. 组织形象地位图

要对组织形象进行管理、改善或提高组织形象,必须掌握组织形象的现实状况。

知名度和美誉度集中反映出组织的实际形象。测定组织的知名度和美誉度,有一种科学测定方法,即用“组织形象地位图”来显示。

“组织形象地位图”,也称“组织形象地位四象限图”。它由一根纵坐标和一根横坐标组成,横坐标表示美誉度,纵坐标表示知名度,以两根坐标的交汇点为0,横坐标从左至右分为100等分,数目越大,表示美誉度越高;纵坐标从下至上也分为100等分,数目越大,表示知名度越高。然后分别以横坐标和纵坐标上的中点,即“50”为起点,作两条平行线,将两根坐标组成一幅四等分的正方形图像,划分为A、B、C、D四个区域,它们分别表示如下。

A区——高知名度和高美誉度区。这是理想的组织形象区,表明形象良好,是组织树立良好形象追求的目标区。

B区——低知名度高美誉度区。表示公众对组织提供的服务、产品等评价颇高,但是组织的知名度尚低。它的公共关系工作的重点是提高知名度。

C区——低知名度和低美誉度区。表示组织的形象很差,需要花大力气开展公共关系工作,逐步提高知名度和美誉度,改善组织形象。

D区——高知名度和低美誉度区。表示组织在公共关系上处于“臭名远扬”的恶劣地位,应先默默地改善自身,然后想法挽回声誉。

测定组织形象的具体做法如下。

(1)确定知名度。假设用抽样调查的方法,对300名公众进行问卷调查,如300名公众都作出了回答,交回问卷(即回卷率为100%),其中有120名公众知晓组织的名称、性质等情况,则在纵坐标数字“40”上作标记,表示组织的知名度为40%。

(2)确定美誉度,对120名了解组织情况的公众再作一次问卷调查,假设回卷率仍为100%,其中有96名公众对组织的服务、产品表示信任和赞许,则在横坐标数字“80”上作标记,表示组织的美誉度为80%。

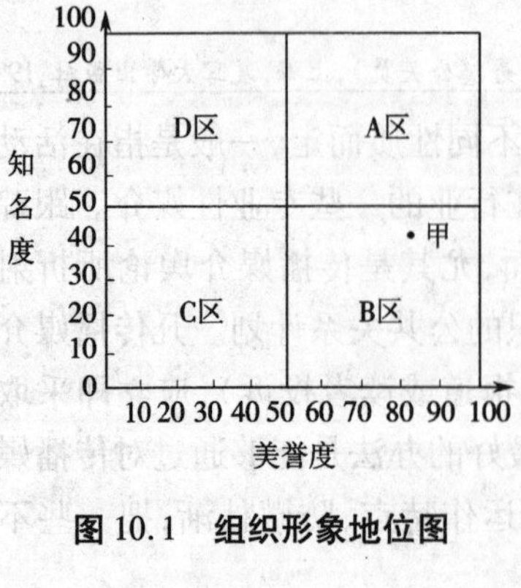

图10.1 组织形象地位图

(3)标出组织的形象地位点。将纵坐标“40”上的标记点向右直线延伸,将横坐标“80”上的标记点向上直线延伸,两线交汇之点就是组织的形象地位点,这一点位于B区,表示组织知名度低,美誉度高。今后应重点提高组织的知名度。图10.1中甲点即为上述举例的组织形象地位点。

2. 组织形象调查表

组织形象地位图能够描述出组织形象的现状,为组织公共关系工作指明方向。“组织形象调查表”是将构成组织形象的一些主要属性，如服务方针正确、办事效率高、服务态度诚恳、有创新性等，用语意的两极各为一端，在中间设置若干级差，表示程度，如效率非常高、相当高、中（一般）、稍微低、相当低、非常低等级差，如表 10.2。

表 10.2 组织形象调查表

评价级差／调查内容	非常	相当	稍微	中	稍微	相当	非常	评价级差／调查内容
服务方针正确								服务方针不正确
服务态度诚恳								服务态度不诚恳
办事效率高								办事效率低
信用高								信用低
有创新性								无创新性
组织首脑有名气								组织首脑无名气
组织规模大								组织规模小

然后，将此表印发给调查对象。调查对象以抽样调查的方式确定，请他们根据自己的看法，在相应栏目中打“✓”，作出评价。表格收回后，统计出各栏目中打“✓”者人数占调查人数的百分比，分别填入，就得出来调查结果。如发出表格为 200 份，寄回仅 100 份（即回卷率为 50%），100 人中有 10 人在“服务方针正确”栏中的“相当”空格中打“✓”，占 10%，则填上 10。假设调查结果如表 10.3。

表 10.3 组织形象调查表举例

评价级差／调查内容	非常	相当	稍微	中	稍微	相当	非常	评价级差／调查内容
服务方针正确		10	30	60				服务方针不正确
服务态度诚恳		30	55	15				服务态度不诚恳
办事效率高			15	25	50	10		办事效率低
信用高		30	40	20	10			信用低
有创新性				15	20	65		无创新性
组织首脑有名气					10	50	40	组织首脑无名气
组织规模大					20	60	20	组织规模小

从表中可以看出，该组织的服务方针基本正确，服务态度较诚恳，能守信用，办事效率中偏低，缺乏创新能力，首脑无名气，组织规模小。归纳起来可知组织的知名度和美誉度都不高。

3. 组织形象差距图

“组织形象差距图”，即将“组织形象调查表”的结果和组织的理想形象（即自我期望形象)各用曲线表示在同一张图表上,使两者的差距一目了然,能直观地看清组织形象中的缺陷,便于明确具体的工作目标。

该图的制作方法如下。

(1)将"组织形象调查表"中 7 个语意级差自右至左,分别以"1"至"7"的数字代表。

(2)计算出每一栏目的平均分值。可先算出该栏目的总分,如上表"服务方针"一栏中,"相当正确"(代表数字为 6)空格为"10","稍微正确"(代表数字为 5)空格中为"30","中"(代表数字为 4)空格中为"60",则总分为:$10\times6+30\times5+60\times4=450$。再将栏目总分除以调查总人数,得到栏目平均分值为

$450\div100(\text{人})=4.5$

"4.5"即为"服务方针"栏目的平均分值。

(3)将每一栏目各作一横轴线,平行排列,每一轴线分为 7 等分,自右至左分别标上 0 至 7 的数字。

(4)将各栏目的平均分值分别标在各自的轴线上。

(5)连线各轴线的平均分值点,即得出来组织的实际形象曲线(以实线表示)。

(6)画出组织自我期望形象曲线,就能清楚显示出组织实际形象和自我期望形象之间的差距。

将上述"组织形象调查表"中的数据用图 10.2 表示,并假设自我期望形象曲线。

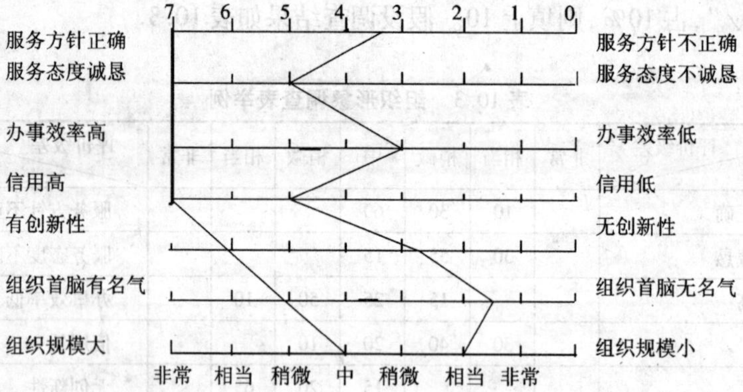

图 10.2 组织形象差距图

从图 10.2 可见,组织的实际形象和自我期望形象差距颇大。

10.1.2.5 CIS 理论——塑造组织形象的利器

CIS 英文全称为 Corporation Identity System。中文一般译为"企业识别系统"(也有人译为"企业形象系统")。CIS 理论主张将企业理念、企业文化、企业行为及企业视觉标志通过统一设计加以整合,强化其传播效果,使组织迅速提升自己的知名度、美誉度和公众的认可度,从而营造最佳的企业运作环境。这一理论于 20 世纪 80 年

代由西方发达国家传入中国,被不少中国企业视为塑造组织形象的锐利武器,而且已扩展到政府形象塑造、区域形象塑造等广泛领域。

小资料

CIS 的来历

1907 年,德国 AEG 电器公司率先采用设计师培特·贝伦斯设计的商标,并将其应用于该公司的系列电器产品上,成为统一视觉形象设计的早期代表。

1956 年,美国国际商用机器公司,正式推出公司英文全称各词首字母 IBM 组成的新标志,在当时产生极大的反响,成为 CIS 设计的范例,世界各国纷纷效仿。

——资料来源:编者根据多种资料编写。

CIS 是一个系统结构,它包含 3 个有机组成部分。

MIS(Mind Identity System),即组织的理念识别系统。它包含企业的宗旨、价值观、行为准则等要素,是 CIS 的核心部分。

BIS(Behavior Identity System),即组织的行为识别系统。它是组织的理念识别系统的行为化,即通过组织每一成员的工作、服务行为来充分体现组织的宗旨和价值观等要素,使之外显于社会公众。它的作用主要表现为两个方面:其一是以高质量的服务和规范化的操作行为赢得社会公众的赞许和认同;其二则是以一整套的行为规范来制约组织自身的成员。目的均是为了更好地树立组织的良好形象。

VIS(Visual Identity System)即组织的视觉识别系统。它通过对组织的标志、商标、招牌、广告、服装、名片等一系列视觉要素的整合,以极具个性化的造型、色彩、字体等感官形式来体现组织的精神和行为特点,从而让社会公众对组织留下深刻印象。

有人将 MIS 比喻为组织形象的心脏,将 BIS 比喻为组织形象的四肢,将 VIS 比喻为组织形象的脸面。这三者是一个整体,不可分割。所以,CIS 的导入作为组织整体形象的构建,其本身亦是一个系统工程,必须进行认真、科学的规划和操作。

10.2 公共关系部管理

10.2.1 公共关系部管理概述

组织形象管理是公共关系的中心任务。这个任务除了聘请面向全社会的公共关系公司承担外,平时主要是由组织内的公关关系部执行。

10.2.1.1 组织设置公共关系部的模式

在组织内公共关系部的设置有多种模式,主要视组织的性质、规模、任务确定,常见的有以下几种。

(1)隶属部门型。公共关系部处于组织的第三个层次中,如图 10.3 所示。

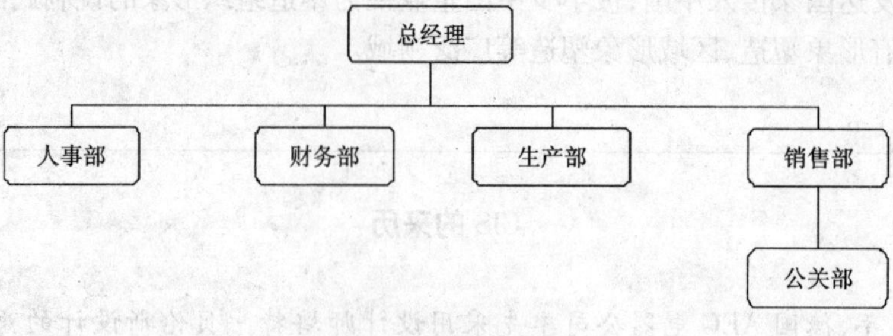

图 10.3 隶属部门型

(2)部门并列型。公共关系部同组织其他职能部门处于同一级别,如图 10.4 所示。

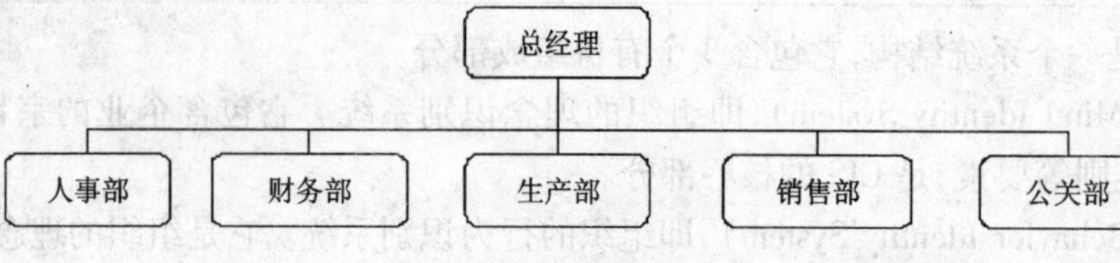

图 10.4 部门并列型

(3)直属高层领导型。公共关系部直接归高层领导,甚至由最高决策者兼任部门领导,如图 10.5 所示。

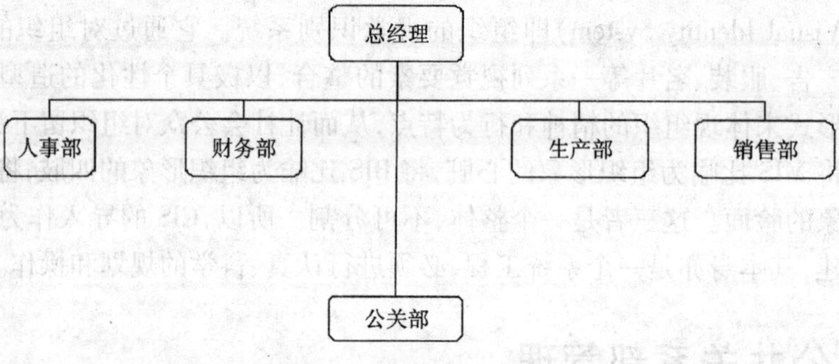

图 10.5 直属高层领导型

10.2.1.2 公关关系部的职能

公共关系部是组织管理系统的一个子系统,其在组织管理中的作用主要表现在以下三个方面。

(1)公共关系部是组织的信息管理部。公共关系的首要职能就是搜集信息。组织通过对这些信息的搜集和整理,了解现状,预测趋势,适应变化。

(2)公共关系部是组织的决策参谋部。公共关系部在搜集、整理、分析信息的基础上,综合评价各职能部门的活动已经或可能引起的社会效果,向组织决策层提供可供选择的方案,协助决策层进行决策,以维持组织与外部环境的动态平衡。

(3)公共关系部是组织的宣传和外交部。公共关系部承担组织的对外宣传和联络工作,负责向公众宣传组织的政策、解释组织的行为、推介组织的形象,同时负责交际、应酬、处理纠纷、协调各种公众关系。

10.2.2 公共关系部管理的技能

10.2.2.1 公共关系部管理的机制

1. 人员精干,合理配备

组织的公共关系部门的编制根据组织的规模和公共关系部所具有的职能的需要而定。两种类型的人员不可少,而且必须搭配好。一是管理型人员,二是技术型操作人员。如果公共关系部全部由技术型操作人员所组成,看似实务能力很强,但往往容易流于一般事务处理,只低头拉车,不抬头看路,以致失去工作方向。管理型人员的重要作用在于他们可以及时和组织决策层联系,了解组织的战略目标,而后可以按组织的战略目标对公共关系部的工作进行统筹,使各项工作服务于总目标,且更加有序。当然,如有些人员能集管理型和技术型于一身,则更为理想。归根结底,在公共关系部人员的配备上,应力求其一专多能,以保持队伍的精干。

2. 相对独立,自主调节

在组织内部,公共关系部一般具有相对的独立性,能够在规定的范围内自主地履行职责。同样在公共关系部内部管理上,也不能僵化刻板。要给各工作环节以一定的灵活性,使实施人员能够在不断变化的客观环境中主动地去处理问题。当然,这种灵活性是以实现组织形象建设的总目标且不违反组织纪律为前提的。

3. 目标明确,强化专业

公共关系部是组织专门为开展公共关系工作而设立的机构,因此不仅应事先确定明确的工作目标,而且在具体工作中要严格保证其正规性。公共关系部不是“不管部”,不应花很多人力去处理和公共关系无关的事务。同时,公共关系部自身亦应注重专业化建设,所有人员均应具有强烈的公共关系意识,接受过一定的专业训练,掌握一定的专业知识和能力,并具有不断开拓创新的精神。

4. 协同配合,保持权威

在实现组织的公共关系总目标时,公共关系部或要依靠其他部门的配合,或要配合其他部门开展有关工作。这就需要公共关系部随时注意与组织其他职能部门的协同配合关系,并帮助维系组织各部门关系的协调。在这一过程中,公共关系部应保持在自身职能范围内的高度权威性,不受其他职能部门的干扰和影响,以确保其职责的履行。在一些组织中,公共关系部直属组织最高领导人直接管辖,是保证其权威性的有效措施。

10.2.2.2 正确处理部门之间的关系

公共关系部和组织的一些部门在工作上有一定程度的交叉和融合,有时会因此而产生一些矛盾,如何处理好这些部门之间的关系,于部门、于组织都十分重要。

1. 公共关系部与市场营销部

在一个组织中，公共关系部和市场营销部的职能最容易发生混淆。因为它们都直接面向社会公众，并与其他一些社会组织发生联系。所以有的组织干脆把公共关系部归入市场营销部。事实上，市场营销部主要面向社会公众中的消费者公众，而公共关系部要面向的不仅有消费者公众，还有政府公众、新闻媒介公众、社区公众等。两个部门的工作虽有交叉，但并不相同。有时，两个部门要各行其是；有时，两个部门必须加强合作。例如，组织的产品广告宣传一般是市场营销部的职责，但这一广告的设计和发布不仅仅在于推销产品，还关系到组织形象的传播和确立。这就需要公共关系部门的加入，把广告的设计和发布纳入组织形象整合传播的范围内统筹考虑。如果不能处理好这一关系，组织就无法以一个声音对外说话，组织形象也有可能因此而模糊、游离。

2. 公共关系部与人力资源部

公共关系部与人力资源部在职能上有部分交叉之处。人力资源部承担人力资源的开发与管理。为实现这一职能，对外要与政府有关部门和其他一些社会组织保持某种联系；对内要对员工进行管理、沟通、培训等，而公共关系部也有与内外公众联系、沟通的职责，如果处理不当，部门之间容易发生冲突。为此，公共关系部应主动与人力资源部进行协调，明确各自的职责范围，商定合作的领域和方法，从而更好地开展组织内部、外部公共关系工作。

3. 公共关系部与法律事务部门

在国外，一些组织的公共关系部门与法律事务部门的矛盾存在已久。尤其当组织发生某种危机事件或诉讼纠纷时，法律事务部门一般希望通过法律法规的途径予以解决，公共关系部门则希望尽可能减少负面影响，通过和方方面面关系的沟通、协调予以解决，并都希望自己部门能够在事件的处理上承担主要职责。其实这两种方法并不对立，关键仍在于从实际出发，选择最有利于组织形象建设的对策，同时加强两个部门之间的合作。即便有些事件的处理不得不诉诸法律，公共关系部门也应主动配合法律事务部门，在社会舆论的营造和各种关系的协调上予以支持，以减少公众对组织的误解，在保证公众利益的同时，合法地保护组织形象不受损害。

10.2.2.3 公共关系部的经费预算和管理

公共关系部的经费预算和管理，应根据不同组织的不同情况而定。

一般来说，公共关系部的开支包括两大部分：一是日常行政开支，包括公共关系部日常办公所需费用和所有人员的工资、奖金、津贴等；二是开展各种公共关系工作和活动所需的费用。就许多组织而言，前一部分开支一般由组织的人事和行政部门统一预算和管理。

公共关系部工作和活动经费的预算，操作起来比较复杂，大致有以下一些主要方法。

（1）固定比率法。即从企业一定时期内的产值或销售额中拿出一定比例的资金作为公共关系工作的费用。许多企业是从上一财政年度的产值或销售额中拿出一定比例的资金,再加上通货膨胀因素的考虑,最后定出本年度公关预算。这种方法的优点是简单易行。但它也存在着明显的缺点:首先是最佳比率难以确定,容易影响预算的科学性;其次,这种方法缺乏弹性,一旦有特殊需要很难处理。

(2)投资报酬法。这种方法是把公共关系开支当做一项投资来看,把公共关系部门和市场营销部门、广告部门等放在同样的位置上,根据同量资金投入获得同量报酬的原则,哪个部门报酬高,哪个部门就可获得较多的预算。这种方法的优点是有利于提高资金利用效能。缺点是在现实中,公共关系部门投资所产生的效益分散在组织各部门中,存在着交叉效益,计算难度较大。

(3)量入为出法。这种方法是按照组织的财务状况,根据财政可能支付的金额来确定公共关系费用预算。

(4)竞争对比法。这种方法是根据自己主要竞争对手的公共关系经费预算和自己的目标来确定公共关系经费预算。例如,本企业主要的竞争对手占有15%的市场份额,其公共关系经费预算为600万元;而本企业的目标是市场份额占有达到20%,因而本企业的公共关系经费预算应该是800万元。这种方法的优点是针对性强。缺点是客观性不够,而且难以得到关于竞争对手经费预算的情报。

(5)目标先导法。这种方法是首先制定出公共关系工作希望达到的目标,再根据这一目标制定出需要完成的公共关系任务;算出完成每项任务所需的费用;把这些费用的金额相加,再加上一定比率(比如10%)的风险基金以备偶然事件的发生,最后得出的金额就是本年度的公共关系经费预算。这种方法的优点在于具有主动性和伸缩性,可以根据公共关系活动自身需求和环境变化来进行预算,便于充分发挥主观能动性。缺点是如果预测不够科学、准确,就可能出现超支或浪费。此外,这种方法操作的难度也比较大。

(6)利弊权衡计算法。这种方法一般与以上几种方法配合使用,形成对以上几种方法的矫正。这种方法首先分别列出实现某一公共关系目标的有利市场因素和不利市场因素;再根据每个因素的强烈程度打分(分为1~10分);然后把有利因素和不利因素的分数分别相加,得出有利因素的总分和不利因素的总分。把两个总分加以比较,若是两个总分相等,则原来用其他方法计算出的预算总额无需调整;若两个总分不相等,则原来用其他方法计算出的预算总额需要作相应的调整。

公共关系活动的经费预算一旦获得组织决策层和财务部门批准,公共关系部在经费的管理上就应坚持严格按预算额度开支的原则,以防费用失控。那种事先不作仔细测算,事后一再增加开支的做法,除了陡然增加组织的负担外,本身也暴露了公共关系管理的无序,并在一定意义上损害了组织的良好形象。

案例分析

案例

公众舆论指标的拟定

某组织是一个刚建立一周年的新组织,为了了解自身组织形象在公众中的满意度情况,决定对本地区的公众舆论进行一次跟踪和监测。为了完成这个任务,该组织的公关部拟定了一个公众舆论监测方案。在这一方案中,拟出的量度指标和强度指标如下。

量度指标:公众数量为2 000人;公众分布为政府机关人员、新闻媒介人员、企业管理人员、企业一般职工、教科文单位工作人员、在校学生、离退休人员等7个类别。由此得出的量度指标为:2 000×7=14 000(人)

强度指标:依据公众对组织形象的满意程度情况,设立7个级差:十分满意、满意、比较满意、不做评论、不太满意、不满意、很不满意。

分析

舆论指标由量度指标和强度指标构成。

在这个监测方案中,量度指标和强度指标拟定得正确。

量度指标由两个量构成,一是公众的数量,另一个是公众的分布。方案中,公众数量为2 000人,公众分布为7个类别:2 000×7=14 000(人)。

这样计算是正确的。

强度指标用指数体系表示出来。方案中,设立了7个级差,这是全面的、合适的。

实训

1. 请对图10.6中第三层次的各项内容进行具体说明。

2. 案例操作。

环宇公关公司对4个组织的形象进行了初步调查,情况如下。请画形象地位图说明这时组织的形象地位,并作出恰当评价。

甲组织知名度90%,美誉度90%

乙组织知名度90%,美誉度20%

丙组织知名度10%,美誉度80%

丁组织知名度20%,美誉度10%

参考答案

甲组织:知名度、美誉度都比较高,今后要保持并提高此状况。

乙组织:知名度较高,美誉度低,今后要下大力气提高美誉度。

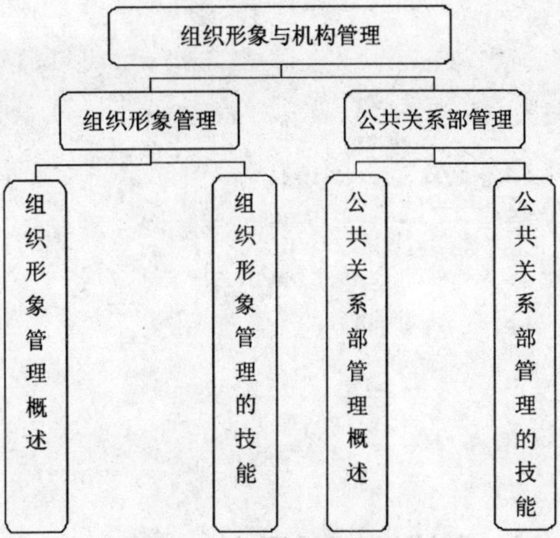

图 10.6　本章知识结构图

丙组织:知名度很低,美誉度较高,今后要提高美誉度,更要提高知名度。
丁组织:知名度低,美誉度低,今后在这两方面都要努力提高。

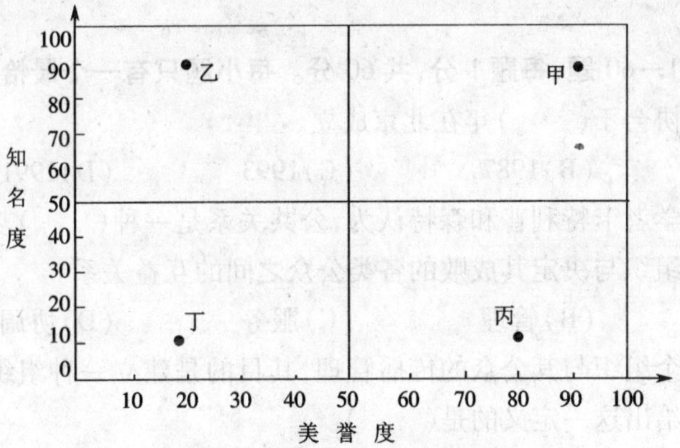

图 10.7　四个组织的形象地位

附 1　公共关系模拟试题

公关理论知识模拟试卷(一)

一、单项选择题(1—60 题,每题 1 分,共 60 分。每小题只有一个最恰当的答案)

1. 中国公共关系协会于(　　)年在北京成立。

(A)1986　(B)1987　(C)1993　(D)1991

2. 美国著名公关学者卡特利普和森特认为,公共关系是一种(　　)功能,它确定、建立和维持一个组织与决定其成败的各类公众之间的互益关系。

(A)沟通　(B)管理　(C)服务　(D)协调

3. 公共关系是一个组织与其公众的传播管理,其目的是建立一种组织与公众间相互信任的关系。给出这一定义的是(　　)。

(A)弗兰克·杰夫金斯　(B)詹姆斯·格鲁尼格

(C)艾伦·森特　(D)英国公关协会

4. 调查结果的(　　)主要是指调查结果对于公共关系学科是否具有普遍意义。

(A)理论水平　(B)社会效益　(C)经济效益　(D)管理水平

5. 调查问卷中,(　　)准确地反映调查的目标和内容。

(A)标题　(B)说明信　(C)问题　(D)答案

6. (　　)曾明确指出:中国公共关系事业的发展,是中国改革开放的必然趋势。

(A)李岚清　(B)费孝通　(C)钱其琛　(D)李瑞环

7. (　　)是利用调查对象本身的实物形象来表示统计资料的图形。

(A)几何图　(B)象形图　(C)算术图　(D)统计地图

8. 双边会谈需要翻译时，翻译应坐在(　　)。

(A)主谈人前面　(B)主谈人后面　(C)主谈人左面　(D)主谈人右面

9. 大众传播是指(　　)通过大众传媒，将大量复制的信息传递给分散的公众。

(A)传播者　(B)组织　(C)职业传播者　(D)新闻机构

10. 宴请席位安排应遵照的基本原则是(　　)。

(A)左高右低、近高远低　(B)右高左低、近高远低

(C)左高右低、远高近低　(D)右高左低、远高近低

11. 跟(　　)交往，不可以把王室的家事作为谈笑的话题。

(A)英国人　(B)比利时人　(C)挪威人　(D)丹麦人

12. 日本人忌用(　　)作为礼品。

(A)荷花　(B)根花　(C)菊花　(D)黄玫瑰

13. 外事参观应注意(　　)原则，内外有别。

(A)友好　(B)保密　(C)不卑不亢　(D)合作

14. 下列选项中，(　　)不属于对公关人员口头语言表达能力的要求。

(A)语调正确　(B)节奏变化　(C)逻辑性强　(D)机智应变

15. (　　)是持有或多或少的股票、但不直接掌握企业经营权的公众。

(A)股东　(B)董事长　(C)股票分析家　(D)金融专家

16. 甘特图以(　　)作为横坐标。

(A)工作包　(B)工作任务开始执行的时间

(C)完成任务的时间

(D)工作任务从开始执行到完成任务的过程时间计划

17. (　　)既可以成为读者阅报的向导，又可以向读者提供简要信息。

(A)新闻标题　(B)引言　(C)正文　(D)编注

18. (　　)是编辑部对稿件的第一次评价。

(A)审稿　(B)选稿　(C)改稿　(D)写稿

19. 喜庆性新闻发布稿要遵循"一多一少"、"一高一低"的原则是指(　　)。

(A)引用专家、社会舆论的赞语要少，自我赞美之辞要多；低调处理个人在事件中的作用，提高团队整体实力和组织形象

(B)自我赞美之辞要少，引用专家、社会舆论的赞语要多；低调处理团队整体实力和组织形象，提高个人在事件中的作用

(C)引用专家、社会舆论的赞语要少，自我赞美之辞要多；低调处理团队整体实力和组织形象，提高个人在事件中的作用

(D)自我赞美之辞要少，引用专家、社会舆论的赞语要多；低调处理个人在事件中的作用，提高团队整体实力和组织形象

20. 组织机构举行新闻发布会一般来说目标比较单一，往往一个主题作主线贯穿始

终。这句话点明了新闻发布会(　　)的特点。

(A)条理清晰　(B)节奏明快　(C)符合规范　(D)结构完整

21. (　　)是处于一定社会关系中的人们共同认可和遵循的行为规范。

(A)制度　(B)法则　(C)礼仪　(D)职业操守

22. 组织赋予内部刊物的基本功能是(　　)。

(A)培植组织文化　(B)传播信息知识

(C)交流工作经验　(D)丰富员工生活

23. 企业报纸周期长,为了保证新闻的(　　),要在导语即消息的开头上下功夫。

(A)准备性　(B)真实性　(C)社会性　(D)时效性

24. 内部刊物中的“内部”二字应理解为(　　)。

(A)企业内部流通　(B)不能对外发行

(C)未经注册登记　(D)正式出版的

25. 所谓中型调查,是指其样本一般在(　　)人以下。

(A)100　(B)500　(C)1 000　(D)5 000

26. 调查的(　　),是指调查要解决的问题。

(A)过程　(B)方法　(C)目的　(D)工具

27. 调查表的主要部分是(　　)。

(A)表头　(B)表体　(C)表脚　(D)计量单位

28. 下列选项中,(　　)不属于对调查方案进行可行性评估过程中常用的方法。

(A)竞争对手评价法　(B)经验判断法

(C)试点调查法　(D)逻辑分析法

29. 公众态度中,(　　)是指公众对组织有所了解的基础上作出的带有主观色彩的判断。

(A)认知　(B)评价　(C)理解　(D)熟知

30. 按照调查的(　　)分类,可以分为统计调查和专门调查。

(A)不同方法　(B)项目层次　(C)对象范围　(D)组织形式

31. 专门调查是为了某一特定目的专门组织的一种搜集整理资料的调查形式,主要包括普查、重点调查、(　　)和典型调查。

(A)非概率调查　(B)抽样调查　(C)系统调查　(D)非典型调查

32. (　　)是指比较深入具体地反映调查对象全貌的调查。

(A)推测性调查　(B)因果性调查　(C)描述性调查　(D)预测性调查

33. (　　)是指受到自我变量或其他变量影响而发生变化的变量。

(A)因变量　(B)自变量　(C)中介变量　(D)非变量

34. 下列选项中,(　　)不属于获取第一手资料的方式。

(A)观察法　(B)访谈法　(C)内容分析法　(D)问卷调查法

35. 一份优秀的调查报告中,用语要遵守(　　)原则,原因是阅读报告的人可能并不完全懂得调查人员已熟悉的技术资料。

(A)简洁　(B)非专业化　(C)冲击力　(D)生涩

36. 下列选项中,(　　)不属于静态项目评估的内容。

(A)品牌　(B)无形资产　(C)人员素质　(D)销售额

37. 判断一项活动是否为大型活动的基本条件是(　　)。

(A)众多人参与　(B)有计划　(C)影响广泛　(D)以社会传播为目的

38. 下列选项中,(　　)不属于大型活动的社会作用。

(A)创造强烈的社会传播效果　(B)有力促进社会文化的发展

(C)有效促进公共关系事业的发展　(D)有利于企业利润的增长

39. 公关专题活动策划小组完整的工作步骤可以归纳为5句话20个字:分头调研、共享信息、独立思考、(　　)、专人提炼。

(A)头脑风暴　(B)小组讨论　(C)撰写报告　(D)分工安排

40. (　　)是把发生在不同地区或部门的性质相似又各有特点的事件综合起来,从不同侧面阐明一个共同的主题思想。

(A)综合新闻　(B)动态新闻　(C)评述性新闻　(D)经验性新闻

41. 策划会议的组织者对会议的准备工作不包括(　　)。

(A)印发议程　(B)拟定好出席人员

(C)提前发出会议通知　(D)对会议下定论并编写成册

42. 一般会议都要安排(　　),为与会者的发言作记录并协助整理归档。

(A)主持人　(B)记录员　(C)发言者　(D)组织者

43. (　　)是调查所要解决的问题。

(A)调查目的　(B)调查对象　(C)调查项目　(D)调查提纲和调查表

44. 大型活动预算项目中,交通运输费、差旅费、办公费等行政开支或代付费用属于(　　)。

(A)宣传费用　(B)项目开支　(C)劳务费　(D)礼仪费用

45. 一个完整的大型活动策划案,应该设计一个评估标准。下列选项中,(　　)不属于设计评估标准的原则。

(A)客观性　(B)赢利性　(C)明确性　(D)准确性

46. 活动现场的吉祥物、标志、标语,能够反映出大型活动的(　　)。

(A)规模　(B)地点　(C)主题　(D)人数

47. 下列选项中,(　　)不属于调查对大型活动策划的重要意义。

(A)调查为策划和策划决策收集各种必需的科学数据

(B)调查材料是策划创意灵感的重要源泉

(C)调查是政策要求

(D)调查有助于提高策划的成功值

48. 实际策划构思过程中,可以有多个主题供选择,应该以主题的急切性为标准加以筛选。急切性包含两重意思：一是时间概念；二是(　　)的适时性。

(A)内部沟通　(B)对外指导　(C)组织形式　(D)主题内容

49. 制定危机管理计划的真谛是(　　)。

(A)处理危机　(B)不让危机发生　(C)控制舆论　(D)消除危机

50. 企业或社会组织要防范危机、正确处理危机，必须建立(　　)，致使每个人都成为不带标签的公共关系危机处理专家。

(A)全员危机管理意识　(B)正确的危机管理意识

(C)规范的危机管理意识　(D)系统危机管理意识

51. 危机应急计划的有效性取决于危机预测的(　　)。

(A)准确性　(B)时效性　(C)前瞻性　(D)权威性

52. 下列选项中，(　　)不属于对危机事件预测的方法。

(A)直观预测法　(B)探测预测法　(C)逆反预测法　(D)反馈预测法

53. 所谓(　　)，是指企业或社会组织通过发布与危机有关的信息，尽量减少损失，及早控制事件避免其向不利方向发展，稳定受害人员及其亲属的情绪。

(A)应对媒体　(B)借助媒体　(C)搪塞媒体　(D)对抗媒体

54. 危机发生时，企业应尽快通过(　　)向记者提供相关信息。

(A)企业高层负责人　(B)危机管理主要负责人

(C)危机处理新闻中心　(D)第三方

55. 现代组织形象管理，一般首先应该确立"(　　)促营销力"的组织形象管理目标。

(A)号召力　(B)公关宣传　(C)准确定位　(D)形象力

56. 下列选项中，(　　)不属于对组织形象研究和评估的基本环节。

(A)自我期望形象的调查　(B)其他组织形象的调查

(C)实际社会形象状态的调查　(D)形象差距的分析比较

57. (　　)是指特定社会中的人们对于某一问题所公开表达的具有某一致性的议论或意愿。

(A)读者来信　(B)社会话题　(C)公众舆论　(D)动机

58. 调查对象在表达对组织的意见时，不同的调查对象具有不同的强烈程度，用指标体系表示出来，叫做(　　)。

(A)舆论量度指标　(B)舆论监控指标　(C)舆论强度指标　(D)舆论覆盖指标

59. 20 世纪 60 年代中期，随着美国未来学家奈斯比特在(　　)成立"都市研究公司"并对 206 种大都市报纸进行系统的内容分析，媒介舆论的跟踪与监测发展成一种正式的、程序化的方法。

(A)芝加哥　(B)西雅图　(C)丹佛　(D)旧金山

60. (　　)有利于提高公共关系部工作和活动经费的资金利用效能。

(A)固定比率法　(B)投资报酬法

(C)竞争对比法　(D)目标先导法

二、多项选择题(61—100 题,每题 1 分,共 40 分,每题有多个答案正确,错选、少选、多选均不得分)

61. 公共关系的构成要素是(　　)。
(A)社会组织　(B)媒介　(C)公众　(D)传播

62. 按照组织对公众的价值判断,可将一个组织的公众划分为(　　)。
(A)受欢迎公众　(B)不受欢迎公众
(C)被追求公众　(D)边缘公众

63. 中国公关事业发展大致可以分为 3 个阶段,其中,在适应和发展时期出现的热点包括(　　)。
(A)美国最大的国际性公关公司之一——伟达公关公司在北京设立办事处
(B)以中国公关协会成立为标志的行业性网络开始出现
(C)以电视剧《公关小姐》的播放为契机而引发的公关职业潮
(D)以中国国际公共关系协会为纽带的国际性职业市场的开辟

64. 格鲁尼格在其代表作《公共关系管理》一书中,提出了公共关系实践的模式有(　　)。
(A)新闻代理模式　(B)公共信息模式
(C)双向非对称模式　(D)双向对称模式

65. 下列选项中,表述正确的有(　　)。
(A)英国人忌用黄玫瑰为礼　(B)埃塞俄比亚人忌用蓝色
(C)德国人忌兰花　(D)印度人忌用荷花

66. 社交礼仪类公关文书的撰写,欢迎词、欢送词、答谢词的写作一般由(　　)组成。
(A)导语　(B)标题　(C)称呼　(D)正文

67. 海报的结构一般可以分为(　　)3 部分。
(A)标题　(B)正文　(C)署名与日期　(D)落款

68. 一名合格的公关活动主持人应具备的素质有(　　)。
(A)高尚的道德情操　(B)丰富的知识构架
(C)美丽的容颜　(D)良好的表现能力

69. 处理公众投诉的规则之一是要选择最佳时机处理公众意见,及根据公众的态度、意见内容、动机和要求,选择不同的处理时机,主要包括(　　)。
(A)先发制人　(B)当即答复　(C)置之不理　(D)推迟答复

70. 危机发生过程的初期、稳定期、抢救期和末期 4 个阶段是(　　)。
(A)危机处理的原则　(B)危机的生命周期
(C)危机处理的分期　(D)危机处理的程序

71. 一条适用的新闻稿要符合的基本条件有(　　)。
(A)真实正确　(B)具有新闻价值　(C)骇人听闻　(D)简练生动

72. 一般来说,在制作新闻标题时,要掌握的标准有(　　)。

(A)字数越少越好
(B)在表现同样内容的情况下,字句简单、浅易的比复杂、艰涩的好
(C)具体形象的比抽象概括的好
(D)具有广泛兴趣的比专业性强的好

73. 宣传页的意义有(　　)。
(A)"号外"的价值和功能　(B)时效性强
(C)培植组织文化　(D)可信度高

74. 内部刊物的功能可以概括为(　　)。
(A)传播信息　(B)培植组织文化　(C)交流工作经验　(D)丰富员工生活

75. 下列选项中,(　　)是杂志封面不可缺少的要素。
(A)杂志名称　(B)序号　(C)主办者　(D)价格

76. 按工作职责划分,要维持一个内部刊物的正常运行,需要(　　)。
(A)文字编辑　(B)美术编辑　(C)记者　(D)通讯员

77. 一个调查方案的优劣,可以从不同的角度来评价,主要有(　　)。
(A)方案设计是否准确地体现调查的目的和要求
(B)方案是否科学、完整,并且便于实际操作
(C)方案能否使调查的质量比以往有所提高
(D)方案能否使调查的费用最低

78. 公共关系外部调查主要是对组织所处的各类环境的调查,包括(　　)。
(A)经济环境　(B)政治环境　(C)科技环境　(D)竞争环境

79. 公共关系评估的重要作用主要表现在(　　)。
(A)评估是改进公共关系工作的重要环节
(B)评估能正确获得活动参加人数
(C)评估能有效地鼓舞士气
(D)评估是开展后续公共关系工作的必要前提

80. 根据调查的组织形式不同,可以分为(　　)。
(A)访谈调查　(B)统计调查　(C)专门调查　(D)预测性调查

81. 科学地设计调查方案,必须遵守的基本原则有(　　)。
(A)实用性原则　(B)实效性原则
(C)经济性原则　(D)一定弹性原则

82. 审核,是对调查资料进行审查和核实的工作,要遵循的原则包括(　　)。
(A)真实性原则　(B)标准性原则
(C)准确性原则　(D)完整性原则

83. 对调查资料分类时必须遵循的原则有:(　　)。
(A)统一性原则　(B)完备性原则
(C)显著性原则　(D)互斥性原则

84. 描述性统计分析是指用统计表或统计指标的形式反映调查对象的基本特征与相互关系的一种统计方法，包括(　　)。
(A)变量分布的分析　(B)集中趋势的分析
(C)离散趋势的分析　(D)相关分析
85. 创意的主要特征包括(　　)。
(A)是主题创作性的发展　(B)要与策划的基本要素相适应
(C)是吸纳、提炼创造性劳动过程　(D)具有鲜明的个性
86. 一个优秀的大型活动策划方案既要有新意，也要便于实施。这体现了大型活动策划的(　　)原则。
(A)创新性　(B)原则性　(C)灵活性　(D)可操作性
87. 策划小组的成员，要有较高的素质，尤其是要具有专业知识，熟悉情况，具备(　　)。
(A)逻辑概括能力　(B)策划能力
(C)创新意识　(D)较好的表达能力
88. 下列选项中，(　　)属于大型活动预算项目中的保安费。
(A)保卫工作　(B)安全设施　(C)场地布置　(D)保健项目
89. 大型活动项目评估标准可分为(　　)。
(A)项目过程评估　(B)目标成果评估
(C)制作成果评估　(D)信息传播效果评估
90. 下列关于大型活动主题的描述中，正确的有(　　)。
(A)主题是一项大型活动向公众诉求的中心思想
(B)主题是主宰大型活动的灵魂
(C)主题设计是影响大型活动成效的重要因素
(D)主题的表现形式较为单一，一般为一句口号
91. 一个优秀的大型活动的主题设计应该符合的原则有(　　)。
(A)大型活动的主题与目标相一致　(B)主题必须富于特点
(C)主题设计既要适应公众心理，又要促进公众心理进步
(D)主题要易于传播
92. 一个公关专题活动方案正式拟定之后，履行必要的审批工作程序是必要和必需的。原因有(　　)。
(A)审批过程是组织者自发进行的　(B)审批过程是行政管理的法定措施
(C)审批过程是将策划方案放入全局环境中进行宏观的可行性研究的过程
(D)审批过程是政策把关的过程
93. 制定危机管理计划的目的是(　　)。
(A)预防危机发生　(B)减少危机损失
(C)使抢救工作忙而有序　(D)维护声誉、抓住机遇

94. 全员危机管理意识的内容包括(　　)。
(A)人人了解危机　(B)人人都能在危机来临时冲锋陷阵
(C)人人知晓危机处理的程序　(D)人人认识危机管理的重要意义

95. 企业或组织出现危机后,往往会制定危机传播计划,旨在(　　)。
(A)维护声誉　(B)消除误解　(C)声明自己清白　(D)告知大众

96. 国外危机管理专家总结的危机中沟通的原则包括(　　)。
(A)控制事态　(B)开诚布公,勇于承担责任
(C)表示同情与关心　(D)采取积极行动

97. 公共关系人员实施对组织形象监测调控时,应重视对公众的(　　)。
(A)质量诉求　(B)服务诉求　(C)实力诉求　(D)开发创新诉求

98. 按舆论分布的区域和公众人数多少,一般把舆论标志分为(　　)。
(A)主导舆论　(B)分支舆论　(C)次舆论　(D)微舆论

99. 公共关系部在组织管理中的作用主要表现在它是(　　)。
(A)组织的内线　(B)组织的信息管理部
(C)组织的策划参谋部　(D)组织的宣传部和外交部

100. 目标导向法是公共关系部进行经费预算时使用的一种方法。下列选项中,(　　)正确描述了目标导向法的缺点。
(A)客观性不够　(B)操作的难度比较高
(C)缺乏弹性
(D)如果预测不够科学、准确,就可能出现超支或浪费

公关理论知识模拟试卷(二)

一、单项选择题(1—60题,每题1分,共60分。每小题只有一个最恰当的答案)

1. 公共关系的客体是(　　)。
(A)组织　(B)客户　(C)公众　(D)媒体

2. 按照组织对公众的(　　)判断,可将一个组织的公众划分为受欢迎公众、不受欢迎公众和被追求公众。
(A)价值　(B)重要程度　(C)稳定性　(D)认同感

3. 公共关系"四步工作法"中的(　　),不仅是改进公共关系工作的重要环节,还是检验公共关系工作成效的必要步骤。
(A)调查　(B)策划　(C)实施　(D)评估

4. 美国博雅公关公司与中国新华通讯社合作,在中国大陆成立的是(　　)公共关系公司。
(A)伟达　(B)蓝色光标　(C)环球　(D)迪思

5. 公共关系之父是(　　)。
(A)巴纳姆　(B)艾维·李　(C)爱德华·伯内斯　(D)格鲁尼格

6. 公共关系工作者开展活动首先要注重(　　)。
(A)组织效益　(B)经济效益　(C)公众效益　(D)社会效益

7. (　　)色在日本象征不祥。
(A)绿　(B)黄　(C)黑　(D)蓝

8. 在双边会谈时,多采用长方形桌子。在这种情况下,可以以正门为准,主人占(　　)一侧。
(A)背门　(B)面向门　(C)中间　(D)都可以

9. 作为一名主持人,(　　)是其智慧、机智、性格、心理素质等诸多因素的综合体现。
(A)协调能力　(B)应变能力　(C)表达能力　(D)领悟能力

10. 在处理公众投诉时,根据公众的态度、意见、动机和要求,要选择不同的处理时机。如果公关人员无法给予公众满意的答复时,应该采取(　　)策略。
(A)当即答复　(B)不予理睬　(C)推迟答复　(D)上报主管领导

11. 在组织的外部公众中,(　　)是公共关系人员赖以实现公共关系目标的重要手段。
(A)消费者公众　(B)社会公众　(C)政府公众　(D)媒介公众

12. 公共关系人员实现其工作目标的重要手段是开展(　　)。
(A)消费者关系　(B)媒介关系　(C)股东关系　(D)社区关系

13. 制定用户关系计划的根本目的是为了(　　)。
(A)保持并增加用户数量　(B)树立公司的良好形象

(C)取得更大的利润　　　　　　(D)开拓市场

14. 当双方见面交流时,有一方处于主动地位,另一方处于被动地位,这被称为(　　)。

(A)会见　　(B)双边会谈　　(C)多边会谈　　(D)会议

15. 与西方人交谈有"七不问":年龄、婚否、收入、住址、经历、信仰和(　　)。

(A)爱好　　(B)理想　　(C)工作　　(D)成就

16. (　　)是新闻传播过程的最终把关人。

(A)记者　　(B)读者　　(C)编辑　　(D)政府

17. 与新闻简洁、注重时效性的特征相适应,新闻发布会的礼节最大的特点是(　　)。

(A)时间短　　(B)周到　　(C)铺陈　　(D)简单

18. 用(　　)的言辞发布信息是新闻发布会最简约、最有力的言辞手段和最得体的礼仪。

(A)肯定　　(B)对比　　(C)直接　　(D)含义丰富

19. 处于上升期或者起点比较高的组织机构赋予内部刊物的一个重要职能是(　　)。

(A)传播信息知识　　　　(B)培植组织文化

(C)交流工作经验　　　　(D)丰富员工生活

20. 企业报纸周期长,很难保证新闻的时效性,就要找(　　)。

(A)新起点　　(B)突出点　　(C)重要点　　(D)最近点

21. 内部刊物最重要的发行对象是(　　)。

(A)员工　　(B)股东　　(C)客户　　(D)上级部门

22. (　　)的使用标志着组织机构开始告别封闭的生存模式,步入开放式的运营轨道。

(A)企业报纸　　(B)内部杂志　　(C)宣传单　　(D)对外宣传册

23. 公关员的待人处世是组织行为的一个重要组成部分。一般而言,(　　)的态度是成功交流的法宝。

(A)执著　　(B)礼貌　　(C)诚恳　　(D)直率

24. 按照报道计划展开的、对一个时期报道所作的总体安排,属于(　　)。

(A)专题计划　　(B)阶段性计划　　(C)短期计划　　(D)长期计划

25. 调查目的应该集中于(　　)最需要解决的主要问题上。

(A)消费者　　(B)调查对象　　(C)上司　　(D)调查组织者

26. 在对调查方案将进行可行性评估时,通过选取少量对象来发现问题的方法属于(　　)。

(A)逻辑分析法　　(B)经验判断法　　(C)试点调查法　　(D)抽样调查法

27. 在公共关系的整个流程中,(　　)控制着公共关系实践的每个活动及环节。

(A)调查　(B)策划　(C)实施　(D)评估

28. 在对公共关系工作实施过程进行评估时,对于接触相关信息的公众数量进行评估,应采用(　　)的方式。

(A)评估人员直接观察　(B)对实施者和实施对象进行调查

(C)分析各种汇报资料　(D)以上3种的综合运用

29. 按照(　　)分类,调查可分为统计调查和专门调查。

(A)组织形式　(B)项目层次

(C)调查对象的范围　(D)调查的深度

30. 如果对所需要调查的问题不大清楚,无法确定需要调查哪些具体内容时,则采用(　　)调查。

(A)探测性　(B)描述性　(C)因果性　(D)预测性

31. (　　)是评价调查方案优劣的首要指标。

(A)时效性　(B)实用性　(C)经济性　(D)一定的弹性

32. (　　)是固定的因素,不因其他因素的影响而变化。

(A)因变量　(B)中介变量　(C)自变量　(D)活动变量

33. 在收集资料后集中时间进行审核,称为(　　)。

(A)实地审核　(B)系统审核　(C)收集审核　(D)深入审核

34. 在统计分析中,变量分布的分析、集中趋势的分析、离散趋势的分析等都属于(　　)分析。

(A)推断性　(B)趋势性　(C)猜测性　(D)描述性

35. 公共关系社会形象即社会公众对组织的实际评价,可以通过组织形象地位图来表示,其中高美誉度、低知名度应在(　　)表示。

(A)A区　(B)B区　(C)C区　(D)D区

36. 资料整理的第二步是分类,分类的关键在于选择和确定分类标准。其中,反映事物性质差异的标准属于(　　)标准。

(A)数量　(B)质量　(C)品质　(D)程序

37. 由于大型活动具有高投资性的特点,因此大型活动的策划要十分重视(　　)原则。

(A)实效性　(B)科学性　(C)社会性　(D)创新性

38. 策划小组的工作步骤可以归纳为五句话:分头调研、共享信息、(　　)、小组讨论、专人提炼。

(A)收集资料　(B)独立思考　(C)进行取证　(D)进行筛选

39. 编制预算时常常要编制一项不可预算的费用,以进行应急准备,一般以活动费用总额的(　　)计算。

(A)1%～3%　(B)3%～5%　(C)5%～10%　(D)15%

40. 在大型活动项目标准中,属于项目过程评估的是(　　)。

(A)了解信息情况评估　　(B)大众传播媒介报道效果的评估
(C)信息传播效果的评估　　(D)活动参加人数的评估

41. 大众传播媒介刊出信息次数×可接触的人数总和=(　　)。
(A)报道工作的评估　　(B)媒介报道成果的评估
(C)报道成本的传播　　(D)公众接触信息的成果评估

42. 在实际策划构思过程中,可以有多个主题供选择。"以哪个为首选"应该是以主题的(　　)为标准。
(A)急切性　　(B)重要性　　(C)可行性　　(D)创新性

43. 大型活动主题设计既要适应公众心理,又要注重对公众心理进步起到(　　)的作用。
(A)管理　　(B)轰动　　(C)刺激　　(D)促进

44. 在大型活动策划中,(　　)是一项大型活动向公众诉求的中心思想。
(A)目标　　(B)效果　　(C)主题　　(D)操作设计

45. 在对大型活动进行构思时,通过对过去案例的回顾而激发新的构思的方法称为(　　)。
(A)头脑风暴法　　(B)案例排列法　　(C)程序模拟法　　(D)演绎法

46. 现代策划被视为一项知识密集、技术密集、人才密集的高新技术产业,因此要本着(　　)的原则进行策划。
(A)社会性　　(B)可操作性　　(C)科学性　　(D)创新性

47. 众多人参与的社会活动是大型活动定义的基本条件,要算得上大型,除了要具备活动参加人数多的条件,还要具备(　　)的条件。
(A)影响广泛　　(B)引人注意　　(C)紧跟时代　　(D)活动社会化

48. 举办大型活动的必要性,在于其具备(　　)特点。
(A)高参与性　　(B)广泛的社会传播性
(C)严密的操作性　　(D)高投资性

49. 当危机发生时,在社区公众中,(　　)是沟通协调的首要对象。
(A)意见领袖　　(B)社区团体　　(C)居委会　　(D)社区成员

50. 在危机处理过程中,应对新闻界的态度不包括(　　)。
(A)合作　　(B)自信　　(C)主动　　(D)公正

51. 制定危机管理计划的真谛是(　　)。
(A)处理危机　　(B)避免危机　　(C)弱化危机　　(D)减少损失

52. 危机应急计划的有效性取决于(　　)。
(A)危机处理的反应速度　　(B)危机计划的针对性
(C)危机预测的准确性　　(D)危机处理的合理性

53. (　　)是危机管理的重头戏。
(A)危机传播计划　　(B)危机应急计划

(C)危机长期计划 (D)危机短期计划

54. 在预测可能发生的危机时,把未来的状况作为限制条件,并与目前的现实状况进行比较,从而推测未来的方法是( )。

(A)直观预测法 (B)探索预测法

(C)反馈预测法 (D)规范预测法

55. ( )是组织形象有效管理的前提条件。

(A)组织自我期望 (B)外部公众对组织的期望

(C)组织的实际社会形象 (D)管理者对组织的形象差距的认同程度

56. 公众舆论的指标类别中,舆论的公众数量和公众分布是指( )指标。

(A)强度 (B)经度 (C)纬度 (D)量度

57. 在对公共关系部工作的活动经费进行预算时,如果把公共关系部门和市场营销部、广告部等放在同样的位置上,根据同等资金投入获得同等报酬的原则进行预算,则说明采用的是( )。

(A)固定比率法 (B)投资报酬法

(C)量入为出法 (D)利弊权衡法

58. 组织的公共关系部门为了及时和组织决策层联系,了解组织的战略目标,( )人员要发挥其重要作用。

(A)专业型 (B)综合型 (C)管理型 (D)技术型

59. 组织形象的有效管理,关键还在于对组织形象的( )和监测调控。

(A)准确定位 (B)清醒认识 (C)期望高度 (D)有效塑造

60. 组织形象与公众之间诉求点中,( )是通过强调开发意识来表达组织精神、展示组织形象的。

(A)实力诉求 (B)开发创新诉求

(C)服务诉求 (D)社会责任诉求

二、多项选择题(61—100题,每题1分,共40分,每题有多个答案正确,错选、少选、多选均不得分)

61. 公共关系的构成要素有( )。

(A)组织 (B)媒介 (C)公众 (D)传播

62. 作为公共关系活动的对象,公众一般具有的特征有( )。

(A)广泛性与整体性 (B)相关性与共同性

(C)多样性与多维性 (D)确定性与变化性

63. 公共关系调查主要包括( )。

(A)组织的形象调查 (B)公众的舆论调查

(C)竞争者的调查 (D)开展公共关系活动的条件调查

64. 有关公共关系的叙述正确的有( )。

(A)公共关系是一种管理职能

(B)公共关系是一种经营管理艺术
(C)公共关系是组织对内外传播方式的总和
(D)公共关系是人际关系的一种延伸

65. 行致意礼时的顺序正确的有(　　)。
(A)下级向上级致意　(B)男性长者向女性小辈致意
(C)女性下级向男性上级致意　(D)幼者向长者致意

66. 公共关系活动中,主持人应具备的素质包括(　　)。
(A)高尚的道德情操　(B)丰富的知识构架
(C)良好的表现力　(D)稳定健康的心理素质

67. 股东关系的公众对象主要有(　　)。
(A)股东　(B)员工　(C)董事会　(D)金融专家

68. 公众常见的投诉意见包括(　　)。
(A)偏见　(B)借口　(C)真诚的意见　(D)成见

69. 下列有关指示性通知的叙述中正确的有(　　)。
(A)用于上级对下级　(B)表明有关人员的职务
(C)其内容不适于用“命令”发布　(D)清楚地写明通知事项

70. 演讲前的准备工作包括(　　)。
(A)明确演讲范围　(B)做好宣传工作
(C)布置演讲场地　(D)接待演讲嘉宾

71. 新闻发布会程序的特点有(　　)。
(A)时间简短　(B)条理清晰　(C)节奏明快　(D)符合规范

72. 组织的内部刊物的功能包括(　　)。
(A)传播信息知识　(B)培植组织文化
(C)交流工作经验　(D)丰富员工生活

73. 企业报纸与正规报纸的区别在于(　　)。
(A)没有正式的刊号　(B)印刷周期不固定
(C)不能对外发行　(D)编排格式不同

74. 内部刊物的发行渠道包括(　　)。
(A)组织的内部通讯员　(B)报刊摊位
(C)展销会　(D)推销员发行到客户

75. 相对于对外宣传页,对外宣传册的突出特点包括(　　)。
(A)反映更全面　(B)注重立竿见影的效果
(C)图文并茂　(D)用途专一

76. 下列关于新闻发布会的叙述中正确的有(　　)。
(A)是一种信息传播活动　(B)开展政府关系的重要途径
(C)是为了全面控制舆论　(D)是新闻发布形式的典型形式

77. 调查表一般由(　　)几部分组成。
(A)表眉　(B)表头　(C)表体　(D)表脚
78. 在制定调查总体方案中,搜集调查资料的方式包括(　　)。
(A)普查　(B)重点调查　(C)典型调查　(D)抽样调查
79. 对公众信息的调查包括(　　)。
(A)公众构成的调查　(B)公众需求的调查
(C)公众认知的调查　(D)公众态度的调查
80. 对调查资料进行审核的原则包括(　　)。
(A)真实性　(B)标准性　(C)规范性　(D)普遍性
81. 按照调查的空间层次分类,可分为(　　)。
(A)地区性调查　(B)省际调查　(C)临时调查　(D)国际调查
82. 对调查资料进行分类要遵循(　　)的原则。
(A)详尽性　(B)互斥性　(C)完备性　(D)显著性
83. 关于公众舆论的叙述中正确的有(　　)。
(A)是一种意见　(B)是危机的前奏
(C)是一种评论　(D)具有广泛的影响力
84. 下列关于访谈法的叙述中正确的有(　　)。
(A)是调查者与调查对象相互影响的过程
(B)目的是获得有价值的信息资料
(C)是一种口头交流式的调查方法
(D)重在调查者的倾听
85. 公共关系大型活动具有(　　)的特点。
(A)鲜明的目的性　(B)广泛的社会传播性
(C)严密的操作性　(D)高投资性
86. 大型活动要符合社会总体的要求,具体包括(　　)。
(A)政策的要求　(B)社会热点的要求
(C)传统习惯的要求　(D)伦理道德的要求
87. 大型活动虽然有许多制约因素,但是也拥有许多不可替代的社会作用,包括(　　)。
(A)创造强烈的社会传播效果
(B)有力促进了社会文化的发展
(C)有效促进公共关系专业技术的提高
(D)有效促进了企业的发展
88. 编制预算是公关从业人员一项基本管理职能,具有(　　)的作用。
(A)有利于做到计划开支　(B)有利于成本控制
(C)有利于活动后的评估　(D)工作计划表的作用

89. 大型活动评估标准的设计原则包括(　　)。
(A)客观性　(B)明确性　(C)现代性　(D)准确性
90. 调查对大型活动策划的重要意义包括(　　)。
(A)收集必需的科学数据　(B)便于审批
(C)是创意灵感的源泉　(D)提高策划的成功值
91. 下列关于公关专题活动的叙述中正确的有(　　)。
(A)围绕公关主题进行　(B)是一种集体行动
(C)诉求对象不能太具体　(D)注重形式与内容的协调
92. 大型公关活动策划的科学性原则是指(　　)。
(A)策划符合科学规范　(B)运用多学科的知识
(C)充分运用现代科学技术　(D)取得的最终效果具有科学论据支撑
93. 危机出现后召开的新闻发布会,其特别之处在于(　　)。
(A)统一媒介　(B)控制媒介　(C)借助媒介　(D)应对媒介
94. 制定危机管理计划的目的在于(　　)。
(A)预防危机发生　(B)减少危机损失
(C)使抢救工作忙而有序　(D)维护声誉,抓住机遇
95. 依据内容或工作的侧重点,危机管理计划可分为(　　)。
(A)危机长期计划　(B)危机应急计划
(C)危机短期计划　(D)危机传播计划
96. 关于危机的叙述中正确的有(　　)。
(A)是一种状态　(B)是一种精神产物
(C)是一种趋势　(D)是一种人为事件
97. 对组织形象的研究和评估包括的环节有(　　)。
(A)自我期待形象的调查　(B)实际社会形象状态的调查
(C)形象差距的比较分析　(D)对未来形象的改进策略
98. 公共关系部在组织管理系统中起着重要作用,它是组织的(　　)。
(A)信息管理部　(B)决策参谋部　(C)宣传部　(D)外交部
99. 组织中公共关系部门的开支包括(　　)。
(A)日常行政开支　(B)公关工作费用
(C)公关活动费用　(D)社交费用
100. 舆论标志表示的是某种社会舆论在整体上的(　　)。
(A)强度　(B)效度　(C)偏差度　(D)量度

公关理论知识模拟试卷(三)

一、单项选择题(1—60题,每题1分,共60分。每小题只有一个最恰当的答案)

1. 与公众舆论相比,公众的( )更为直接地影响着组织的生存和发展。
(A)态度倾向 (B)情感倾向 (C)价值倾向 (D)行为倾向

2. 广州白云山制药厂于( )成立公关部,开创了大陆企业公关实践的先河。
(A)1984年 (B)1985年 (C)1987年 (D)1991年

3. 大众传播是指( )通过大众传媒,将大量复制的信息传递给分散的公众。
(A)新闻编辑 (B)组织 (C)职业传播者 (D)新闻通讯社

4. 社会形象即社会公众对组织的实际评价,可以通过组织形象地位图来表示,其中高美誉度、低知名度应在( )。
(A)A区 (B)B区 (C)C区 (D)D区

5. 在制定危机管理计划的过程中,对待各种不同意见要( )。
(A)一团和气 (B)照单全收 (C)对事不对人 (D)坚决反对

6. 与新闻简洁、注重时效性的特征相适应,新闻发布会礼仪最大的特点是( )。
(A)时间短 (B)周到 (C)铺陈 (D)简单

7. 调查报告的( )主要介绍研究课题的基本情况。
(A)序言 (B)引言 (C)摘要 (D)正文

8. 请柬、聘书的标题一般写在其封面的( )位置。
(A)偏右 (B)偏左 (C)偏上 (D)正中

9. 组织的公共关系部门为了及时和组织决策层联系、了解组织的战略目标,( )人员要发挥其重要作用
(A)专业型 (B)综合型 (C)管理型 (D)技术型

10. 调查方案初步确定后,应对其进行必要的评估,首先要评价调查方案的( )。
(A)可行性 (B)完善性 (C)正确性 (D)合理性

11. 公共关系工作实施效果的评估标准不包括( )。
(A)注意到信息的公众数量 (B)改变观点、态度的公众数量
(C)达到的目标和解决的问题 (D)发生期望行为的公众数量

12. 由于大型活动具有高投资性的特点,因此大型活动的策划十分重视( )的原则。
(A)实效性 (B)科学性 (C)社会性 (D)创新性

13. 组织机构举行新闻发布会一般来说目标比较单一,往往一个主题作主线贯穿始终。这句话点明了新闻发布会( )的特点。
(A)条例清晰 (B)节奏明快 (C)符合规范 (D)结构完整

14. 危机发生后应以( )形式向业务往来单位通报正在或将要采取的各种对策和

措施。

(A)电话 (B)书面 (C)传真 (D)公文

15. 会前准备工作是策划成功的关键因素。会议的组织者在会前的准备工作不包括(　　)。

(A)印发议程 (B)拟定好出席人员

(C)提前发出会议通知 (D)对会议下定论并编写成册

16. 对外宣传册文字资料中的(　　),主要介绍组织的经营宗旨和价值观。

(A)综合信息 (B)机构特色 (C)管理水平 (D)组织文化

17. 大型活动的(　　)是按一定的目标要求,通过活动的各项内容所表达并予以传播的活动的中心思想。

(A)主题 (B)调查 (C)表现手法 (D)策划

18. 实验调查法包括事前事后对比实验和(　　)两种。

(A)不同地点对比实验 (B)控制组与实验组对比实验

(C)内外对比实验 (D)总体与个体对比实验

19. (　　)实验组设计,就是选择一批实验对象作为实验组,通过实验前后实验对象的变化来做出结论。

(A)前 (B)后 (C)单一 (D)对比

20. "众多人参与"是大型活动定义的基本条件,要算得上大型,除了要具备活动参加人数多的条件,还要具备(　　)的条件。

(A)影响广泛 (B)引人注意 (C)紧跟时代 (D)活动社会化

21. 原稿在思想、事实、辞章等方面都没什么问题,但出于报纸的某些特定要求,还需要一些调整和修改,这被称为(　　)修改。

(A)相对性 (B)绝对性 (C)局部性 (D)文字性

22. 主持人是策划会成功的一个关键因素,(　　)不是主持人份内的工作。

(A)告知会议的目的 (B)引导与会者发言

(C)保持活泼的气氛 (D)打断与会者发言

23. 酒会亦称(　　),招待品以酒为主,因此得名。

(A)冷餐会 (B)鸡尾酒会 (C)自助餐会 (D)舞会

24. (　　)是指对组织的政策和行为采取支持与赞赏态度,常常与组织协作的公众。

(A)顺意公众 (B)受欢迎公众 (C)被追求公众 (D)友好公众

25. 企业内部刊物的发行渠道不包括(　　)。

(A)内部渠道 (B)外部渠道 (C)展览会 (D)订阅

26. 调查问卷中封闭式问答的优点是(　　)。

(A)可以充分自由地发表个人见解 (B)可以用于探索性研究

(C)回答标准化,可比性强 (D)有利于弄清被调查者内心活动过程

27. 公共舆论的强度指标是指公众所表示的意见、态度和(　　)的强烈程度。

(A)行为 (B)价值 (C)动机 (D)观点

28. 头脑风暴法是通过联想进行构思的方法,其核心是( )。
(A)保持一定的"度" (B)组员的默契与配合
(C)高度自由的联想 (D)明确的目的性

29. 处理危机时,如果新闻报道与事实不一致,组织应当( )。
(A)不与记者计较 (B)不作反应
(C)及时指出并要求更正 (D)起诉有关人员

30. "公共关系"一词在书面上最早出现在( )中。
(A)《舆论明鉴》 (B)《原则宣言》
(C)《公共关系与法律职业的责任》 (D)《铁路文献年鉴》

31. 现代组织形象管理,一般首先应该确立"( )促营销力"的组织形象管理目标。
(A)生产力 (B)形象力 (C)宣传力 (D)吸引力

32. 新闻标题以( )的文字标出新闻最有价值的内容。
(A)最概括 (B)最生动 (C)最形象 (D)最简短

33. 所谓中型调查,在( )上,不仅涉及本单位的某些问题,而且涉及本社区和一些外部的问题,但尚未达到对某一些问题的全方位调查。
(A)规模 (B)性质 (C)深度 (D)概念

34. 公共关系的构成要素是( )。
(A)组织、公众、传播 (B)组织、公众、沟通
(C)调查、策划、实施 (D)咨询、策划、实施

35. 举行多边会谈时,座位应摆放成( )。
(A)圆形 (B)圆形或方形 (C)方形 (D)三角形

36. 所谓( ),是指企业或社会组织通过发布与危机有关的信息,尽量减少损失,及早遏制事件向不良方向发展,稳定受害人员及其亲属的情绪。
(A)应对媒介 (B)引导媒介 (C)控制媒介 (D)借助媒介

37. ( ),是世界上第一部公共关系职业道德准则制定时间。
(A)1946年 (B)1954年 (C)1955年 (D)1989年

38. 面对记者的询问电话,应要求其从( )获取有关信息。
(A)企业高层负责人 (B)危机主要负责人
(C)危机处理新闻中心 (D)第三方

39. ( )是企业生存和发展的基地。
(A)员工 (B)股东 (C)社区 (D)媒体

40. 每个组织的( )都应有人负责处理消费者关系。
(A)基层 (B)中层 (C)管理层 (D)决策层

41. ( )可以承担反映组织机构全貌的重任。
(A)直接促销 (B)推展口碑 (C)记者招待会 (D)对外宣传册

42. 新闻发布会礼仪规范的核心是(   )。
(A)规范 (B)热情 (C)谨慎 (D)真诚
43. 欢迎词、欢送词、答谢词的结构,一般由标题、(   )和正文3部分组成。
(A)称呼 (B)副标题 (C)附文 (D)敬语
44. 1882年,美国律师伊顿在耶鲁大学的演讲中,首次使用了(   )这一概念。
(A)公共关系 (B)公共事务 (C)新闻代理 (D)公共信息
45. (   )是指人们应对偶发事件的能力。
(A)协调能力 (B)表现能力 (C)表达能力 (D)应变能力
46. 公共关系评估在公关活动的实施过程中发挥着(   )作用。
(A)指导 (B)协调 (C)监控 (D)制约
47. 某单位举办的元宵灯会由于忽略了安全措施,结果拥挤的人群发生踩踏,造成多人伤亡。这一事例反映了大型活动(   )的特点。
(A)鲜明目的性 (B)广泛的社会传播性
(C)严密操作性 (D)高投资性
48. 20世纪60年代中期,美国人(   )在芝加哥成立"都市研究公司"对大都市报纸进行内容分析,使新闻媒介舆论的跟踪与监测成为一种正式的、程序化的方法。
(A)史蒂芬·霍金 (B)奈斯比特
(C)迈克尔·克切顿 (D)威尔·史密斯
49. (   )是从企业一定时期内产值或销售额中拿出一定比例的资金作为公共关系工作的费用。
(A)固定比率法 (B)投资报酬法
(C)竞争对比法 (D)目标先导法
50. 按照国际交往礼节,外宾参观访问时一般都由身份(   )的人员陪同。
(A)稍高 (B)稍低 (C)相当 (D)最高
51. 在任何时候,特别是在危机期间,(   )对保护企业的声誉起着决定性的作用。
(A)媒介 (B)意见领袖 (C)消费者 (D)企业员工
52. 处于上升期或者起点比较高的组织机构赋予内部刊物的一个重要职能是(   )。
(A)传播信息知识 (B)培植组织文化
(C)交流工作经验 (D)丰富员工生活
53. (   )不属于公共关系工作实施过程的评估方式。
(A)评估人员的直接观察 (B)分析各种汇报资料
(C)对实施者和实施对象进行调查 (D)计算千人成本
54. 策划会是现代策划的一种重要形式,日本专家列出了一张会议成本清单,即会议成本 $=2A\times B\times C$,其中的 C 是指(   )。
(A)出席人数 (B)与会者经常中断工作的损失

(C)会议时间　(D)全体员工工资的3倍

55. 市场营销部主要面对社会公众中的(　　)。

(A)新闻媒介公众　(B)政府公众　(C)消费者公众　(D)社区公众

56. 在统计分析中,变量分布的分析、集中趋势的分析、离散趋势的分析等都属于(　　)分析。

(A)推断性　(B)趋势性　(C)猜测性　(D)描述性

57. 指导语是调查问卷中的重要组成部分,是(　　)。

(A)用来争取调查者的合作　(B)用来交代调查者的身份

(C)问卷的主体　(D)用来指导被调查者填写问卷的说明

58. 企业报纸一般(　　)正式的出版刊号。

(A)具有　(B)没有　(C)一些有一些没有　(D)多数没有

59. 调查表一般由表头、表体和(　　)3部分构成。

(A)调查项目　(B)表脚　(C)栏号　(D)计量单位

60. 在涉外场合中,向外方介绍情况的介绍人应由中方(　　)担任。

(A)身份最高者　(B)身份最低者

(C)身份适中者　(D)上述3者均可

二、多项选择题(61—100题,每题1分,共40分,每题有多个答案正确,错选、少选、多选均不得分)

61. 常见的公众投诉原因是(　　)。

(A)借口　(B)出于无聊　(C)偏见或成见　(D)真诚的意见

62. 安排组织领导与员工沟通需要向员工介绍(　　)。

(A)组织运作情况　(B)组织决策的做出情况

(C)组织对手的情况　(D)组织历史

63. 社区是指人们共同生活的一定区域,如(　　)等。

(A)村落　(B)城镇　(C)区　(D)街道

64. 海报的结构一般包括(　　)。

(A)标题　(B)正文　(C)署名　(D)日期

65. 组织面对新闻媒介的公众包括(　　)。

(A)新闻编辑　(B)新闻记者　(C)网络媒体　(D)电视台

66. 进行大型活动策划时要遵循社会性的原则,具体包括(　　)。

(A)政策的要求　(B)社会热点要求(C)传统习惯的要求　(D)伦理道德的要求

67. 社交场合中的名片需要注意的是(　　)。

(A)字数不宜太多　(B)头衔不宜太多

(C)名字字体最大　(D)头衔太多给人一种炫耀的感觉

68. 中国公共关系职业道德规范的执行包括(　　)。

(A)建立社会性道德评价机制　(B)建立自我道德评价机制

(C)开展公共关系道德教育　　　　(D)公共关系从业人员自我约束

69. (　　)属于大型活动预算中的项目支出费用。

(A)差旅费　　(B)交通运输费　　(C)展示费用　　(D)办公费等行政开支

70. 一个公关专题活动方案正式拟定之后,履行必要的审批工作程序是必要和必需的。原因有(　　)。

(A)审批过程是组织者自发进行的

(B)审批过程是行政管理的法定措施

(C)审批过程是将策划方案放入全局环境中进行宏观的可行性研究的过程

(D)审批过程是政策把关的过程

71. 公共关系的职能不包括(　　)。

(A)传播推广　　(B)舆论监督　　(C)舆论监测　　(D)文化教育

72. 国外危机管理专家总结的危机中沟通的原则包括(　　)。

(A)控制事态,开诚布公　　　　(B)勇于承担责任

(C)表示同情与关心　　　　(D)采取积极行动

73. 对外宣传册图像资料主要包括(　　)。

(A)工作现场图片　　　　(B)展示成就照片

(C)文化生活照片　　　　(D)社会评价

74. 美国学者出版的较为知名的公共关系理论著作包括(　　)。

(A)《原则宣言》　　　　(B)《公共舆论的形成》

(C)《公共关系管理》　　　　(D)《有效公共关系》

75. 大型活动预算的基本条件包括(　　)。

(A)调查数据　　　　(B)预测和估算费用来源

(C)市场行情调研　　　　(D)立项

76. (　　)属于大型活动的社会作用。

(A)带动社会经济的发展　　　　(B)创造强烈的社会传播效果

(C)有力促进社会文化的发展　　　　(D)有效促进公共关系专业技术的提高

77. 公共关系的实施是分析趋势、预测后果、履行一连串有计划的行动,以服务于(　　)的利益。

(A)公众　　(B)政府　　(C)本组织　　(D)非赢利组织

78. 大型活动的实施操作设计需要把握好:(　　)。

(A)平衡每个工作人员的劳动负荷

(B)给每个工作人员尽可能安排多个工作项目

(C)不安排一个人同时负责两个不同空间的工作

(D)时间安排到最小单位

79. 一个优秀的大型活动的主题设计应该符合的原则有(　　)。

(A)大型活动的主题与目标相一致

(B)主题必须富于特点
(C)主题设计既要适应公众心理,又要促进公众心理进步
(D)主题要易于传播

80. 预测危机的关键是认识事物发展的趋势与规律,其方法有(　　)。
(A)探索预测法　(B)直观预测法　(C)规范预测法　(D)反馈预测法

81. 对调查资料进行审核的原则包括(　　)。
(A)真实性　(B)标准性　(C)规范性　(D)普遍性

82. 常规访谈调查的设计,主要是要确定(　　)。
(A)访谈地点　(B)访谈强度　(C)访谈类型　(D)访谈记录方式

83. 突发性新闻发布稿包含的内容可以有(　　)。
(A)态度　(B)真相　(C)措施　(D)承诺

84. 专业性新闻发布稿的写作要求包括(　　)。
(A)体现个性　(B)突出效益　(C)做好"翻译"工作　(D)适当自我赞美

85. 评价一条新闻稿是否适用的标准包括(　　)。
(A)真实、正确　(B)具有新闻价值(C)符合报纸要求(D)简洁、生动

86. 为了搞好调查,公关人员应熟悉的法律知识包括(　　)。
(A)有关个人隐私的法律　(B)反不正当竞争法
(C)合同法　(D)广告法

87. 现代策划的特征包括(　　)。
(A)经验决策　(B)个人单一策划模式
(C)科学决策　(D)群体组合决策

88. 主持制定危机管理计划的组织工作主要包括(　　)。
(A)对危机管理小组成员进行分工　(B)监督执行情况
(C)审核危机预测分析报告　(D)论证危机处理程序和对策

89. 在欧美或东方一些国家关于数字的禁忌中涉及的数字包括(　　)。
(A)4　(B)7　(C)11　(D)13

90. 大型活动评估标准的设计原则包括(　　)。
(A)客观性　(B)明确性　(C)现代性　(D)准确性

91. 根据调查的深度分类,可以分为(　　)。
(A)探测性调查　(B)描述性调查　(C)因果性调查　(D)预测性调查

92. 对调查资料进行分类要遵循(　　)的原则。
(A)详尽性　(B)互斥性　(C)完备性　(D)显著性

93. 在对大型活动的信息传播效果进行评估时,可以评估公众(　　)。
(A)需求改变的情况　(B)了解信息的情况
(C)态度改变的情况　(D)行为改变的情况

94. 调查报告应该(　　)。

(A)资料准确无误 (B)充分利用图表
(C)用自然体例写作 (D)打印工整匀称

95. 大型活动策划的科学性原则是指(　　)。
(A)具有社会价值 (B)符合科学合理的原则
(C)能够产生经济回报 (D)应用现代科技成果

96. 公关评估方案的内容包括(　　)。
(A)评估的目标 (B)评估的程序
(C)评估的标准 (D)评估环境的分析

97. 在危机后期进行沟通协调时要注意(　　)。
(A)勇于承担责任 (B)为"战时"作好准备
(C)与专家交流评估危机处理的得失 (D)搜集所有反馈信息

98. 第一手新闻发布资料的价值在于(　　)。
(A)原始性 (B)轰动性 (C)说明性 (D)准确性

99. 公关人员需要理解的组织基本情况包括(　　)。
(A)创业历程 (B)知识构架 (C)道德情操 (D)管理方式

100. 关于公关专题活动的叙述中正确的有(　　)。
(A)围绕公关主题进行 (B)是一种集体行动
(C)诉求对象不能太具体 (D)注重形式与内容的协调

公关理论知识模拟试卷(四)

一、单项选择题(1—60题,每题1分,共60分。每小题只有一个最恰当的答案)

1.( )是创意思维的第二步。

(A)收集原始资料

(B)仔细阅读理解所收集的原始资料

(C)放开题目,放松自己

(D)对萌发的创意进行细致的修改、补充、锤炼、提高

2.问卷中,"您觉得我们的改革怎么样?"这一问题违背了问卷设计的( )要则。

(A)具体　(B)单一　(C)抽象　(D)复合

3.统计表的主词部分习惯上以( )次序编号。

(A)甲乙丙……　(B)一二三……　(C)123……　(D)(1)(2)(3)……

4.( )是公共关系工作的主要目的和重要方法。

(A)劝服　(B)引导　(C)协调　(D)操纵

5.对于调查者比较熟悉的受访者或事务繁忙的受访者,可以采用( )的提问。

(A)拐弯抹角　(B)直截了当　(C)旁敲侧击　(D)循循善诱

6.消息的结构,指的是消息中新闻材料的安排方式,也称( )方式。

(A)排序　(B)构思　(C)认识　(D)表达

7.统计表的( )一般写在表的左边。

(A)标题　(B)标目　(C)横标目　(D)总标目

8.下列关于内部刊物编写程序的描述中,正确的是( )。

(A)确定主题　采写　安排任务　修改、定稿　排版、印制

(B)安排任务　采写　修改、定稿　确定主题　排版、印制

(C)安排任务　确定主题　采写　修改、定稿　排版、印制

(D)确定主题　安排任务　采写　修改、定稿　排版、印制

9.( )是危机处理的第一件大事。

(A)成立危机管理小组　(B)深入现场、了解事实

(C)控制损失　(D)分析情况、确定对策

10.危机期间,对于政府部门、警察、环境保护机构、能源部门等的询问,应请组织( )。

(A)董事　(B)CEO　(D)新闻发言人　(D)高层领导

11.问卷一般最多不超过( )个问题。

(A)20　(B)25　(C)30　(D)35

12.调查方案的设计是从( )过渡到( )的开始。

(A)定性认识,定量认识　(B)定量认识,定性认识

(C)策划,实施　　(D)实施,评估

13.(　　)是新闻的开头,提炼新闻精髓并揭示主题。

(A)标题　　(B)导语　　(C)主体　　(D)结论

14.(　　)重于再现,往往用简约的笔墨集中而突出地描写某一重大事件中某个富有特征的片段或某些重要和精彩的场面。

(A)特写性新闻　　(B)动态新闻　　(C)评述性新闻　　(D)经验性新闻

15.(　　)重在报道某一方面的先进经验、成功做法或典型事例,为实际工作提供参照。

(A)特写性新闻　　(B)动态新闻　　(C)评述性新闻　　(D)经验性新闻

16.(　　)被称为"公共圣经"。

(A)《公共关系原理》　　(B)《有效公共关系》

(C)《原则宣言》　　(D)《舆论明鉴》

17.通知的标题一般不单独使用(　　)这一因素。

(A)发文机关　　(B)主送机关　　(C)事由　　(D)文种

18.危机处理的主要决定都在危机处理的(　　)环节完成。

(A)总结调查,吸取教训　　(B)深入现场,了解事实

(C)组织力量,有效行动　　(D)分析情况,确定对策

19.对出席公共关系活动人员的管理过程中,设计行走路线应尽量(　　)。

(A)单向　　(B)双向　　(C)重复　　(D)交叉

20.双坐标推展法是以(　　)作为横坐标。

(A)时间进程　　(B)活动程序

(C)工作任务划分　　(D)时间进程和活动程序

21.一般交往行(　　)次鞠躬礼。

(A)一　　(B)二　　(C)三　　(D)四

22.在访谈中,调查者要保持(　　)的态度,以确保资料的真实性。

(A)热情　　(B)礼貌　　(C)中立　　(D)冷淡

23.实施观察调查法的第一个步骤是(　　)。

(A)确定观察项目清单/观察表　　(B)制定观察提纲

(C)进入观察现场　　(D)做好观察记录

24.公共关系活动场地的选择与确定,首先要研究的是(　　)。

(A)场地的与活动的适应性　　(B)场地的特点

(C)场地的氛围　　(D)场地的物流供应

25.核查新闻发布资料准确性的检验路线是(　　)。

(A)信源—信道—信宿　　(B)信宿—信道—信源

(C)信源—信宿—信道　　(D)信宿—信源—信道

26.公关活动工作项目的分解工作就是将整个项目工作按照(　　)的原则进行不断

分解。

(A)最省钱 (B)最省事

(C)可以控制和可以交付执行 (D)分割到最小

27. 宣传页和宣传册要以(　　)为依据,确定一个宣传主题。

(A)组织目标 (B)本组织的公共关系目标

(C)本组织的运营目标 (D)本组织的销售目标

28. 危机期间,对于政府部门、警察、环境保护机构、能源部门等的询问,要用(　　)的语言来介绍危机处理的进展和控制情况。

(A)简短 (B)翔实 (C)谦卑 (D)肯定

29. 狭义的危机管理通常指对(　　)的处理过程。

(A)未发生的危机 (B)将发生的危机

(C)已发生的危机 (D)以上都不对

30. 甘特图以(　　)为纵坐标。

(A)工作项目 (B)工作任务开始执行的时间

(C)完成任务的时间 (D)工作负荷

31. 对出席公共关系活动人员管理的首要原则是(　　)。

(A)适用性 (B)安全性 (C)灵活性 (D)可行性

32. 宣传页传播的是组织的(　　)。

(A)商品信息 (B)广告 (C)信誉 (D)喜讯

33. 双向坐标推展法是以(　　)作为纵坐标。

(A)时间进程 (B)活动程序

(C)工作任务划分 (D)时间进程或活动程序

34. 危机发生后,应将危机事件的真相、制定处理危机的基本原则、方针、程序和对策等迅速通告(　　)。

(A)组织领导 (B)管理层成员 (C)全体员工 (D)股东

35. 策划方案"发表"过程中,对没听清楚的提问应当(　　)。

(A)不予回答 (B)按自己的理解回答

(C)回答其他问题 (D)先问清楚再回答

36. 握手的时间一般为(　　)秒。

(A)2~3 (B)3~5 (C)5~7 (D)7~10

37. 问卷中,"您的父母是否喜欢我厂的老年用品?"这一问题违背了问卷设计的(　　)要则。

(A)具体 (B)单一 (C)抽象 (D)复合

38. 编制公关活动预算的基本条件不包括(　　)。

(A)提高预算的准确度

(B)是一个既定的项目计划

(C)预算和估测可能获得的资料和费用
(D)对市场的价格行情有充分的调查了解

39. 辐集思维是构思常用的思维方式之一,是(　　),从而找出解决问题答案的思维方法。
(A)对一个问题从不同的方向、方面进行思考
(B)对不同问题从相同的方向、方面进行思考
(C)将已有的一些构想或事实作为起点,把各种信息沿着归一的方向进行推导
(D)把旧有元素重新组合

40. 危机发生后,应该(　　)向组织的直属上级部门实事求是地报告。
(A)在事情有了眉目后　　(B)在被问起时
(C)以最快的速度　　(D)尽量拖延

41. 撰写公关活动策划文案的第一个步骤是(　　)。
(A)拟定策划提纲　　(B)阅读和理解各种相关资料
(C)充实内容　　(D)修改提炼

42. 统计图中的统计地图专门用来表示调查的数量资料在(　　)上的分布情况。
(A)时间　　(B)空间　　(C)地域　　(D)时空

43. 在演讲过程中,除了用好口语外,还应注意运用(　　)。
(A)身姿体态　　(B)肢体语言　　(C)手势　　(D)面部表情

44. 公共关系的公众是公共关系(　　)对象的总称。
(A)宣传推广　　(B)传播沟通　　(C)信息收集　　(D)咨询建议

45. 国外危机管理专家提出的危机期间新闻发言人的标准不包括(　　)。
(A)能遵守所有对媒体做出的承诺　　(B)获得新的信息后能尽快告诉媒体
(C)掌握各种传递信息的方式　　(D)形象引人注目

46. 公共关系活动实施操作设计时应衡量好(　　)的协调。
(A)广告部门与其他部门　　(B)上级与下级
(C)时间进程与工作任务　　(D)内部员工与外部员工

47. 准确界定公关活动的目标公众,需要掌握(　　)分析的方法,即根据公众的不同特征予以划分及分析。
(A)定量　　(B)定性　　(C)人口特征　　(D)心理行为特征

48. 进行公关活动工作项目分解工作的工具叫做(　　)。
(A)工作结构分解　　(B)工作分解结构
(C)工作任务分解　　(D)工作包

49. "公共关系就是一个组织为了达到与它的公众之间相互了解的确定目标,而有计划地采用一切对内对外的传播沟通方式的总和",这是(　　)的观点。
(A)英国公关协会　　(B)美国公关协会
(C)詹姆斯·格鲁尼格　　(D)弗兰克·杰夫金斯

50. 公共关系活动策划文案一般在扉页上列出( )。

(A)标题 (B)提要 (C)目录 (C)前言

51. 新闻发布会能够以最( )、最有亲和力的方式将企业的重大决策或重要信息传递给媒体。

(A)权威 (B)公正 (C)公信 (D)直接

52. ( )协调是公共关系协调的终极效果。

(A)利益 (B)目标 (C)态度 (D)行为

53. 公关活动策划文案对目标公众的界定,应建立在( )的基础上。

(A)经验分析 (B)专家推断

(C)目标分析 (D)定性分析或数据分析

54. 确定一项公共关系活动的目标,首要任务是把握( )。

(A)公众的期望与需求 (B)组织的传播需求

(C)组织的利益 (D)活动的性质

55. 与相关公众的信息沟通主要是信息的( )和发布。

(A)收集 (B)整理 (C)分类 (D)分析

56. 公共关系活动项目的预算表实际上起到工作计划表的作用,能推动( )工作的有效管理。

(A)财务 (B)策划 (C)实施 (D)评估

57. ( )是评价调查方案优劣的首要标准。

(A)实用性 (B)时效性

(C)经济性 (D)一定的弹性

58. ( )属于公关宣传品中的平面印刷资料。

(A)电脑投影 (B)影音资料 (C)宣传画册 (D)电视专题片

59. 问卷调查法是调查者运用( )的问卷,利用书面回答的方式,向被调查者了解情况并收集信息的方法。

(A)单页 (B)多页 (C)各自设计 (D)统一设计

60. 公共关系人员了解( ),可以依法规范自身行为、保护社会主义市场经济健康发展、维护公平竞争。

(A)合同法 (B)反不正当竞争法

(C)消费者权益保护法 (D)涉外经济法

二、多项选择题(61—100 题,每题 1 分,共 40 分,每题有多个答案正确,错选、少选、多选均不得分)

61. 宣传页特点中的"一条信息"可以是( )。

(A)一段文字 (B)一幅插图

(C)文字加插图 (D)一个主题下的一组信息

62. 联想思维是构思常用的思维方式之一,包括( )等。

(A)接近联想 (B)比方联想 (C)类比联想 (D)对比联想

63. 广义的危机管理是指公关人员依据危机管理计划,对可能发生或已经发生的危机进行( )的全过程。

(A)预测 (B)监督 (C)控制 (D)协调处理

64. 通知适用于( )。

(A)传达要求下级机关办理的事项 (B)平行机关之间商谈工作

(C)发布行政法规规章 (D)任免和聘用干部

65. 影响公共关系活动目标确定的因素有( )。

(A)人事因素 (B)经费因素 (C)时间因素 (D)管理因素

66. 组织在危机处理过程中与新闻媒介的关系主要表现为( )。

(A)借助媒介 (B)利用媒介 (C)应对媒介 (D)控制媒介

67. 策划方案"发表"的准备工作包括( )。

(A)了解听众情况 (B)把握"发表"目的

(C)把握"发表"时间 (D)安排在工作场所

68. 创意是( )的具有创造性的主意。

(A)交流经验 (B)表现主题

(C)创造经济效益 (D)实现目标

69. 通知的正文结构包括( )。

(A)开头 (B)主体 (C)结尾 (D)落款

70. 动态新闻的表现形式有( )等。

(A)快讯 (B)标题新闻

(C)综合新闻 (D)一句话新闻

71. 采访权是指新闻记者依法享有的( )的权利。

(A)收集消息 (B)核对消息 (C)出售消息 (D)有效进行传播

72. 下面关于"危机"的描述中,正确的有( )。

(A)危机指的是孕育重大变化的不稳定时期或状态,这种变化带来不受欢迎的后果

(B)危机指的是威胁到组织最根本的目标的事件

(C)危机是指具有严重威胁、不确定性和有危机感的情境

(D)危机是一个会引起负面影响的具有不确定性的大事件

73. 公共关系的实施是分析趋势、预测后果、履行一连串有计划的行动,以服务于( )。

(A)公众 (B)政府 (C)本组织 (D)非营利组织

74. 问卷设计应做到( )。

(A)保护答题者的自尊与自我个性 (B)善于引导答题者

(C)选择题所列项目要互斥 (D)数字要准确

75. 统计表中的数字一般用( )。

(A)绝对数　(B)相对数　(C)平均数　(D)中位数

76. 统计表按形式的不同,可分为(　　)。

(A)简单表　(B)分组表　(C)复合表　(D)分析表

77. 调查问卷的作用有(　　)。

(A)使调查按问卷规定的提问和回答依次进行(使调查研究规范化)

(B)使提问和答案的内容和形式标准化

(C)提高收集资料的可靠性

(D)提高分析资料的正确程度

78. 统计图中的几何图包括(　　)。

(A)线性图　(B)条形图　(C)平面图　(D)曲线图

79. 与主要公众关系协调的原则有(　　)。

(A)互利　(B)系统　(C)单项传播　(D)讲求信义

80. 对稿件的处理一般包括(　　)。

(A)合格稿件及时编发　(B)时效性强的新闻抢发

(C)有缺点的稿件加以修改　(D)需作重大改动的稿件交原作者改写

81. 公函按行文去向可划分为(　)。

(A)去函　(B)复函　(C)商洽函　(D)问答函

82. 招待会分为(　　)。

(A)宴会　(B)酒会　(C)冷餐会　(D)工作餐会

83. 与相关公众的信息沟通主要是信息的(　　)。

(A)收集　(B)整理　(C)分类　(D)发布

84. 制定公共关系活动目标的原则有(　　)。

(A)具体　(B)可量化　(C)可行性　(D)时间性

85. 公共关系活动文案的排印、装订本身就是增强其(　　)的手段。

(A)竞争力　(B)说服力　(C)吸引力　(D)能力

86. 联想思维是构思常用的思维方式之一,包括(　　)。

(A)因果联想　(B)自由联想　(C)急骤式联想　(D)渐进式联想

87. 通讯社稿件主要分为(　　)。

(A)专访　(B)特写　(C)通稿　(D)专稿

88. 策划方案"发表"的技巧包括(　　)。

(A)经常走动　(B)适当运用手势

(C)手交握在前面　(D)服饰整洁

89. 问卷的答案可分为(　　)。

(A)封闭式回答　(B)开放式回答

(C)半封闭半开放式回答　(D)自由回答

90. 目标协调,就是将(　　)目标统一起来。

(A)社会组织　(B)组织成员　(C)社会公众　(D)社会文化

91. 衡量新闻价值的尺度包括(　　)等。

(A)新鲜性　(B)重要性　(C)接近性　(D)趣味性

92. 调查问卷封闭式回答的缺点是(　　)。

(A)对复杂问题答案难以设计周全　(B)回答方式缺乏弹性

(C)难以发现填答中的失误　(D)难以发挥被调查者的主观能动性

93. 我国公共关系发展历程包括(　　)。

(A)引进和开创期　(B)适应和发展期

(C)竞争和专业分工期　(D)完善和成熟稳定期

94. 问卷设计的注意事项有(　　)。

(A)申明调查目的

(B)保证被调查者记名填写

(C)尽可能使用通俗易懂的句子和整齐的排版

(D)设计一目了然、美观大方

95. 简报的主要类型有(　　)。

(A)信息简报　(B)工作简报　(C)会议简报　(D)沟通简报

96. 宣传册(页)的编写原则包括(　　)。

(A)服从主题需要　(B)完整掌握组织的基本资料

(C)以事实为依据　(D)自我吹嘘

97. 问卷一般用来测量被调查者的(　　)。

(A)行为　(B)态度　(C)心理活动　(D)社会特征

98. 导语应当用简洁的语言,写出最(　　)的事实。

(A)主要　(B)新鲜　(C)刺激　(D)吸引人

99. 礼仪主要包括(　　)。

(A)礼貌　(B)礼节　(C)仪表　(D)仪式

100. 事后追忆的方法有(　　)。

(A)同步记录　(B)记日记　(C)卡片记录　(D)单独事件记录

公关理论知识模拟试卷(一)参考答案

一、单项选择

1. B　2. B　3. B　4. A　5. C　6. D　7. B
8. D　9. C　10. B　11. A　12. B　13. B　14. D
15. A　16. D　17. A　18. B　19. D　20. A　21. C
22. B　23. D　24. C　25. B　26. C　27. B　28. A
29. B　30. D　31. B　32. C　33. A　34. C　35. B
36. D　37. A　38. D　39. B　40. A　41. D　42. B
43. A　44. B　45. B　46. C　47. C　48. D　49. B
50. A　51. A　52. C　53. B　54. C　55. D　56. B
57. C　58. C　59. A　60. B

二、多项选择题

61. ACD　62. ABC　63. BCD　64. ABCD　65. AD　66. BCD
67. ABC　68. ABD　69. ABD　70. CD　71. ABD　72. BCD
73. ABD　74. ABCD　75. ABC　76. ABCD　77. ABC　78. ABCD
79. ACD　80. BC　81. ABCD　82. ABCD　83. BCD　84. ABCD
85. ABCD　86. AD　87. ABCD　88. ABD　89. AB　90. ABC
91. ABCD　92. BCD　93. ABCD　94. ACD　95. ABD　96. ABCD
97. ABCD　98. ABCD　99. BCD　100. BD

公关理论知识模拟试卷(二)参考答案

一、单项选择

1. C　2. A　3. D　4. C　5. B　6. D　7. A
8. A　9. B　10C　12. D　12. B　13. B　14. A
15. C　16. C　17. D　18. A　19. B　20. D　21. A
22. D　23. C　24. B　25. D　26. C　27. D　28. D
29. A　30. A　31. B　32. C　33. B　34. D　35. B
36. C　37. A　38. B　39. C　40. B　41. D　42. A
43. D　44. C　45. B　46. C　47. D　48. B　49. A
50. D　51. B　52. C　53. A　54. D　55. C　56. D
57. B　58. C　59. A　60. B

二、多项选择题

61. ACD　62. ABCD　63. ABD　64. ABC　65. ACD　66. ABC

67. ACD	68. ABCD	69. ACD	70. ABC	71. BCD	72. ABCD
73. AB	74. ACD	75. AC	76. ACD	77. BCD	78. ABCD
79. ABD	80. AB	81. ABD	82. BCD	83. AC	84. BCD
85. ABCD	86. ABCD	87. ABC	88. ABCD	89. ABD	90. ACD
91. ABD	92. AC	93. CD	94. ABCD	95. BD	96. AC
97. ABC	98. ABCD	99. ABC	100. AD		

公关理论知识模拟试卷(三)参考答案

一、单项选择题

1. D	2. A	3. C	4. B	5. C	6. D	7. A
8. D	9. C	10. A	11. C	12. A	13. A	14. B
15. D	16. D	17. A	18. B	19. C	20. D	21. A
22. D	23. B	24. A	25. D	26. C	27. D	28. C
29. C	30. D	31. B	32. D	33. A	34. A	35. A
36. D	37. B	38. C	39. C	40. D	41. D	42. D
43. A	44. A	45. D	46. C	47. C	48. B	49. A
50. C	51. D	52. B	53. D	54. C	55. C	56. D
57. D	58. B	59. B	60. A			

二、多项选择题

61. ACD	62. ABCD	63. ABCD	64. ABCD	65. ABCD	66. ABCD
67. ABCD	68. CD	69. ABD	70. BCD	71. BD	72. ABCD
73. ABC	74. BCD	75. BCD	76. BCD	77. AC	78. ACD
79. ABCD	80. ABCD	81. AB	82. ACD	83. ABCD	84. ABC
85. ABCD	86. BCD	87. CD	88. ACD	89. AD	90. ABD
91. ABCD	92. BCD	93. BCD	94. ABCD	95. BD	96. ABC
97. CD	98. AD	99. AD	100. ABD		

公关理论知识模拟试卷(四)参考答案

一、单项选择

1. B	2. A	3. A	4. C	5. B	6. A	7. C
8. D	9. A	10. D	11. B	12. A	13. B	14. A
15. D	16. B	17. B	18. D	19. A	20. B	21. B
22. C	23. B	24. A	25. B	26. C	27. B	28. A
29. C	30. A	31. B	32. C	33. A	34. C	35. D

36. B **37**. B **38**. A **39**. C **40**. C **41**. B **42**. C
43. B **44**. B **45**. D **46**. C **47**. B **48**. B **49**. D
50. A **51**. D **52**. A **53**. D **54**. B **55**. A **56**. C
57. A **58**. C **59**. D **60**. D

二、多项选择题

61. ACD **62**. AD **63**. ABCD **64**. ABCD **65**. BC **66**. AC
67. AC **68**. BD **69**. ABC **70**. ABD **71**. ABD **72**. BCD
73. AC **74**. ABCD **75**. ABC **76**. ABC **77**. AB **78**. BCD
79. AD **80**. ABCD **81**. AB **82**. BC **83**. AD **84**. AC
85. ABC **86**. AD **87**. ABCD **88**. BCD **89**. ABC **90**. AB
91. ABCD **92**. ABCD **93**. ABC **94**. ACD **95**. BC **96**. AC
97. ABCD **98**. ABD **99**. ABCD **100**. BD

公关操作技能模拟试卷(一)

一、操作题(1—11 题,每题 6 分,满分 66 分)

1. 小陈到公关部上班的第一天就被告知与西方人交谈有“七不问”,你能告诉他是哪七个谈话禁忌吗?

2. 新闻媒介公众是组织外部公众的主要组成部分。你作为公共关系人员应该如何与新闻媒介公众进行沟通呢?

3. 你所在的公司最近不断遭到公众投诉,公司总经理向你咨询处理公众投诉的方法。请你用最简短的方式对他的问题作出回答。

4. 你所在的公司即将举办成立 10 周年的庆典活动,你作为公司的公关人员被要求就此撰写一篇新闻发布稿。你认为这类新闻发布稿有哪些写作要求?

5. 白云公关公司接受了三江公司的委托为其编撰一本对外宣传册。你认为白云公关公司的专案负责人,应该为三江公司宣传册准备哪些文字资料?

6. 阅读下面关于某公司推出中文网站的媒体报道片段,试从若干方面评估其效果。

作为满足市场和网络时代需求以及本地化的一个重要举措,某公司中文网站的推出取得很好的效果,有力地加强了公司的形象宣传,数家媒体对该网站进行了积极的报道。众多的客户以及竞争对手,通过网站来信要求成为该公司创办的《中国食品趋势》《投资者关系展望》等刊物的订阅用户,网站自 2003 年 5 月 16 日正式对外发布到 10 月 30 日为止,累计访问人数达到 13 840 人次,每月访问人数平均以 10% 的速度递增。这期间从网上寄来的应聘简历达到上百封,其中既有 MBA 研究生,也有在校大学生,极大地丰富了该公司的人才库。

7. 某国际品牌的矿泉水公司 1990 年曾面临一场严峻的危机。当时在其产品中发现含有微量的苯。这一发现立刻导致了全球范围内的产品召回。但不幸的是事情并没有就此了结。紧接着该企业又面临关于其产品标识是否对产品进行了准确说明的争议。这正应了“祸不单行”这句古话。由于该企业陷入困境,后来又引起了竞争对手对其的兼并战。作为公关人员,请分析在此危机中企业需要应对的主要公众和问题有哪些。

8. 王瑞是一家医药公司企业内部报纸的编辑,经常要在许多新闻稿中进行挑选和修改,尤其对新闻标题要进行统一考虑。请问:在制作新闻标题时,报纸编辑掌握的标准是什么?

9. 李明在昊海公司工作了 1 年,但是对公司的管理体制变更与经营机制创新的内容还是不太了解。请问李明应该就这两方面了解哪些具体内容?

10. 李华刚进入一家大型企业公关部工作。企业为其将举行的一个公关活动正进行筹划工作,仅就活动目标就开会讨论了 3 次。李华认为该企业办事存在效率不高的问题。他将这一想法向部门经理表达后，经理向李华解答了目标确立的复杂情况。如果你是经理，请告诉小李目标的两种类型和影响目标制定的两种主要因素。

11. 在危机发生以后，怎样进行有效的传播对危机处理的成败有着深刻的影响。晓岚在公司的职责就是负责危机期间的传播。如果你是她，请用几句简练的话概括危机期间传播的原则。

二、案例题(12—13 题，每题 17 分，满分 34 分)

12. 阅读下列案例材料，分析其系列活动的主要策略(至少概括 3 点)。

改革开放以来，广东顺德的工业发展异常迅猛，长期居于全国县级市前几名，顺德的支柱工业是“两家一花”，金融业在其中发挥着重要作用。

由于工业的发展，2001 年顺德城镇居民家庭年平均收入达 15 242 元/人，人民生活有明显改善。

2002 年顺德信用社成立 50 周年。在年初其市场份额达到 40%，位居首位。但随着中国入世，金融市场逐渐开放，顺德金融业竞争异常激烈。面对金融业激烈竞争的市场状况，顺德信用社拟借 50 周年庆典之机通过一系列有效的公共关系活动，在竞争中提升信用社的整体实力。

为此，信用社公关部门首先展开了一系列的调研，并在此基础上形成了这样的基本分析：顺德信用社具有长期服务本地的经验、网点众多、设备先进和机制灵活的优势，同时也因为其信用社性质，存在经营受限制和服务水平低的劣势，在竞争中既有政府和人民的支持、市场发展的机遇，也有竞争激烈和恶意竞争的压力。

根据上述分析，50 周年系列活动的策划形成以下方案。

公关目标：通过提升员工的满意度，巩固消费者的忠诚度。

目标公众：客户(重点是个人客户)和员工。

具体活动包括：顾客是老师、寻找信用社动人故事、员工向 50 周年献礼、嘉奖员工、50 周年庆祝大会、客户答谢宴会、编辑纪念画册、消费积分、奖教奖学、统一公益行动日、新年音乐会等。

传播策略：通过加强顺德信用社成立 50 年来与顺德市民亲密的关系，建立与广大消费者紧密合作的关系；通过真情服务，提升市场份额。

13. 请根据你所学习的危机公关管理理论与实务知识，阅读分析下列资料，并回答后面的问题。

2002 年春节前后，全国多个城市发生了有关梅赛德斯-奔驰公司生产的奔驰轿车质量问题的争议性事件，一些奔驰车主因愤怒出现了过激行为，其中尤以 2001 年 12 月 27 日发生在武汉森林野生动物园一车主用铁锤当众砸毁奔驰 SLK230 跑车的“砸大奔”事件最为典型。

2002 年 1 月 7 日下午，遭遇奔驰汽车的质量问题而迟迟未得到解决的 6 名中国消费者聚首武汉，宣布成立“奔驰汽车质量问题受害者联谊会”。11 天前用铁锤将奔驰 SLK230 跑车当众砸毁的武汉森林野生动物园牵头组织了此次活动，另外 5 名奔驰受害者分别从北京、宁波、深圳、珠海、西安专程赶来。

据称,这几位消费者都遭受了由奔驰汽车的质量问题造成的不同程度的人身和财产伤害,有的甚至失去了亲人。当他们通过各种渠道与奔驰公司进行交涉后,遭遇到的始终是“无理拒绝”和“故意拖延”。如 1997 年宁波乌根祥事件造成了夫妻重伤、毁容,经国内多名权威专家鉴定,此事件系奔驰车本身质量问题所致,但经多次交涉均被无理拒绝;1999 年深圳蔡壮钦事件造成其爱子死亡,蔡壮钦上诉东莞市中级人民法院,但由于种种原因至今未能开庭……这几位消费者认为,奔驰公司的态度,使自己在承受产品质量问题带来的伤害之后,又不断受到更深的精神伤害。

联谊会声称,随着时间的拖延,奔驰汽车质量问题受害者已由原来的个体投诉转变为群体投诉。他们自愿成立这一组织,旨在交流与奔驰公司交涉的有关情况和经验,力求寻找一个既合乎我国有关法律规范,又能尽快、合理地解决与奔驰公司争议的方法,切实保护消费者的合法权益。他们还欢迎其他奔驰汽车受害者相互联系,以便共同维护消费者的合法权益。

采访“奔驰事件”的记者听到最多的词是“沟通”。“奔驰”希望“沟通”,有关部门致力促进“沟通”,消费者认为难以“沟通”,长期追踪“奔驰事件”的新闻记者许晖,被问起解决“奔驰事件”的最佳渠道是什么时,也认为是“沟通”。

问题:

(1) 如果你是梅赛德斯-奔驰公司在中国的公关经理,请指出梅赛德斯-奔驰公司在处理这次危机时应遵循的原则。

(2) 如果你负责处理这起危机事件,你认为应该怎样与相关的消费者和新闻媒介做好危机过程中的沟通工作?

公关操作技能模拟试卷(二)

一、操作题(1—11 每题6分,满分66分)

1. 一天,一位女顾客来到某大型电器连锁企业的销售门店,声称其日前在此购买的某款手机存在质量问题,并言词激烈地要求退货。据了解,手机本身并无质量问题,很可能是该顾客因款式问题而对购买行为产生了反悔。假如你是负责处理此事的公关部人员,你将如何妥善处理这一投诉事件?

2. 你公司准备召开年度酒会,请为公司写一份给客户的请柬。

3. 某公司为加强与产品用户的沟通、提高服务质量,拟制定一份用户关系计划。请问该计划应包括哪些内容?

4. 兴海公司刚举行了一个周年庆,公司公关部收到了各部门采写的新闻稿。请问:公关部应对这些稿件进行哪些基本的处理,方能使合格的稿件见报?

5. 某乳品企业成为2008年北京奥运会全球战略合作伙伴。该企业拟就此举办一场新闻发布会。请你根据此发布会的内容和"答记者问"的操作规范,拟出记者届时有可能提出的问题(不少于5个)。

6. 某通信公司拟了解大学生群体使用移动通信服务的情况,决定于近期对某地高校进行一次访问调查活动。现请你按规定的要素,设计一份常规访谈调查计划纲要。

7. 你所在的某公司拟于近期开展一项大型公关活动,为此专门抽调人员组成了一个策划小组,并由你具体负责。现请你拟出这一策划小组的工作步骤。

8. 公司刚上任的刘总经理十分重视企业的危机管理工作。一天,他问公关部的小李:国外危机管理专家曾就危机沟通过程中要把握的有关事宜总结出5项原则,具体包括哪些内容和技巧?小李一时答不上来。请你帮助他准确回答这一问题。

9. 在公共关系活动中,对外宣传册是一种很有价值的宣传媒介。请你给新到公关部工作的实习生讲一讲对外宣传册的意义。

10. 演讲活动是社会组织有计划有目的的公关活动之一。某化妆品公司近期就举办了一个"美丽大宣言"的演讲活动。活动结束后,小萧负责善后工作。小萧需要做的工作有哪些?

11. 某企业公关经理要新来的公关人员小张编一期企业简报。请问小张在编辑时应注意哪些问题?

二、案例题(12—13题,每题17分,满分34分)

12. 红星日用化妆品公司为了解公众对其企业及品牌形象的认同程度,拟在北京地区的居民中进行一次问卷调查。请你按照规范要求,为这一调查活动设计一份完整的资料问卷(主体部分不少于12个问题)。

13. 某公司为推动上海地区可持续发展计划,拟出资50万元人民币,举办一次有关环境保护的大型公关专题活动。近日，公司公关部正在拟写活动策划书。你是公关部的一员，根据分工，请你按规范要求，撰写下列几个部分：①活动背景；②活动主题；③活动目的；④活动时间和地点；⑤活动内容；⑥活动传播策略；⑦活动费用预算。

公关操作技能模拟试卷(三)

一、操作题(1—11题,每题6分,满分66分)

1. 某IT公司定于近期在北京某宾馆举办一次新闻发布会,拟邀请20家首都新闻媒介的记者参加,其中专业媒体不少于5家。现请你列出一份拟邀请的新闻媒介名单。

2. 作为一名在公司公关部实习的大学生,你主要的职责是协助处理一般的危机事件。虽然每天的工作繁复琐碎,但也有自己的规则和程序。经过一段时间的实习,你渐渐进入状态了。请问危机处理的基本程序是什么?

3. 某电脑公司计划施行一个整合营销传播项目,由于各项工作非常庞杂,因此,需要分解工作。请问:分解工作需要注意哪些问题?

4. 某企业为新产品上市组织了一个新闻发布会,其中邀请了《中国日报》《中国青年报》《服装时报》《服饰导报》《新民晚报》《上海时装报》、上海电视台等媒体记者参加。请按不同标准将这些媒体加以分类。

5. 某家电企业需要接待一个由外地政府与相关企业组成的参观访问团来访。在他们到达的当晚,该企业将设宴欢迎,并由企业负责人在晚宴上致欢迎词。请你为该企业负责人拟定这份欢迎词(200字以内)。

6. 2003年8月3日,北京奥运会会徽发布仪式顺利进行并取得圆满成功。活动组织者可以从哪几个方面来评估这一活动的效果?

7. 某企业正在制定一份危机管理手册,其中有一部分涉及危机管理小组成员的构成。你认为,危机管理小组应有哪些人员组成?

8. 你所在的公司近期要接待一批欧美客商。公司总经理让你拟出接待欧美客商时言谈、举止及其他方面需要注意的禁忌事项,以便让有关人员有所准备。你打算着重提出哪几方面的注意事项?

9. 某有色金属公司最近通过了国家有关部门的ISO14000环境质量认证。这在本地区是第一家。公司决定于本月30日上午10:00召开一次新闻发布会披露此消息。届时将由省纪委负责人颁发证书并致辞。会后,还打算安排记者参观厂区并用餐。请你依据上述内容,拟出这一新闻发布会的具体程序(含时间安排)。

10. 某保险公司为了在社区针对当地公众建立良好关系,特地聘请了A公关公司负责开展社区公关项目。假设你是该项目的成员,请写出与社区公众信息沟通的有关要点。

11. 大志刚进入某报社编辑部工作,因为业务不是很熟练,被分配了最基本的工作:初步选择稿件。请问:一条适用的新闻稿要符合哪些基本条件?

二、案例分析(12—13题,每题17分,共34分)

12. 请阅读下面案例,然后回答下列问题。

上海通用汽车赛欧品牌一直倡导一种“自然、自在、自我”,“创造生活乐趣”的汽车休闲文化,开汽车文化营销之先河。

赛欧品牌文化要素分析如下。

(1)创造生活乐趣——自然、自在、自我。

(2)自然——侧重旅游和休闲。喜欢大自然带来的生理和心理愉悦,喜欢户外活动,喜欢音乐。

(3)自在——侧重沟通与分享。乐于和朋友分享生活中的乐趣,不喜欢奢华形式的外交,更加喜欢分享内心的感动。

(4)自我——侧重个性和时尚。个性化的自我表现,流行时尚元素。

2003 年春,“非典”肆虐,人们迫切需要一种自然的回归和对健康的向往和追求,在恐慌中寻觅新的生活乐趣。

如何将赛欧文化和“非典”背景下人们的需求巧妙结合是策划的关键所在。上海通用汽车公关部对受众进行了调查和分析,描述出了目标受众的主要特征。

(1)生理特征——20 岁至 35 岁,无明显性别区隔,工作时间不长,生活在中心城市,白领,有相对稳定的两性关系。

(2)心理特征——有个性、聪明却不张扬;年轻、有活力,却不浅薄;快乐、懂生活,却不排斥工作。

(3)生活形态——喜欢个性化的体育运动,如攀岩、滑雪等,自助旅游,摄影摄像,带孩子去游乐园;阅读文化类书籍,阅读财经、人文、旅游类杂志,收看流行电视剧、上网、喜欢去酒吧和茶馆。

(4)价值观——向往外部世界和自我意识相平衡的生活。他们关注体制内的精神生活,旅游和音乐是他们精神生活的重要体验工具。在工作中,他们是负责任的人;在生活中他们是自我的人;在工作责任之外和体制之内,他们寻求理性快乐。

通过定量调查和定性分析,描述出了主要目标受众的特征。2003 年 6 月,推出“赛欧汽车影院活动”,将其生活需求和赛欧文化融合为一体。

活动以“汽车影院”为主要内容,构建了由赛欧欢乐汽车影院、赛欧欢乐足球、赛欧欢乐单骑等健身欢乐节目组成的赛欧大型户外欢乐派对,力求欢悦、休闲、健康、自在的活动氛围。

活动地址选在上海龙华机场,受邀对象以家庭为单位出席,现场所有车辆全部以赛欧单一品牌组成。车主们在电影放映前和家人一起享受滑板、足球、美食的乐趣,其乐融融,然后与家人一起看电影,充满情趣。整个活动取得圆满成功。

问题:

(1)上海通用汽车是如何界定活动的目标受众的?一般而言,如何界定一次公关活动的目标受众?

(2)此次活动成功的关键点有哪些?我们从中可获得哪些经验?

13. 请阅读下列案例,然后分析并回答相关问题。

广东顺德信用社从1952年11月13日成立第一家分社以来，历经50个春秋，到2002年已经具备一定的规模和实力。

随着中国入世，金融市场逐步开放，顺德面临国内外竞争对手的激烈竞争，市场形势严峻，顺德有关部门进行了调研。

调研共分5部分。

(1)深度访谈信用社高层管理人员，了解高层管理人员对经营环境的看法、对品牌建设的意见和信用社的经营发展策略。

(2)小组访谈20位中层和前线传播管理人员，了解前线服务状况、同业竞争态势、信用社传播策略执行后的反馈。

(3)向全社20%资深员工发放问卷，调查员工满意度和相关情况。

(4)竞争对手情况调查。

(5)消费者金融消费习惯、金融服务需求等调查。

问题：

(1)案例中，顺德信用社分别运用了哪些调查方法？其特点如何？

(2)为什么针对公司不同层次的员工采用了不同的调查方法？在选择调查方法时要考虑哪些因素？

公关操作技能模拟试卷(一)参考答案

一、操作题

1. 答:年龄、婚否、收入、住址、经历、工作、信仰。

2. 答:(1)了解各种新闻媒介的特点、特殊需要以及受众情况,掌握基本的新闻写作知识和技能。

(2)要与新闻界全面合作,努力为他们提供真实、完整的资料。对所有报纸、电台、电视台等新闻单位,都要一视同仁,以建立和保持良好的工作关系和人际关系。

(3)有目的地举行座谈会、新闻发布会,主动帮助记者客观地报道组织的政策和活动。

(4)定期向新闻机构寄发各种资料、新闻简报或新闻线索,供记者编辑参考之用。

3. 答:①分析公众投诉的原因;②欢迎公众提意见;③尊重公众的意见;④冷静地对待公众;⑤选择最佳时机处理公众意见。

4. 答:(1)简介梗概,简明扼要地介绍事情的梗概,细节可以放在答记者问时介绍。

(2)体现价值,体现事件的本来价值。

(3)突出意义,阐明事件有多大的社会意义,如对公众的价值、对社会环境的益处等。

(4)一少一多:自我赞美之辞要少,引用专家、社会舆论的赞语要多。

(5)一低一高:低调处理个人在事件中的作用,提高团队整体实力和组织形象。

(6)言而有据。

5. 答:(1)综合性。通过文字和数据反映组织机构的整体情况。主要向公众介绍组织机构的性质、机构规模、发展历史、地理方位等。

(2)组织机构的特色。在业务上有什么特色?能够为社会和公众提供什么样服务?

(3)组织文化。介绍组织机构的经营宗旨,阐述组织的价值观。

(4)人员素质与技术水平。

(5)管理水平。

(6)社会评价,一般只涉及正面信息。

(7)联系方法,组织机构的通讯地址、电话、传真等。

6. 答:可以从以下几个方面评估其效果:①加强公司形象宣传的情况;②媒体对网站的积极报道;③网站刊物订阅用户增加情况;④网站访问人数情况的统计;⑤应聘人员踊跃的情况。

7. 答:(1)消费者。产品信誉受影响和产品召回给企业带来的直接经济损失。

(2)政府主管部门。对出现的产品标识的争议可能导致的责任追究。

(3)股东。市场份额的丢失,利润下降。

(4)媒体和社会公众。企业和产品品牌受损。

(5)竞争对手。企业兼并的麻烦。

8. 答:①新闻稿不能脱离报纸而独立存在,编辑要根据需要对原稿进行修改;②在表现同样内容的情况下,字句简单、浅显的比复杂、艰涩的好;③具体形象的比抽象概括的好;④具有广泛兴趣的比专业性强的好。

9. 答:①组织制度变革;②人事制度变革;③分配制度变革;④激励机制变革;⑤制约机制变革。

10. 答:两种类型:一种是预告性的目标,是设定在公共关系活动实施之后达到的效果;另一种是促进性目标,是通过公共关系活动推动信息的传播,而传播的结果,要用数据来衡量实在不容易,影响的因素很多。影响目标确立的主要因素:一是经费的因素,一般说来,投入的经费和产生的效果是成正比的;二是时间的因素,公共关系传播是一种双向的沟通传播,要力促公众接受某一信息或某一新的观念,则需要一定的时间。

11. 答:开展危机期间的传播应遵循以下原则:①尽快公布真相;②勇于承担责任;③表示同情和关心;④尽快澄清负面报道;⑤与媒体保持良好的沟通,成为可信赖的信息来源。

二、案例题

12. 答:三大策略包括:①从形象品牌到信誉品牌的提升;②以员工的满意度提升顾客的忠诚度;③真情服务,回馈公众。

评分标准:本题答案每点5分,按要求答对3点(含适当分析)可得15分,另加文字表达2分,满分17分。如只答出要点没有分析,每一要点扣2分;如文字不通顺或表达缺乏条理,扣除表达分。

13. 答:1)在处理危机时应遵循的原则

(1)控制事态。包括精神方面和物质方面,物质头等重要;(2)开诚布公。告诉人们事实真相;(3)勇于承担责任;(4)表示同情与关心;(5)采取积极行动。

2)在危机过程中,与消费者沟通的要求

(1)迅速查明、判断消费者的类型、特征等情况;(2)多渠道说明危机事件梗概(书面材料);(3)听取消费者意见;(4)公布危机事件处理情况,以及今后措施。

在危机过程中,与新闻媒介沟通要做到以下几点:①组织向新闻界公布危机事件,应事先达成共识,统一口径;②成立记者接待机构,专人负责发布信息;③向记者提供资料,尽量采用书面形式;④提供消息真实、准确;⑤必须谨慎传播。情况不明不说,不轻易表态;⑥对新闻界表示出合作、主动和自信的态度;⑦不要向记者又说,又不让记录;⑧注意以公众的立场和观点进行报道;⑨可在报刊上发歉意广告;⑩若报道失实,尽快提出更正要求。

公关操作技能模拟试卷(二)参考答案

一、操作题

1. 答:(1)分析这一顾客投诉的真正原因。

(2)欢迎顾客提出批评意见。

(3)尊重顾客的意见,鼓励她畅所欲言。

(4)冷静地对待这一顾客可能有的过激意见和行为。

(5)选择最佳时机处理顾客意见(3种方式:先发制人、当即答复和推迟答复)。在这一案例中,可选择推迟答复方式。

2. 答:顾客请柬包括以下内容。

(1)标题。

(2)称谓。第一行顶格写邀请人的全称。

(3)正文。写明何时何地举办何种活动。

(4)敬语。“敬请光临”等。

(5)落款。写明发请柬的单位、年、月、日。

注:要求语句通顺、表达清楚,否则酌情扣分。

3. 答:用户关系计划应包括以下内容:①检查对用户的宣传和相关说明是否符合事实;②开展调查,分析用户意见,提出改进方案;③鼓励员工提高服务质量;④及时与用户沟通,介绍企业产品、服务等;⑤撰写好产品说明书。

4. 答:(1)选择稿件。选择的稿件要真实、正确、具有新闻价值、符合报纸报道需要。

(2)修改稿件。有绝对性修改和相对性修改两种修改方式。

5. 答:所拟问题必须符合以下要求。

(1)与这一新闻发布会主题有关。

(2)应站在新闻记者提问的角度。

6. 答:(1)访谈目的:了解大学生使用移动通信服务的情况。

(2)访谈人员:公司公关部××、××。

(3)访谈对象:所抽取的某地大学生样本。

(4)访谈时间:××××年××月××日。

(5)访谈地点:××大学校园。

(6)访谈方式:按预先设计的问题回答。

(7)访谈记录方式:笔录和录音相结合。

(8)访谈报告形式:综合整理后归入总体调查报告之中。

7. 答:①分头调研;②共享信息;③独立思考;④小组讨论;⑤专人提炼。

8. 答:这5项原则及技巧如下:①控制事态;②开诚布公;③勇于承担责任;④表

示同情与关心；⑤采取积极行动。

9. 答：(1)对外宣传册的使用标志着组织机构开始告别封闭状态、步入开放式的运营轨道。

(2)其“温和的竞争”更经得起品味。

(3)使组织形象的宣传多了一个直观的新闻媒介，能较为清晰地展示组织形象。

10. 答：(1)把演讲稿的复印件有选择地寄给一些相关部门或知名人物。

(2)将改后的演讲稿，在公司的出版物上发表或向某一适合的大众媒体投稿，以延伸演讲效益与扩大影响。

(3)调查了解公众对演讲活动的看法和意见。

11. 答：编辑设计企业简报要注意如下问题：①简报的设计，如简报名称；②注明编辑单位，期数，本期年、月、日；③正文文字重点突出、叙述清楚、用语简练；④简报确有内容。

二、案例题

12. 评分标准：

所设计的调查问卷应包含标题、说明信、指导语和主体4个部分。

(1)标题应大致表明这是一次什么调查。

(2)在说明信部分，应对本次调查的目的、意义及有关事项进行说明，以引起被调查者的重视和兴趣。

(3)指导语部分，应具体说明答案选择的规定和要求。

(4)主体部分包括调查的问题和问答方式。所调查的问题不少于12个。要求按照基本情况、行为事实、态度意见三方面内容来设计，并注意开放式问题和封闭式问题的综合运用。如所拟问题及答案不合规范要求则酌情扣除相应配分。

13. 评分标准如下：①活动背景分析；②活动主题；③活动目的；④活动时间和地点；⑤活动内容；⑥活动传播策略；⑦活动费用预算。

注：所拟方案必须具有逻辑性、合理性和可操作性，并要求语句通顺、叙述有条理，否则酌情扣除3~5分。

公关操作技能模拟试卷(三)参考答案

一、操作题

1. 答：(1)新闻发布会拟邀请的新闻媒体为：人民日报社、新华社、经济日报社、科技日报社、中国时报社、中国经营报社、经济参考报社、北京日报社、北京晚报社、京华时报社、中央电视台、中央人民广播电台、北京电视台等。

(2)专业媒体为：中国计算机报社、计算机世界报社、电脑报社、网络报社、互联网周刊等。

2. 答：危机处理的基本程序主要包括：①成立危机处理组织机构，深入现场，了解事实,控制损失;②分析情况,确定对策;③召开新闻发布会,发布正式信息;④组织力量,有效行动;⑤认真处理善后工作,总结调查,吸取教训。

3. 答:分解工作需注意:①分解后的工作任务是可交付执行的工作任务或工作项目;②对工作任务的描述是清晰的、易于理解的;③工作任务尽量要与工作机构的职能部门设置相对应,如场地管理、会务管理等;④不要任意将工作分解至最低程度,过细的分解反而会造成不必要的混乱;⑤工作任务应清晰定义其开始时间和结束时间。

4. 答:这些媒体分属如下媒体:①全国性媒体,如《中国日报》《中国青年报》;②地方性媒体,如《新民晚报》、上海电视台;③专业性媒体,如《服装时报》《服饰导报》《上海时装报》;④平面媒体,如《中国日报》《中国青年报》《服装时报》《服饰导报》《新民晚报》《上海时装报》;⑤电子媒体,如上海电视台。

5. 评分标准:①标题点出是什么场合的欢迎词;②称呼符合规范,先特称,后泛称;③正文开头应先表明欢迎的意思;④主体部分表达双方建立合作之意,并点明建立友谊的设想;⑤结尾应在祝酒后再次表示欢迎。

6. 答:评估效果工作可有:①上级领导的意见;②活动参与者的反馈;③媒体的反应,尤其是媒体报道的数量、质量(正面报道量)、受众覆盖面;④市场的反应,如会徽纪念品的销售情况、企业(赞助商)的情况等。

7. 答:危机管理小组至少要有如下人员:①企业总经理;②公关部人员;③律师;④其他部门的专业人员,如市场部、技术部人员等。

8. 答:要注意的事项如下。

(1)言谈时注意:①严格做到"七不问";②外方女子在与其他人交谈时,不要上前旁听;③男子一般不要参与妇女圈的讨论;④不要以欧洲某些国家的王室家事作为谈笑的话题。

(2)举动上注意:①欧美国家上年纪的人上楼梯或爬山时不要主动搀扶;②不要越过另两个人拉着的手去和第三人握手;③不要一次给三个人点烟;④坐着谈话切忌架二郎腿,站着谈话切忌拍对方的肩背。

(3)其他应注意:①数字忌用"十三";②颜色忌用黑色。

9. 答:这一新闻发布会的具体程序如下。

09:45—10:00 来宾和记者签到。

10:00—10:05 主持人宣布会议开始,简单致辞,介绍来宾,推出发言人。

10:05—10:35 发言人发布关于公司通过 ISO14000 环保质量论证的消息。

10:35—10:40 省经贸委负责人代表国家有关部门向公司总经理颁发证书。

10:40—10:45 省经贸委负责人致辞。

10:45—11:00 新闻发言人答记者问。

11:00 主持人宣布结束,并提示会后参观和用餐安排。

10. 答:要求如下。

(1)做好信息沟通工作,向社区发布企业的政策和业务情况。

(2)支援社区建设,积极参与社区的各种有意义的活动。

(3)调查、了解社区对组织的看法及各种议论,分析社区对组织了解的程度。

(4)向社区开放组织中的各种服务设施和娱乐设施,与公众建立密切的联系。

(5)与当地学校合作,提供教学器材,资助必要的设施。

(6)资助社区的卫生、福利事业。

(7)邀请社会各界人士参观其企业,使他们对企业产生良好的印象。

11. 答:一条新闻稿要符合的基本条件是:真实、正确、具有新闻价值、符合报纸报道需要、简练、生动。

三、案例分析

12. 答:1)受众同标的界定

上海通用汽车通过定量调查和定性分析相结合的方法,准确的界定了公关活动的目标受众,描述出了目标受众的价值观、生活形态等,为公关活动的策划打下了坚实的基础。

界定目标公众主要有定性分析和定量调查两种方法。定性分析,是根据公众的不同特性对公众进行分类分析的一种方法,比如按照人口特征,主要包括年龄、性别、学历等因素;按照心理行为特征,要考虑情绪、行为、生活形态和价值观。上海通用汽车在赛欧品牌文化推广活动中便采用了这种方法对受众进行分析研究。定量分析主要是利用问卷调查,对上述特征进行量化的一种方法。赛欧汽车品牌文化推广对目标受众进行了抽样调查,以确立其深层次的消费行为特征。

值得注意的是,目标公众表现形态是不断地变化的,处于动态更替过程中,增加了准确界定目标公众的难度。美国公关学者格鲁尼格提出的情景理论很好地解决了目标公众是谁、目标公众的意见是怎样的问题。格鲁尼格根据公众对问题的认知程度等因素将公众分为潜在公众、知晓公众和行动公众三大类。以此为参考,我们可以从3个角度对公众进行划分和界定:人们对问题认知程度、人们对问题的涉入程度、人们对外界阻力的知晓程度。

2)此次公关活动取得圆满成功的原因

①敏察大势,把握环境变化。"非典"肆虐,人们在恐慌中需要健康,需要新的生活乐趣,赛欧品牌准确地抓住了这一点,将活动诉求在"健康"和"乐趣"上。②成功的目标公众分析研究。赛欧品牌利用定量调查和定性分析方法,对目标公众进行了充分的研究,准确地描述了目标公众群体的特点和需求。③品牌文化的准确理解和把握。赛欧汽车"创造生活乐趣"、"自然、自在、自我"汽车休闲文化的概念倡导非常独特,是公关活动策划的内部起点。④品牌文化和目标公众需求巧妙融合。通过赛欧"汽车影院"为主,构建一系列赛欧户外派对活动,以此为载体,巧妙地将赛欧品牌文化和"非典"情境下目标公众对健康和生活乐趣的需求融为一体,是本次活动成功的基石和关键。

从中我们可以获得的启示是:在社会情境之中,由外而内、内外结合是公共关系活动策划的必经之路。所谓社会情境,乃是组织内外的一种环境,需要准确监测。由外而内强调以目标公众为中心,突出公众需求;内外结合则是将公众需求和品牌需求巧妙融合。

13. 答:(1)顺德信用社在进行市场调研时主要采取了访谈法和问卷调查法。其中,针对公司高层和中层管理人员,分别采用了个人访谈和集体访谈方法,即深度访谈和小组访谈两种访谈法。

(2)在确定调查方法时,一般应考虑如下几个因素:调查目的、调查内容、调查费用和时间、调查对象。应将上述各种因素与各种调查方法特点相结合,选择最恰当的调查方法。

顺德信用社在进行市场调研时,充分考虑了上述原则和因素,采集到了有价值的信息,为后期策划和决策提供了充分的依据。具体体现在如下方面。①调查目的、内容和对象不同,针对高层管理人员,着重经营环境、品牌建设等宏观层面的调查;针对中层管理及一线传播人员,则侧重在调查一线市场服务状况、传播策略执行情况等;针对资深员工则侧重于对公司的满意度调查。②调查方法特点与调查对象和调查内容结合紧密,配合恰当。高层管理人员的信息相当重要,而且数量较少。而深度访谈方法是一种个人访谈法,具有双向性、互动性等特点,可以排除干扰,降低从众心理影响,获得极具价值的真实信息。而对资深员工满意度调查则非常适宜采用问卷调查方法,通过间接的、具体而深入的问卷调查,从侧面获得员工对公司的真切评价。

(注:理论知识模拟试题和操作技能模拟试题选自历年国家公关员考试试题。)

附2　公关员国家职业标准（2008年1月9日）（节选）

1. 职业概况

1.1　职业名称：公关员。

1.2　职业定义：从事组织机构信息传播、关系协调与形象管理事务的调研、策划、实施和评估以及咨询服务的从业人员。

1.3　职业等级：本职业共设五个等级，分别为初级公关员（国家职业资格五级）、中级公关员（国家职业资格四级）、高级公关员（国家职业资格三级）、公关师（国家职业资格二级）和高级公关师（国际职业资格一级）。

1.4　职业环境：室内。

1.5　职业能力特征：具有一定的分析、推理、判断、表达、交流和运算能力，学习能力强，形体知觉好。

1.6—1.8.1　略。

1.8.2　中级公关员申报条件（具备下列条件之一者）：

（1）取得本职业初级公关员职业资格证书后，连续从事本职业或相关工作（新闻、广告、营销、管理、秘书）2年以上，经本职业中级公关员正规培训达规定标准学时数，并取得合格证书。

（2）取得本职业初级公关员职业资格证书后，连续从事本职业或相关工作（新闻、广告、营销、管理、秘书）3年以上。

（3）具有公共关系专业或相关专业（新闻、广告、营销、管理、秘书）大学专科以上学历，并从事本职业工作1年以上。

2. 基本要求

2.1 职业道德

2.1.1 职业道德基本知识

2.1.2 职业守则

(1)奉公守法,遵守公德;

(2)敬业爱岗,忠于职责;

(3)坚持原则,处事公正;

(4)求真务实,高效勤奋;

(5)顾全大局,严守机密;

(6)维护信誉,诚实守信;

(7)精研业务,锐意创新;

(8)服务公众,贡献社会。

2.2 基础知识

2.2.1 公共关系基础理论

(1)公共关系的含义。

(2)公共关系的要素。

(3)公共关系的职能。

(4)公共关系的工作程序及其原则。

2.2.2 公共关系的发展简史

(1)中国公共关系的发展简史和现状。

(2)国际公共关系发展史。

2.2.3 公共关系职业道德规范

(1)公共关系职业道德规范的形成过程。

(2)公共关系职业道德规范的内容和基本要求。

2.2.4 相关法律、法规知识

(1)合同法的相关知识。

(2)反不正当竞争法的相关知识。

(3)消费者权益保护法的相关知识。

(4)涉外经济法的相关知识。

(5)广告法的相关知识。

(6)知识产权法的相关知识。

(7)著作权法的相关知识。

(8)劳动法的相关知识。

(9)国家有关新闻出版、信息传播等方面的法规。

3. 工作要求

本标准对初、中、高级公关员和公关师、高级公关师的技能要求依次递进,高级别涵盖低级别的要求。

3.1 初级公关员(略)

3.2 中级公关员(见下表)

职业功能	工作内容	能力要求	相关知识
一、沟通协调	(一)接待联络	1. 能按礼仪规范进行中外接待 2. 能撰写社交公关文书	1. 中外礼仪的基本内容和要求 2. 社交文书的类型和写作要求
	(二)演讲介绍	1. 能介绍组织的历史和现状 2. 能组织小型演讲活动	1. 演讲的基本技巧 2. 演讲活动的程序
	(三)公众关系处理	1. 能处理日常公众询问 2. 能与主要公众进行沟通 3. 能安排领导与公众进行沟通	公众关系协调的主要方法和基本要求
二、信息传播	(一)媒介联络	1. 能进行媒体联络 2. 能安排记者采访 3. 能追踪监测采访结果	1. 记者职业特点 2. 新闻传播的基本程序 3. 新闻追踪和检测的基本要求
	(二)新闻发布	1. 能检查发布资料的准备情况 2. 能接待现场媒体采访活动	新闻发布的性质、特点
	(三)宣传稿编写	1. 能撰写新闻通讯稿 2. 能编写组织内部刊物 3. 能编写组织对外宣传册	1. 新闻稿的类型和专项要求 2. 新闻编写的基本要求 3. 公众的特点和心理需求
三、调查评估	(一)方案准备	1. 能提供与调查相关的背景资料 2. 能起草小型调查方案	1. 小型调查的基本程序 2. 调查方案的写作要求
	(二)方案设计	1. 能设计小型观察调查提纲 2. 能设计小型访谈提纲 3. 能设计媒介文献调查方案	1. 调查方法的类型和特点 2. 调查方法的运用及其原则 3. 调查问卷文案写作知识
	(三)方案实施	1. 能用观察法进行调查 2. 能用访谈法进行调查 3. 能进行各种媒介的文献调查	1. 观察调查法的步骤与技巧 2. 访谈调查法的步骤与技巧
	(四)统计分析	1. 能对调查数据进行统计分析 2. 能编制调查评估图表	1. 常用的数据统计的方法 2. 调查评估分析的原则和方法
四、专题活动	(一)活动策划	1. 能制定简单策划方案 2. 能编制行动方案和时间表	1. 专题活动目标和主题的确定 2. 策划构思的方法
	(二)活动实施	1. 能按要求执行活动方案 2. 能收集活动物品市场信息	1. 音像宣传品制作的有关知识 2. 活动物品的市场信息
五、危机处理	(一)舆论监测	1. 能检测媒体负面报道 2. 能检测公众关系中的消极信息	1. 危机管理的基本概念 2. 危机处理的程序和技巧
	(二)危机传播	1. 能应对日常公众投诉 2. 能准备危机传播材料	1. 危机传播管理的原则 2. 危机处理中的新闻发布要点

参考文献

［1］ 明安香.公共关系学概论［M］.北京:科学普及出版社,1986.

［2］ 熊源伟.公共关系学［M］.合肥:安徽人民出版社,1990.

［3］ 国家职业资格工作委员会,公共关系专业委员会组织.公关员［M］.上海:复旦大学出版社,1999.

［4］ 廖为建.公共关系学［M］.北京:高等教育出版社,2000.

［5］ 李兴国.公共关系实用教程［M］.北京:高等教育出版社,2000.

［6］ 居延安.公共关系学［M］.上海:复旦大学出版社,2001.

［7］ 劳动和社会保障部教材办公室［M］.公关员.北京:中国劳动社会保障出版社,2003.

［8］ 廖为建,吴柏林.公共关系学教程［M］.北京:当代世界出版社,2003.

［9］ 郭惠民.国际公共关系［M］.沈阳:辽宁大学出版社,2005.

［10］ 林祖华.公共关系学［M］.北京:中国时代经济出版社,2005.

［11］ 徐刚.现代公共关系实务教程［M］.北京:科学出版社,2006.

［12］ 李兰英,徐俊.公共关系理论与实务［M］.上海:上海财经大学出版社,2007.

后　　记

如果说这本书是一个小屋，那是用“他山之石”垒成，我们编者只是充当黏合的“水泥”；如果说这本书是一件衣服，那是用他人的衣料缝成，我们编者只是充当连接的“针线”。因此，我们衷心感谢为本书提供思想、观点和材料的公关界的学者们。

我们是老一代、中一代和新一代从事公共关系教学和研究的高等学校教师。我们编写这本书的唯一目的，就是为高职高专提供一本既适合公共关系教学，又适合中级公关员培训的“合二为一”的教材。这种教材编写起来相当困难，本书不足之处，请读者批评指正。

这本书编写的具体分工是：

王金岗为主编，负责全书的设计和稿件的审改，并撰写第1、第2章；

胡霞为副主编，协助主编工作，并撰写第6、第7章；

汪燕霞为副主编，协助主编工作，并撰写第3、第5章；

史耀雄为参编，撰写第8、第9章，并搜集整理公关操作技能模拟试卷与答案；

李兵为参编，撰写第4、第10章，并搜集整理公关理论知识模拟试卷与答案。

编　　者

2008.5